KB103902

Leighoy

경험보다 좋은 스승은 없다!

주식의 道

주식 단기투자 필독서!

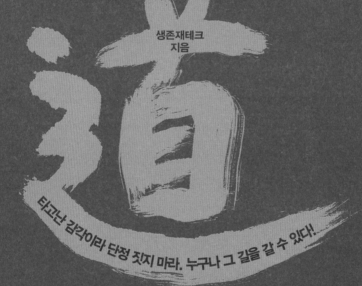

주식의 道

생존재테크
지음

타고난 감각이라 단정 짓지 마라. 누구나 그 길을 갈 수 있다!

트러스트북스

프롤로그

2020년, 전 세계적인 코로나사태로 인해 주식시장이 폭락을 경험했고, 그 후 급반등하는 과정에서 시장의 속성을 제대로 이해하지 못한 소위 주린이들이 대거 유입되었습니다. 또한 비록 주식 경험은 있지만 아직 자리를 잡지 못하고 여전히 안개 속을 헤매는 투자자들도 많습니다.

이 책은 바로 이런 분들에게 한줄기 희망을 드리기 위해 쓰여졌습니다. 만약 이 책의 바탕을 이루는 숨은 의도까지 파악하는 독자분이 있다면, 반드시 투자인생에 대전환이 있으리라 확신합니다.

'주식을 통해 정말 안정적으로 자산을 불릴 수 있는가?'

많은 투자자들이 이런 의문을 갖습니다. 주식을 통해 자산을 크게 불리고 싶은 욕심이 크기 때문에 더더욱 이런 의문을 갖는다고 생각합니다. 특히 주가가 오르지 않고 횡보하거나 떨어지는 시기에는 이런 의문이 더 짙어집니다. 불안이 엄습하고, 자신감이 떨어지기 마련이죠.

'결론부터 말씀드리면, 분명히 있습니다. 그리고 가능합니다.'

시장에는 분명 다양한 방법의 수익모델이 존재합니다. 그러나 그 방법들이 실제 수익으로 연결이 되려면 몇 가지 전제조건이 있습니다.

'핵심은 단순해야 하고, 실천 가능해야 합니다.'

복잡한 모델, 실천이 불가능하거나 어려운 모델은 현실성이 떨어집니다. 이에 따라 결과는 하늘과 땅만큼 극명하게 나누어집니다. 아무리 좋은 모델도 투자자들이 따라할 수 없다면, 그건 특정 개인의 투자법이지 공유할 수 있는 투자법이 되지는 못합니다.

책 출판을 결심하고 난 뒤 두 가지 생각이 머리 속에 계속 남아 있었습니다. 시중에 나와 있는 수많은 주식책처럼 실상 초보 투자자들에게 큰 도움은 되지 않지만, 마음에 위안을 줄 것인가, 분량을 채우기 위해 이론적인 차트나 보조지표 등을 나열할 것인가, 아니면 영화 〈매트릭스〉에서 네오가 먹었던 빨간약처럼 혼란스럽고 고통스럽겠지만, 현실적인 주식 이야기를 할 것인가, 나름 고민이 많았습니다.

결국 저의 선택은 빨간약이었습니다. 주식경험이 전무한 분들보다는 주식을 경험해 봤지만 여전히 힘들고 어려운 상태에서 실패를 맛보고 헤매는 분들에게 공감이 가고 현실적 도움이 될 수 있는 책을 만드는 것이 좋겠다 싶었습니다.

경제학에 이런 말이 있습니다.

'시장은 합리적이다.'

이 말은, '다시 말해 시장은 합리적이기 때문에, 모든 정보는 이미 가격에 반영되어 있어서, 시장 초과수익률을 올리기는 지극히 어렵고, 어쩌다가 시장을 능가하는 초과수익을 달성하더라도 그것은 위험을 감수한 행운의 결과물일 뿐이다'로 해석할 수 있습니다.

인간은 시장을 이길 수 없다는 말로 해석할 수도 있고, 다른 측면으로 보자면 저평가 되어 있거나 고평가 되어 있는 주식은 없다로 받아들일 수도 있습니다. 혹은 소외되고 저평가 되어 있다고 생각하는 가격 역시 모든 이유와 정보가 이미 그 가격에 반영되고 포함되어 있다는 해석도 가능하겠죠. 쉽게 말해 가격이 싼 데는 싼 이유가 있고, 비싼 데는 비싼 이유가 있다는 말입니다. 이 논리대로라면 투자로 수익도 손실도 날 수가 없겠죠. 이미 가격에 모두 반영되어 있기 때문에, 투자자가 투자행위를 통해 얻을 수 있는 공간이 남아 있지 않습니다.

앞서 경제학에서 말한 '시장은 합리적이다'는 저 개인적으로는 일정

부분 동의는 하지만, 일부는 동의하기 어렵습니다. '시장은 합리적이다. 단 평화로울 때만.' 이게 저의 견해입니다.

시장이 항상 합리적이라면 우리는 주식을 하지 말아야 합니다. 기회는 없을 것이고, 앞서 말한 시장 초과수익률을 얻기도 힘들 텐데 뭐하러 고생하면서 주식을 해야 합니까? 그냥 시장 수익률을 따라 벤치마크하는 펀드나 금융상품에 투자하는 게 현명하겠죠.

시장이 항상 합리적인 것만은 아니라고 믿고 있고, 또 경험적으로 비합리적인 시장의 속성을 잘 알고 있기 때문에 저는 비이성적으로 과열되어 거품이 낀 급등하는 종목에서 거품을 취하려고 단타의 기회를 노리기도 하고, 비이성적으로 예민하게 악재에 반응해서 바겐세일하는 주식을 주워 담아 시장이 이성을 찾았을 때 정상적인 가격에 매도해서 수익을 취하기도 합니다.

주식 투자자는 비이성적으로 움직이는 시장에서 기회를 찾아야 한다고 생각합니다. 남들이 비이성적으로 과열 상태에서 움직일 때 현명한 투자자는 그런 힘의 에너지를 이용해서 냉정하게 기회를 노려야 하고, 남들이 비이성적으로 공포에 질려 예민하게 반응할 때, 현명한 투자자는 냉정한 기회를 찾아야 합니다. 저는 이렇게 굳게 믿고 있습니다.

우리나라에는 투자자도 많고, 그만큼 수익을 내는 투자법도 다양합니다. 수천, 수만 가지겠죠. 저보다 월등히 좋은 무기로 싸우는 투자자도 있을 것입니다.

'나는 주식시장의 모든 것을 경험한 사람이다. 내 경험이 곧 주식시장의 압축판이다.'

'내 법칙은 모든 투자자들에게 통용될 수 있다.'

따라서 저는 위와 같은 생각을 하지는 않습니다. 그 어떤 고수라도 저의 이 생각에 동의할 것입니다. 주식시장에서는 누구도 100% 단언하거나 교만해질 수 없습니다. 고수일수록 교만이 얼마나 무서운 결과로 이어지는지 잘 알고 있습니다. 시장 앞에 항상 겸손하려고 노력합니다.

이 책을 대하는 독자들의 생각도 제각각 다를 것입니다. 상황도 다르고, 입장도 다르기 때문에 저의 경험이나 매매스타일이 일부 안 맞을 수도 있습니다. 따라서 비판 없이 받아들이기보다는 자기것으로 소화하는 과정이 가장 중요하다고 생각합니다.

이 점 하나는 확실히 말할 수 있습니다. 저 역시 수많은 시행착오를 겪었고, 그 과정에서 형언할수 없는 아픔도 느꼈습니다. 경험 부족으로 아까운 시간도 낭비했습니다. 그러면서 얻은 저의 경험을 이곳에 공유하고자 합니다. 최대한 솔직한 마음으로 모두 드리려고 합니다. 다행히 자신과 맞는다고 생각된다면, 이 매매법을 기반 삼아 여러분의 매매 방법이나 원칙들로 정립해 나가시길 바랍니다.

생존재테크

차례

1부 TOP5 시스템
백전백승의 왕도는 없지만 수익 내는 지름길은 있다

2부 단기 트레이딩과 일정 매매

3부 테마주 매매

4부 고수의 분석
기업 분석과 차트 분석

5부 고수의 기술

1부

주식의

道

TOP5시스템

백전백승의 왕도는 없지만
수익 내는 지름길은 있다

01

드라마틱한 Before & After, 눈으로 확인하십시오

차트 2009년 4월 1일~4월 7일까지 매매 내역

거래내역(결제기준) | 당일매매일지 | 당일매도실현손익 | 일자별 실현손익 | 전일대비예탁잔산증감 | 투자수익률(상세)

계좌번호 [　　　　] [▼] [　] 　　　　구분 ⦿일별 ◯월별 매매일 2009/04/01 [▼] ~ 2009/04/01 [▼] 　주의사항 조회

| 종목명 | 추정실현손익 | 손익률 | 당일매도내역 | | | | | 매수내역(추정) | |
			수량	체결단가	매도금액	수수료	제세금	평균단가	매입금액	수수료
하이트홀딩스	5,032	0.24	80	26,450	2,116,000	310	6,348	26,300	2,104,000	310
한진해운	4,344	0.22	110	18,350	2,018,500	300	6,056	18,250	2,007,500	300
현대오토넷	16,678	0.28	1,780	3,410	6,070,900	910	18,212	3,390	6,034,200	900
한미반도체	9,104	0.44	400	5,230	2,092,000	310	6,276	5,190	2,076,000	310
바이오랜드	16,881	0.56	269	11,300	3,039,700	450	9,119	11,200	3,012,800	450
잘만테크	17,917	0.59	1,398	2,180	3,047,640	450	9,143	2,160	3,019,680	450
합 계	69,956	0.38			18,384,740	2,730	55,154		18,254,180	2,720

거래내역(결제기준) | 당일매매일지 | 당일매도실현손익 | 일자별 실현손익 | 전일대비예탁잔산증감 | 투자수익률(상세)

계좌번호 [　　　　] [▼] [　] 　　　　구분 ⦿일별 ◯월별 매매일 2009/04/02 [▼] ~ 2009/04/02 [▼] 　주의사항 조회

| 종목명 | 추정실현손익 | 손익률 | 당일매도내역 | | | | | 매수내역(추정) | |
			수량	체결단가	매도금액	수수료	제세금	평균단가	매입금액	수수료
태경산업	21,984	0.75	530	5,620	2,978,600	440	8,936	5,560	2,946,800	440
모건코리아	5,368	0.19	589	4,820	2,838,980	420	8,517	4,795	2,824,255	420
케이피케미칼	12,094	0.41	440	6,830	3,005,200	450	9,016	6,780	2,983,200	450
프롬써어티	33,465	1.10	969	3,175	3,076,575	460	9,230	3,130	3,032,970	450
대한제강	13,070	0.44	230	13,100	3,013,000	450	9,040	13,000	2,990,000	440
파트론	13,286	0.44	332	9,100	3,021,200	450	9,064	9,030	2,997,960	440
KB금융	11,182	0.13	240	36,400	8,736,000	1,310	26,208	36,233	8,696,000	1,300
합 계	110,449	0.42			26,669,555	3,980	80,011		26,471,185	3,930

거래내역(결제기준) | 당일매매일지 | 당일매도실현손익 | 일자별 실현손익 | 전일대비예탁잔산증감 | 투자수익율(상세)

계좌번호 [ ] [▼] 구분 ⦿일별 ○월별 매매일 2009/04/03 [▼] - 2009/04/03 [▼] 주의사항 조회

종목명	추정실현손익	손익율	당일매도내역					매수내역(추정)		
			수량	체결단가	매도금액	수수료	제세금	평균단가	매입금액	수수료
동부하이텍	22,132	0.36	950	6,532	6,206,100	930	18,618	6,487	6,163,500	920
대한항공	11,656	0.19	160	38,550	6,168,000	920	18,504	38,350	6,136,000	920
고려아연	32,378	0.52	53	118,000	6,254,000	930	18,762	117,000	6,201,000	930
성우하이텍	12,705	0.23	941	5,857	5,511,520	820	16,535	5,824	5,480,640	820
한국콜마	-28,122	-0.31	2,820	3,200	9,024,000	1,350	27,072	3,199	9,022,350	1,350
일티전자	-4,681	-0.15	563	5,560	3,130,280	460	9,391	5,550	3,124,650	460
솔본	5,389	0.46	618	1,910	1,180,380	170	3,541	1,895	1,171,110	170
바이오랜드	20,378	0.64	310	10,400	3,224,000	480	9,672	10,300	3,193,000	470
삼영엠텍	8,464	0.27	632	5,040	3,185,280	470	9,556	5,010	3,166,320	470
일야하이텍	2,122	0.25	491	1,730	849,430	120	2,548	1,720	844,520	120
티에스엠텍	11,134	0.35	216	14,700	3,175,200	470	9,526	14,600	3,153,600	470
엔케이	21,516	0.35	410	15,150	6,211,500	930	18,634	15,047	6,169,500	920
풍강	-15,009	-3.02	300	1,610	483,080	70	1,449	1,655	496,500	70
아이엠	15,812	0.51	327	9,600	3,139,200	470	9,418	9,520	3,113,040	460
합계	115,874	0.20			57,741,970	8,590	173,226		57,435,730	8,550

거래내역(결제기준) | 당일매매일지 | 당일매도실현손익 | 일자별 실현손익 | 전일대비예탁잔산증감 | 투자수익율(상세)

계좌번호 [ ] [▼] 구분 ⦿일별 ○월별 매매일 2009/04/06 [▼] - 2009/04/06 [▼] 주의사항 조회

종목명	추정실현손익	손익율	당일매도내역					매수내역(추정)		
			수량	체결단가	매도금액	수수료	제세금	평균단가	매입금액	수수료
유진투자증권	-26,716	-0.21	11,670	1,085	12,661,950	1,890	37,986	1,083	12,646,900	1,890
대구은행	14,894	0.48	360	8,690	3,128,400	460	9,386	8,620	3,103,200	460
휴니드	25,756	0.84	600	5,180	3,108,000	460	9,324	5,120	3,072,000	460
현대상사	21,696	0.70	160	19,550	3,128,000	460	9,384	19,350	3,096,000	460
SKC	14,028	0.47	160	18,900	3,024,000	450	9,072	18,750	3,000,000	450
인프라웨어	8,920	0.29	127	24,200	3,073,400	460	9,220	24,050	3,054,350	450
대우인터내셔널	3,784	0.06	240	25,550	6,132,000	910	18,396	25,450	6,108,000	910
오성엘에스티	15,963	0.52	452	6,908	3,122,450	460	9,367	6,850	3,096,200	460
삼영엠텍	17,856	0.58	563	5,550	3,124,650	460	9,374	5,500	3,096,500	460
합계	96,181	0.24			40,502,850	6,010	121,509		40,273,150	6,000

거래내역(결제기준) | 당일매매일지 | 당일매도실현손익 | 일자별 실현손익 | 전일대비예탁잔산증감 | 투자수익율(상세)

계좌번호 [ ] [▼] 구분 ⦿일별 ○월별 매매일 2009/04/07 [▼] - 2009/04/07 [▼] 주의사항 조회

종목명	추정실현손익	손익율	당일매도내역					매수내역(추정)		
			수량	체결단가	매도금액	수수료	제세금	평균단가	매입금액	수수료
중외제약	27,512	0.87	190	16,750	3,182,500	470	9,548	16,550	3,144,500	470
동양매이저	14,044	0.44	820	3,905	3,202,100	480	9,606	3,875	3,177,500	470
코오롱	20,988	0.66	90	35,450	3,190,500	470	9,572	35,100	3,159,000	470
부광약품	17,808	0.58	140	22,100	3,094,000	460	9,282	21,900	3,066,000	450
케이엠더블유	8,769	0.46	215	8,870	1,907,050	280	5,721	8,800	1,892,000	280
이지바이오	64,875	1.01	3,144	2,077	6,531,600	970	19,595	2,050	6,445,200	960
미오테크닉스	18,872	0.58	296	11,000	3,256,000	480	9,768	10,900	3,226,400	480
인프라웨어	15,974	0.50	133	24,250	3,225,250	480	9,676	24,050	3,198,650	470
파인디엔씨	17,745	0.55	1,419	2,275	3,226,225	480	9,685	2,255	3,199,845	470
AP시스템	13,556	0.42	693	4,740	3,284,820	490	9,854	4,704	3,260,440	480
화일약품	3,416	0.18	435	4,504	1,959,525	290	5,879	4,481	1,949,650	290
크리스탈	21,932	0.34	436	15,075	6,572,700	980	19,718	14,975	6,529,100	970
MDS테크	34,250	0.53	1,717	3,779	6,489,995	970	19,470	3,747	6,434,345	960
세원셀론텍	45,848	0.35	1,020	12,974	13,234,000	1,980	39,702	12,886	13,144,500	1,970
합계	325,589	0.53			62,358,265	9,280	187,076		61,827,130	9,190

수많은 깡통을 차며 잃어버린 10년을 보낸 후 본격적으로 새출발할 당시(2009년4월) '과연 이렇게 해서 주식으로 자리를 잡을 수나 있을까' 하는 의문이 마음속에 여전히 남아 있었지만, 성공과 실패라는 결과를 생각하기 앞서 당장 눈앞에 해결해야 할 생계가 걱정이었던 시절. 되돌아가기에는 너무 멀리 와버린 것 같아 오직 생존을 위해 앞만 보고 힘겹게 나아갈 수밖에 없었던 시절의 매매 내역입니다.

그리고 상황은 이렇게 바뀌었습니다.

차트 2021년3월~6월까지 월간 결산 내역

거래내역(결제기준)	당일매매일지	당일매도실현손익	일자별 실현손익	전일대비예탁자산증감	투자수익률상세추이			

| 계좌번호 | ▼ | | 구분 ⦿일 ◯월 | 2021/03/02 ▼ ~ 2021/03/31 ▼ | 매수수수료 HTS | ▼ | 조회 | 주의사항 |

매매일자	추정실현손익	수익률	매도금액	매도수수료	제세금	매수금액	매수수수료
2021/03/02	6,422,515	4.07	164,511,468	24,676	378,376	157,662,252	23,649
2021/03/03	8,141,818	4.94	173,395,324	26,008	398,808	164,803,971	24,719
2021/03/04	6,420,153	4.16	161,210,720	24,181	370,783	154,372,448	23,155
2021/03/05	3,045,829	1.91	163,271,453	24,490	375,523	159,801,642	23,969
2021/03/08	21,218,348	7.77	295,197,518	44,278	678,953	273,214,957	40,982
2021/03/09	5,663,220	2.36	244,559,587	36,683	562,485	238,261,461	35,738
2021/03/10	7,617,181	2.75	284,994,061	42,748	655,485	276,637,152	41,495
2021/03/11	4,402,109	1.34	333,872,535	50,079	767,904	328,603,154	49,289
2021/03/12	2,738,948	5.96	48,796,064	7,319	112,230	45,930,678	6,889
2021/03/15	4,463,187	2.28	201,130,120	30,169	462,597	196,144,746	29,421
2021/03/16	10,731,480	4.15	270,269,492	40,539	621,619	258,837,030	38,824
2021/03/17	6,955,348	2.94	244,261,426	36,638	561,799	236,672,141	35,500
2021/03/18	1,087,612	0.71	153,696,066	23,053	353,500	152,209,070	22,831
2021/03/19	4,727,436	2.77	175,722,944	26,358	404,162	170,539,408	25,580
2021/03/22	10,740,281	5.69	200,003,384	29,999	460,007	188,744,786	28,311
2021/03/23	10,100,550	6.89	157,060,718	23,558	361,238	146,553,390	21,982
2021/03/24	15,372,540	3.55	448,965,574	67,344	1,032,620	432,428,206	64,864
2021/03/25	7,918,014	4.85	171,702,951	25,754	394,915	163,339,768	24,500
2021/03/26	4,598,784	1.26	370,033,584	55,504	851,076	364,473,550	54,670
2021/03/29	10,096,722	3.43	304,889,508	45,733	701,245	294,001,708	44,100
2021/03/30	5,271,163	2.34	231,382,829	34,706	532,178	225,510,956	33,826
2021/03/31	633,360	0.14	451,099,012	67,664	1,037,527	449,293,068	67,393
합계	158,366,598	3.12	5,250,026,338	787,481	12,075,030	5,078,035,542	761,687

매매일자	추정실현손익	수익률	매도금액	매도수수료	제세금	매수금액	매수수수료
2021/04/01	13,568,013	3.35	419,688,309	62,952	965,282	405,031,308	60,754
2021/04/02	7,322,306	4.90	157,032,610	23,554	361,175	149,303,180	22,395
2021/04/05	-2,195,723	-0.86	253,420,071	38,012	582,865	254,956,674	38,243
2021/04/06	11,248,844	3.18	365,974,362	54,895	841,738	353,775,821	53,064
2021/04/07	3,399,200	1.64	211,669,118	31,749	486,838	207,720,174	31,157
2021/04/08	4,443,229	1.84	246,015,413	36,901	565,833	240,933,311	36,139
2021/04/09	3,377,099	3.78	92,929,500	13,939	213,737	89,311,329	13,396
2021/04/12	7,570,999	3.35	234,443,277	35,166	539,218	226,263,955	33,939
2021/04/13	10,030,366	2.75	376,067,034	56,409	864,953	365,060,548	54,758
2021/04/14	428,280	0.14	311,910,751	46,785	717,393	310,671,693	46,600
2021/04/15	7,551,628	5.91	135,602,500	20,339	311,885	127,699,494	19,154
2021/04/16	3,622,949	4.46	85,009,851	12,751	195,522	81,166,455	12,174
2021/04/19	4,584,189	2.43	193,599,440	29,039	445,278	188,512,658	28,276
2021/04/20	2,873,437	1.77	165,883,887	24,880	381,532	162,579,652	24,386
2021/04/21	4,762,391	5.29	95,012,352	14,251	218,527	90,003,684	13,499
2021/04/22	2,224,772	0.94	239,446,609	35,916	550,726	234,599,706	35,489
2021/04/23	8,339,023	4.60	190,030,344	28,503	437,069	181,198,570	27,179
2021/04/26	7,234,299	4.86	156,484,755	23,472	359,914	148,844,745	22,325
2021/04/27	-3,313,657	-1.62	201,822,166	30,273	464,189	204,610,670	30,691
2021/04/28	6,424,034	2.59	254,642,817	38,195	585,677	247,557,779	37,132
2021/04/29	5,990,124	2.13	287,405,967	43,110	661,032	280,669,602	42,099
2021/04/30	2,927,358	1.97	151,593,656	22,738	348,664	148,272,656	22,240
합 계	112,413,160	2.39	4,825,684,789	723,829	11,099,047	4,700,743,664	705,089

매매일자	추정실현손익	수익률	매도금액	매도수수료	제세금	매수금액	매수수수료
2021/05/07	3,067,478	3.02	104,838,968	15,725	241,129	101,499,412	15,224
2021/05/10	5,411,063	2.29	241,801,767	36,269	556,142	235,762,930	35,363
2021/05/11	5,312,920	5.06	110,565,936	16,584	254,300	104,966,388	15,744
2021/05/12	10,719,683	4.93	228,760,624	34,313	526,148	217,447,864	32,616
2021/05/13	6,736,990	2.88	240,956,113	36,142	554,197	233,593,746	35,038
2021/05/14	5,655,125	1.71	336,658,257	50,498	774,313	330,128,802	49,519
2021/05/17	-650,272	-0.15	429,815,435	64,471	988,573	429,348,262	64,401
2021/05/18	5,177,342	4.96	109,894,452	16,483	252,755	104,432,208	15,664
2021/05/20	4,947,199	1.93	261,314,563	39,196	601,022	255,688,794	38,352
2021/05/21	-759,288	-0.91	82,811,095	12,420	190,465	83,354,996	12,502
2021/05/24	5,096,692	6.05	89,492,516	13,423	205,831	84,163,946	12,624
2021/05/25	5,572,456	3.86	150,223,620	22,533	345,513	144,261,480	21,638
2021/05/26	7,411,380	6.01	131,029,246	19,654	301,366	123,278,355	18,491
2021/05/27	8,822,083	3.72	246,771,737	37,014	567,573	237,309,472	35,595
2021/05/28	3,147,005	2.40	134,658,093	20,198	309,711	131,161,506	19,673
합 계	75,667,856	2.69	2,899,592,422	434,923	6,669,038	2,816,398,161	422,444

계좌번호	▼		구분 ⊙일 ○월	2021/06/01	- 2021/06/30	매수수수료 HTS ▼	주의사항	조회
매매일자	추정실현손익	수익률	매도금액	매도수수료	제세금	매수금액	매수수수료	
2021/06/01	5,387,834	2.93	189,916,723	28,487	436,807	184,035,990	27,605	
2021/06/02	17,987,578	5.61	339,262,454	50,887	780,301	320,395,630	48,058	
2021/06/03	-158,958	-0.10	162,987,463	24,447	374,870	162,722,698	24,406	
2021/06/04	16,726,986	3.73	466,123,445	69,918	1,072,082	448,187,232	67,227	
2021/06/07	23,678,678	4.89	509,375,085	76,406	1,171,561	484,375,785	72,655	
2021/06/08	6,692,155	2.17	315,718,299	47,357	726,151	308,206,406	46,230	
2021/06/09	12,298,124	1.77	709,290,215	106,392	1,631,366	695,150,062	104,271	
2021/06/10	5,469,477	5.13	112,454,728	16,868	258,645	106,693,734	16,004	
2021/06/11	2,353,273	2.79	86,788,764	13,018	199,614	84,210,228	12,631	
2021/06/14	5,866,920	2.72	221,852,541	33,277	510,259	215,409,774	32,311	
2021/06/15	5,633,341	2.71	213,809,940	32,071	491,761	207,621,625	31,142	
2021/06/16	3,420,110	0.82	422,414,907	63,362	971,553	417,897,198	62,684	
2021/06/17	1,887,877	2.59	74,949,600	11,242	172,383	72,867,168	10,930	
2021/06/18	3,522,026	1.42	252,386,011	37,857	580,487	248,208,410	37,231	
2021/06/21	9,703,457	3.46	291,250,538	43,687	669,874	280,791,402	42,118	
2021/06/22	11,417,118	2.60	451,203,383	67,678	1,037,765	438,615,031	65,791	
2021/06/23	12,237,522	4.56	281,462,943	42,218	647,364	268,495,566	40,273	
2021/06/24	-1,395,124	-0.97	142,288,039	21,342	327,262	143,313,063	21,496	
2021/06/25	6,131,675	2.56	246,347,092	36,951	566,597	239,575,934	35,935	
2021/06/28	-1,169,550	-0.41	283,023,404	42,452	650,952	283,457,033	42,517	
2021/06/29	5,605,114	2.86	201,873,889	30,280	464,308	195,744,827	29,360	
2021/06/30	13,258,148	5.00	279,254,284	41,887	642,283	265,272,176	39,790	
합계	166,553,781	2.74	6,254,033,747	938,084	14,384,245	6,071,246,972	910,665	

2009년과 2021년, 12년의 시간이 지났고 모든 것이 달라졌지만 2009년 하루하루 생존을 위해 힘겹게 몸부림치던 그때와 지금의 공통점이 있다면, 초심을 잃지 않으려는 마음가짐입니다. 하지만 다른 점은 여러분이 눈으로 확인이 가능한 것처럼 월별 수익이죠. 저도 과거와 현재의 계좌 결산을 양쪽에 놓고 비교하면 이게 정말 현실인가 하며 놀랄 때가 있습니다. 하지만 엄연한 현실입니다. 노력으로 극복 가능한 현실이 맞습니다.

주식투자에 관심 있는 지금 이 책을 읽는 분들에게 제가 어떻게 전업투자자의 길을 걸어왔는지, 어떻게 공부하고 매매의 기준을 잡았는지, 그리고 어떤 방법과 노하우로 이런 드라마틱한 변화를 겪을 수 있었는지 본격적으로 알려드리겠습니다. 여러분은 저보다 훨씬 더 나은 결과를 낼 수 있습니다. 그런 희망과 마음가짐으로 잘 따라오시길 바랍니다.

02

TOP5 시스템을
공부해야 하는 이유

베스트셀러 『부의 추월차선』을 보면, '아주르와 추마의 피라미드 우화'가 나옵니다. 이집트 파라오는 조카 아주르와 추마에게 피라미드를 먼저 짓는 사람에게 왕자의 지위, 재물, 은퇴를 보상하기로 약속했습니다.

아주르는 무식하게 힘을 길러 피라미드를 쌓아 나갔습니다. 추마는 3년 동안 돌을 하나도 쌓지 않고 자기 대신 돌을 들어 올릴 기계를 만드는 데 투자했습니다. 아주르는 추마를 비웃었고 자만했습니다. 얼마 지나지 않아 추마는 지렛대 원리를 이용하여 아주르를 단숨에 추월하고, 5년 만에 피라미드를 쌓고 은퇴했습니다. 반면, 아주르는 평생 피라미드를 만들다 심장마비로 생을 마감했습니다.

주식투자도 마찬가지입니다. 당장 운으로 얻는 한두 푼 수익보다,

수익을 얻는 방법을 개발하는 게 경제적 독립으로 가는 지름길입니다. 운은 지속되기가 어렵지만 실력은 어떤 상황도 돌파할 수 있는 능력을 갖게 하기 때문입니다. 원리를 모르고 공식만 외워서는 수학문제를 잘 풀 수 없는 이치와 같습니다. 수익을 얻는 방법을 익히기 위해 2~3년을 집중 투자하고, 남은 여생 동안 경제독립을 이룰 수 있다면 해볼 만하지 않나요?

TOP5 시스템 공부법은 '누구나 자신만의 수익을 얻는 방법'을 개발하는 게 목표입니다. 저 자신도 이 방법을 더 빨리 실천했다면 잃어버린 10년까지 겪지 않았을 테고, 적어도 7년은 일찍 주식으로 경제독립을 이뤘을 거라고 가끔 후회합니다. 여러분들은 저를 반면교사 삼아 TOP5 시스템을 통해 꿈을 앞당기셨으면 합니다.

운동과 음악을 익히는 데도 자질이 떨어져 배움이 느린 사람이 있듯이, 주식에서도 감각이 둔해 '정말 자리를 잡을 수 있을까'라는 의심이 드는 사람들도 있습니다. 하지만 지나고 보면, 주식에서만큼은 그런 사람들이 절대 느리다고 볼 수 없습니다. 오히려 감각이 둔해도 꾸준히 노력하는 사람들이 더 빨리 크게 성장하는 모습을 봐왔기 때문에, 저는 그런 사람들의 성장성을 믿는 편입니다. 그러니 주식을 그만두는 날까지 TOP5 시스템을 공부하고 실천하시길 권합니다.

그림 TOP5 시스템

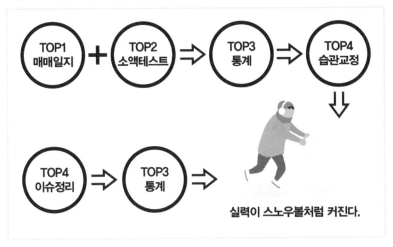

먼저 TOP5 시스템 공부법의 큰 틀은 다음과 같습니다. 크게는,

①매매일지

②이슈정리

이렇게 두 가지 방향성으로 접근합니다. 여러분들이 스스로 연구하는 매매 방법 또는 앞서간 선배들의 투자법을 소액으로 테스트하면서 매매일지를 꾸준히 쓰다 보면, 데이터가 쌓이게 되어 통계를 작성할 수 있습니다. 그 통계를 바탕으로 내가 취해야 할 것과 버려야 할 것을 눈으로 확인하고 깊이 깨달을 수 있습니다.

다음으로 이슈정리를 통해서 내가 좋아하는 주식이 아니라, 시장이 좋아하는 이슈와 주식의 감을 얻게 됩니다. 이것도 마찬가지로 하루

하루 데이터가 쌓이다 보면 통계 데이터가 생깁니다. 시장에서 신선하고 강한 이슈와 소외받는 이슈, 그로 인한 차트의 특징들을 자연스럽게 깨달을 수 있게 됩니다. 꾸준히 하면 할수록 매매의 확률은 높아지고, 시장을 보는 감각은 정확·예민해집니다.

주식투자를 대충한 5년 경력의 투자자와 위와 같이 체계적으로 접근한 1년 경력의 투자자를 비교해 보면 후자의 실력이 훨씬 뛰어날 수밖에 없습니다. 당장은 모르겠지만 1년, 2년, 3년이 지날수록 격차는 말할 수 없이 커지게 됩니다. 저 자신과 주변 지인들을 살펴봤을 때, 이 방법이 시간 단축에 유용한 주식공부법임을 깨닫게 됩니다.

하지만 안타깝게도 많은 사람들이 중도에 포기하고 맙니다. 성과가 빠르게 안 나오니 답답하고, 그런 와중에 가까운 지인이나 SNS에서 별다른 노력 없이 손쉽게 주식으로 돈을 버는 사람들을 보다 보면, 나도 모르게 마음이 급해져 그쪽으로 한눈을 팔거나 무리수를 두게 됩니다. 무리수는 엇박자로 이어지기 쉽고 급기야 큰 손실을 입게 되면 주식에 환멸을 느껴 중도 포기도 합니다. 따라서 중도 포기자가 되고 싶지 않다면, 주식은 '노력에 대한 피드백'이 느릴 수도 있다는 사실을 인정하고 시작하는 게 좋습니다.

주식투자, 은퇴도 수입의 한계도 없는 매력적인

월급은 은퇴라는 끝이 있지만, 주식은 은퇴가 없습니다. 같은 월 300만 원이라도 돈이 꾸준히 들어올 수 있는 힘은 직장보다 주식이 월등히 큽니다. 또한 소득이나 수익의 한계를 단정할 수 없습니다. 실력만 갖춘다면 월 얼마를 벌지 가늠이 되지 않습니다.

대나무 중에 최고로 치는 모죽은 씨를 뿌린 후에 5년 동안 아무리 물을 주고 가꾸어도 싹이 나지 않지만, 5년이 지난 어느 날 손가락만한 죽순이 돋아나고 4월이 되면 하루에 80cm 쑥쑥 자라기 시작해 30m까지 자랍니다. 5년 동안 자라지 않은 게 아니라, 실은 땅 속에 대나무 뿌리가 사방으로 뻗어나가 10리가 넘도록 땅 속 깊숙이 자리잡습니다. 5년간 뿌리를 내리며 내실을 다진 후 세상에 모습을 드러냅니다. 주식도 뿌리를 내리는 시간 없이 얻는 수익은 스쳐지나가는 환상일 뿐입니다.

평생을 방황할 것인가? 2~3년 동안 뿌리를 내리고 수익의 빛을 볼 것인가? 이제는 선택해야 할 시점입니다. 앞으로 각 장에서 뿌리를 내리기 위해 구체적으로 어떻게 실천해야 하는지 알아보겠습니다.

 수익과 직결되는 TOP5 시스템공부법

| TOP1 매매일지, 슈퍼개미의 필수코스 | TOP2 이슈정리, 종목 선정의 최고 무기 | TOP3 소액 테스트, 큰 상처 받지 않고 빨리 성장하는 법 | TOP4 통계, 주식공부의 꽃 | TOP5 뇌동 없애기, 뇌동을 줄이는 과학적인 방법

03

TOP1_매매일지,
한 장당 천만 원 이상의 가치

주식 투자자들을 방황의 길로 들어서게 하는 가장 큰 원인은 바로 뇌동매매입니다. 저 역시 과거에는 뇌동매매를 끊어내지 못해 오랫동안 방황의 늪을 헤맸습니다. 손실을 본 날에는 특히 조심해야 하는데, 성격이 급하다 보니 짜증이 올라오면, 즉시 은행으로 달려가 있는 돈 없는 돈을 모두 끌어모아 증권계좌로 추가 입금해서 뇌가 이끄는 대로 뇌동매매를 했습니다. 그러다가 깡통을 찬 적도 많습니다. 은행에서 집으로 오가는 길, 머리로는 '아 내가 이러면 안 되는데, 급하면 안 되는데…' 알면서도 저 자신을 절제할 수 없었던 날들이 기억납니다.

제가 돌고 돌아 헤매다가 깨달은 뇌동매매의 해결책은 바로 매매일지 작성이었습니다. 매매일지를 작성하고 주기적으로 반성을 시작한 날로부터, 질긴 뇌동매매에서 어느 정도 해방되기 시작했습니다.

여러분들이 이 책을 읽는 이유가 무엇입니까? 주식고수로 가는 시간을 조금이라도 단축시키고 주식으로 안정적인 수익을 내고 싶은 희망 때문이라고 생각합니다. 주식고수가 되기 위해 어떻게 해야 하는지 묻는다면, 망설임 없이 매매일지 작성과 다음 장에서 얘기할 이슈 정리가 기본 중에 기본이라고 언제나 말씀드리고 싶습니다. 어쩌면 이 2가지가 주식투자 실력 성장의 비법 아닌 비법일지도 모릅니다. 단순해 보이고, 지루할 것 같기만 하고, 실력이 과연 늘까 하는 의문이 들 수도 있지만, 이 방법이야 말로 정도이자 왕도입니다.

이미 제가 결과로 증명을 했으니 저의 이 말을 가볍게 듣지 마시기 바랍니다. 왜 이 점들을 강조하는지 잠시 책을 덮고 생각의 시간을 가지시기 바랍니다.

▌▌▌ 매매일지는 주식고수로 가는 필수 코스

개인적으로는 2009년부터 현재까지 매매일지를 매일 작성하고 있습니다. 매매일지를 10년 넘게 작성하면서 느끼는 가장 큰 장점은 자신만의 주식 데이터가 생긴다는 겁니다. 해가 거듭될수록, 내 매매의 장단점을 파악할 수 있고, 또 승률을 높이는 귀중한 데이터가 됩니다. 그래서 저는 후배들에게 매매일지를 권할 때 항상 "매매일지를 무조건 써라. 그게 나중에 한 장당 1천만 원 이상의 값어치를 가지게 된다"고 말합니다.

주식으로 하루라도 빨리 자리잡고 싶다면, 매매일지는 주식을 그만두는 날까지 게을리 하지 마시고 매매일지는 매일 꼭 손으로 성실하게 작성하시길 바랍니다. 손실 본 날이나 매매가 꼬인 날에는 매매일지 적는 것 자체가 고역입니다. 하지만 손으로 적으면서 자연스럽게 반성도 되고, 복습도 됩니다. 따라서 손실을 본 날이라면 더더욱 매매일지를 빼먹지 말아야 합니다.

일지를 작성하는 습관 자체가 엄청난 인내심을 불러일으키게 되어 주식 매매에서도 시너지 효과를 줍니다. 뇌동매매를 했든, 절제를 못했든, 모든 매매 상황을 자세히 기록해서 일주일마다 반성의 시간을 가져보시기 바랍니다.

미래에 있을 뇌동매매를 줄이고 싶다면 아프지만 되새김질은 꼭 해야 합니다. 일주일마다 매매일지를 보면서 진지한 반성의 시간을 성실히 해나가다 보면 느린 것 같지만, 그것이 뇌동매매를 없애는 가장 빠른 지름길입니다.

매매일지에 반드시 적어야 할 내용들

한 교수에게 수업을 들은 학생들이 건축가가 되어 같은 모양 같은 용도의 건물을 만든다고 해도 설계도는 제각각 다 다릅니다. 그렇듯이 일지에 적는 내용은 사람마다 다를 수 있습니다. 하지만 기초적으로 석어야 할 내용은 나음과 같습니다.

①국내, 해외 증시 시세와 시장 이슈(네이버 증권, 뉴스 참고)

②매수하게 된 이유

③매도하게 된 이유

④반성할 부분

이 4가지는 기초적으로 적어야 하고, 더 나아가 투자 당시 심리, 종목의 이슈, 관련종목의 분위기 등을 상세하게 적는 것도 도움이 됩니다. 사람은 망각의 동물이기 때문에, 최대한 상세히 자유롭게 기록하는 게 좋습니다. 보통의 투자자라면 뼈에 새겨질 만큼 아픈 손실이 아닌 이상, 그 상황이 지나면 점차 잊게 되고, 결국 머릿속에서 완전히 지워집니다. 기록을 상세히 하면 할수록, 그 당시의 상황과 실패 사유를 다음 번에는 다시 반복하지 않을 가능성이 높아집니다. 기록은 기억을 지배한다는 사실을 잊지 말기 바랍니다.

다음 나오는 매매일지와 계좌내역 공개는 저의 강의를 들었던 한 수강생의 것입니다.

그림 수강자의 매매일지 예시

2020년 6월 29일 매매일지

★ 전일 5/28 (현지시간) 악재머감 → 홍콩천안문 中전인대 통과소식 및 트럼프 기자회견 예고등에 하

다우 -0.58%, 나스닥 -0.46%, S&P -0.21%

★ 국제유가 (WTI) → 33.71 +2.74%

★ 금일 한국시장 코피 +0.05%, 코스닥 +0.70% ◄

(외국인 : 코피 : -1990억천   코스닥 : +1,729억천

기관 : 코스피 : -201억천   코스닥 : -45억천

★ 금일 매매 종목↘ (실현손익 : 408,384천)

① 파미셀 +5.60% (163,992천) 23,800 → 2천,200천

→ 앵커매매, 전날부터 집중관찰 후 금일 20·20선 우상향 확인후 매수, 거래량이 터전리안

★ 금일 매매 종목★

① 일양약품 (+6.36%) 54,100천 → 57,700원.

매수이유 : 일봉상 위로 한번 상승한것같은 지도모습 낮어져 관종했었고, 오늘 분봉상

전고점 돌파직전 보일때 매수하였음.

매도이유 : 예상대로 슈팅나왔고, vi에 절반매도후 자머지 홀딩하려 있으나, 다른 종목

지켜봐야해서 전량 매도.

② 동화약품 (+4.43%) 11,650천 → 12,200천

매수이유 : 일봉상 주가상승 조정이 보여서 이틀전 매수해서 홀딩중1있음.

매도이유 : 장시작 시초에 매도함. 장대양봉 자본거라 예상은 했었지만, 주식 홀드는 종목이

다른 종목 매매하기위해 미련없이 던짐. → 성나 짜라서 조금 아수붕음.

매수이유 : 선고점 뚫을때 매수가담

매도이유 : 주가 거래량 안들어오고 가격이 쳐져서 손절처리.

② 뉴보텍 (-2.83%) 1,370천 → 1,335천.

매수이유 : 분봉상 수정 후 거래량 +강한상승 보여줄때 따라들어감.

매도이유 : 빙가없음 → 손절.

★ 매수후 홀딩종목★

① 플래이디 : 종가매수 (일봉+분봉 수렴)   ② SH에너지화학 : 시간외매수 (일봉상 료양+가

★ 오늘의 반성★

→ 조금만 더 차분히 거래량 들어오는 걸 확인하고 매수하자.

그림 매매일지 예시 작성자의 2020년 8월 실제 매매 내역

* 실현손익, 수수료, 세금은 추정치이며, 수수료는 체결시 수수료율로 적용됩니다.
* 매입금액, 매도금액, 수수료, 세금은 당일매매일지 화면의 내용과 동일합니다.

총매수	4,706,629,500	총매도		4,804,195,435	실현손익		106,605,516
수수료	1,426,520	세금합		12,009,626	총수익률		2.28%
매매일	매수금액	매도금액	실현손익	수익률	수수료	세금	
2020/08/31	112,495,885	133,604,495	1,421,812	1.08%	36,910	333,978	
2020/08/28	521,764,610	440,972,710	4,824,859	1.11%	144,410	1,102,365	
2020/08/27	392,707,940	414,353,650	2,859,614	0.70%	121,050	1,035,805	
2020/08/26	408,493,050	376,956,200	1,949,438	0.52%	117,810	942,333	
2020/08/25	313,239,865	308,605,380	6,785,136	2.25%	93,270	771,466	
2020/08/24	319,075,960	331,069,495	1,383,567	0.42%	97,520	827,583	
2020/08/21	321,654,925	234,606,070	-1,907,050	-0.81%	83,430	586,490	
2020/08/20	302,444,160	305,834,420	3,480,804	1.15%	91,240	764,550	
2020/08/19	229,771,980	165,865,750	455,209	0.28%	59,340	414,640	
2020/08/18	267,700,640	398,109,260	29,244,281	7.95%	99,870	995,217	
2020/08/14	230,163,050	354,210,310	42,079,880	13.52%	87,650	885,471	
2020/08/13	26,147,020	5,415,800	406,911	8.15%	4,730	13,539	
2020/08/12	216,300,210	288,570,530	-8,308,062	-2.81%	75,730	721,364	
2020/08/11	159,883,075	158,423,650	2,098,149	1.35%	47,740	395,999	
2020/08/10	92,893,160	95,005,910	1,733,023	1.86%	28,180	237,487	

* 위 실매매 내역과 매매일지 작성자는 2020년 당시 주식 경력 7년 정도의 유경험자였으며, 강의수강 후 네이버 카페에 위와 같은 매매 내역과 후기를 작성하였습니다.

매매일지 작성이 아직도 망설여지거나, 그렇게까지 할 필요가 있을까 하고 의심이 드나요? 허송세월보다 빠르게 지나가는 시간은 없습니다. 지금 이 순간 최선을 다하지 않는다면, 미래 어느 순간 현재를 되돌아 봤을 때 자기자신에게 자괴감이 들 수도 있습니다. 주식으로 경제독립을 이루려면, 하루라도 젊을 때 일지 작성 습관을 들이는게 정말 중요합니다. 어차피 우리가 주식시장을 떠날 수 없는 숙명이라면 최소한 자기자신의 앞가림이나 생존을 위한 노력은 필요불가결한 요소입니다. 진심으로 목표를 이루고 싶다면 현재의 작은 목표부

터 하나씩 실천해 나가는 게 정말 중요합니다.

장마가 길어지면서 예년에 없던 저온현상이 여름을 지배했더라도 늦더위라도 반드시 찾아왔다 넘어가는 게 여름입니다. 노력이 길고, 눈에 보이는 성과가 당장 안 나타나서 힘들 수 있지만, 노력의 대가는 늦게라도 반드시 보상으로 돌아옵니다. 이 평범한 진리를 잊지 말아야 합니다.

04

TOP2_이슈정리, 종목 선정의 최고 무기

매매일지 노트와 평생 함께해야 할 노트는 바로 당일 이슈종목 정리 노트입니다. 우리나라 주식시장에는 테마가 없는 종목이 없습니다. 삼성전자만 하더라도 반도체 테마에 속하는 IT기업입니다. 말이 나온 김에 삼성전자로 예를 들어보겠습니다. 2019년 12월 ~2020년 1월 사이 삼성전자가 신고가를 갔던 적이 있습니다.

그림 2020년 1월 당시 삼성전자 일봉 차트

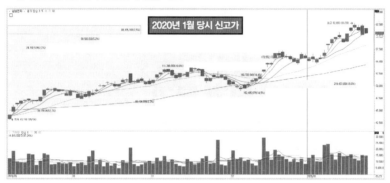

D램(DRAM) 가격이 상승하면서 삼성전자를 비롯한 메모리 반도체 관련주들이 연관되어 상승했습니다. 당시 D램 가격은 장기적으로 떨어질 만큼 떨어졌다고 시장에서 판단했고 이후 D램 가격 상승에 대한 기대감으로 신고가로 연결되었습니다.

삼성전자와 D램 가격이 어느 정도 동조하면서 움직였듯이, 우리나라 테마 종목은 크게 보면 원인(ex. D램 가격 상승 기대)과 현상(ex. 삼성전자 주가 상승)이 있습니다.

2020년 핫했던 관련주로 코로나19와 한국판 뉴딜 관련주도 마찬가지였습니다. 코로나19 관련주만 보더라도 코로나19 확진자 증가가 원인이 되어 진단키트, 백신, 치료제, 거리두기 격상 수혜 관련주들이 차례로 상승하는 동조현상이 나타났죠. 그리고 한국판 뉴딜 관련주는 정부정책을 원동력 삼아 풍력, 태양광, 친환경자 등 관련주가 상승하는 현상이 나타났습니다.

이처럼 테마의 원인과 현상에 대해 많이 알면 알수록, 동조화 현상으로 움직이는 특정 테마에 속한 종목을 발 빠르게 매매대상으로 선정해서 수익으로 연결시킬 수 있습니다.

✦✦✦ 이슈정리, 원인과 현상을 학습하는 방법

이런 원인과 현상을 학습하는 방법이 바로 이슈정리입니다. 이슈정리를 하면 할수록 전체 시장의 흐름을 자연스럽게 알게 되고, 과거의 테마, 새로운 테마 할 것 없이 어떤 테마든 간에 남들보다 빨리 수익으로 연결시킬 수 있는 안목이 생깁니다. 그리고 이슈가 호재인지 악재인지, 관련주가 1등주인지 2등주인지도 구별할 수 있게 됩니다.

이슈정리 방법은 다음과 같습니다.

① 노트와 펜을 준비합니다.
② 당일 상승 종목 10~15개, 하락종목 5개의 종목명, 등락률,
   이슈를 노트에다 수기로 적습니다.

그림 종목정리 예시

이 방법으로 매일 정리해 갑니다. 가끔 이슈를 어디서 찾는지 궁금해 하는 분들이 있는데, HTS, MTS 상관없이 뉴스창에서 종목명을 적으면 당일 관련된 뉴스가 나옵니다. 해당 뉴스를 정리해서 적어도 되고, 네이버에 종목명을 검색만 해도 왠만한 뉴스나 이슈는 모두 나옵니다. 무슨 뾰족한 수가 있어서 남들은 절대 알 수 없는 정보를 나만 홀로 얻어야 승리가 보장된다는 생각은 옳지 않습니다. 남들도 다 알 수 있는 정보를 매일 잘 정리하고, 한발 더 파고들어야 승률이 높아집니다.

그리고 HTS나 MTS 뉴스창에 '증시요약'이라고 검색하면, 인포스탁에서 이슈정리가 된 기사가 나와 참고할 수 있습니다. 말 그대로 요약 수준이기 때문에 세부적인 내용은 꼭 직접 검색해서 찾아야 합니다. 놓치는 부분도 있기 때문입니다. 매일 이슈정리를 하면서 종목들의 차트 흐름도 체크합니다.

이런 식으로 하루에 총 15~20종목씩 정리합니다. 전날, 일주일 전, 한 달 전 나왔던 종목이더라도 또 새롭게 적습니다. 종목이 1,000번~2,000번만 넘어가도 시장을 보는 감각과 종목 선정 능력이 한층 높아진 자신을 느끼게 될 것입니다.

그리고 무엇보다 번호가 쌓일수록 성취감이 크고 뿌듯합니다. 저 역시 이 반복되는 과정을 10년 넘게 해오고 있습니다. 거기에 더해 주식으로 안정적인 수익을 내려는 분들이나 주식을 한다는 사람이 보이면 항상 도시락 싸들고 따라다니면서 이 방법을 권하고 있습니다.

주식으로 하루라도 빨리 자리잡고 싶은 독자라면 그만두는 날까지 하거나 아니면 주식을 그만두는 게 좋습니다.

하루 일당 5백만, 천만 원 이상이라는 꿈의 수익을 달성하고 싶다면 매일 이슈정리는 필수입니다. 해외여행을 가거나 매매를 안 하는 날에는 쉴 수도 있겠지만, 매매를 하는 날 또는 하지 않더라도 시장을 봤던 날은 반드시 정리하시길 바랍니다. 일단 시작했다면 이슈정리를 하지 않을 핑계를 찾지 말고, 하지 않으면 잠을 자지 않겠다는 굳은 의지로 습관화하는 게 좋습니다.

당일 종목을 보고 어느 정도 상승할 수 있겠다는 감은 말로 표현하기 힘들겠지만, 시장정리와 매매일지의 밑바탕에서 주식내공과 감각이 나온다고 해도 과언이 아닙니다. 감각을 타고나야 잘 할 수 있다는 생각은 지금 버리십시오.

▊▊▊ 계좌를 레벨업 시키는 2가지 방법

주식계좌를 레벨업 시키는 2가지 방법이 있습니다. 첫 번째는 수익, 두 번째는 손실 방어입니다. 첫 번째는 누구나 생각할 수 있지만 두 번째는 다릅니다. 미리 잘 대처해서 손실을 최소화해야만 방어가 가능합니다. 종목에 대한 상황을 잘 모른다면 자칫 함정에 빠질 수 있습니다.

상승종목을 정리하면 수익 낼 확률이 높아지고, 하락종목을 정리하면 손실을 방어할 가능성이 높아집니다. 악재뉴스가 나오면 그 뉴스가 해당 종목에 미칠 여파가 어느 정도인지 발빠르게 대응할 수 있기 때문입니다.

계좌를 플러스로 만들고 싶다면, 플러스만 생각할 게 아니라 마이너스도 관리해야 합니다. 주식경험이 있는 분이라면 이해가 빠를 겁니다. 계좌가 녹아내리는 가장 큰 원인은 플러스가 없어서가 아니라

마이너스가 자주 발생하거나 지나치게 심한 마이너스가 나오기 때문입니다. 강펀치를 날리고도 잔펀치에 나가떨어지거나, 잔펀치만 날리다가 강펀치를 맞고 넉다운 되기도 합니다. 공격만 생각하고 방어를 게을리 했다가는 KO패를 당하고 맙니다. KO패를 당하지 않으려면 손실을 방어하기 위해 종목의 상황을 모두 파악해야 합니다. 범의 아가리인 줄도 모르고 과감히 고개를 들이미는 순진한 아이가 되지 마시기 바랍니다. 누군가는 함정을 파놓고 여러분이 들어오기를 기다리고 있습니다. 수익도 중요하지만 덫에 걸리지 않는 것도 중요합니다.

가볍게 놀고먹으며 주식으로 경제독립을 달성할 수 있다면 그보다 좋은 일이 없습니다. 하지만 주식에 왕도는 없습니다. 무식하지만 기초를 잡기 위해서는 매매일지, 이슈정리 노트를 만들어서 정성스럽게 적어야 합니다.

단시간에 시장과 종목흐름을 훤히 꿰뚫어 볼 수는 없습니다. 공부하지 않으면 주식은 산 넘어 산입니다. 아무리 중장기나 단기 매매 위주로 주식을 한다고 해도 수익 가능성과 확률을 높이기 위해서는 매매일지와 이슈종목 정리가 필수입니다. 단기 매매는 빠르게 돈을 벌고 싶은 마음으로 하게 되는데, 역설적으로 주식투자는 급한 마음과는 반대로 공부에 일정 시간을 투자해야 안정적인 수익이 납니다.

그러니 주식으로 경제독립을 이루시려는 분들은 반드시 이 점을 이해하고 출발하셔야 됩니다.

05

TOP3_소액 테스트,
큰 상처 없이 빨리 성장하는 법

학창시절부터 사업을 하는 친구가 있습니다. 일반회사에서 근무하다가 프랜차이즈 음식점을 차렸는데, 1년 만에 홀라당 망하고 다시 그 자리에 다른 음식점을 열어 장사를 계속하고 있습니다. 코로나사태 전에도 경기부진으로 자기 인건비도 건지지 못할 만큼 어려웠는데, 코로나가 터지고 난 뒤에는 그야말로 파리만 날리는 지경에 이르렀고 지금은 조금씩 회복중이긴 하지만 여전히 어렵다고 합니다.

이 친구가 프랜차이즈 음식점 창업을 하려고 할 때, 주위 친구 대부분이 말렸습니다. 특히 제가 며칠 도시락 싸들고 따라다니면서 "생활비 정도 쓰면서 쉬는 게 오히려 논 버는 실이다"며 말렸습니다. 이 일 때문에 한때 저에게 조금 서운해 한 적도 있었습니다. 결국 인테리어, 인건비, 기타 비용 등 정신적 고통을 제외한 1억 5천 정도 손해를 본

뒤 프랜차이즈를 접을 수밖에 없었습니다.

'경험 없이 큰돈을 덜컥 투입한다'는 사실이 가장 안타까웠습니다. 의욕이 너무 앞서고 가정에 대한 책임감이 강해 오히려 그게 화를 가져오는 경우가 많은 걸 느낍니다. 창업이 얼마나 어려운 일인지 그 친구 스스로도 잘 알고 있지만 어쩔 수 없었나 봅니다.

'상황을 보며 때를 기다리기.' 말처럼 쉽지 않습니다. 노력하지 않는 것 같고, 책임감도 없는 것처럼 느껴집니다. 그러다 보니 시간을 두고 신중히 결정해야 할 일들을 의욕만 앞세워 서둘러 결정하는 경우가 많습니다. 이 친구처럼 말이죠.

▮▾▮▾ 느려보이는 이 길이 지름길

주식투자도 마찬가지입니다. 좋은 상황이 올 때까지 최대한 기다려야 합니다. 하루든 이틀이든 그 이상이든. 뭐라도 매수해서 종목을 보유하지 않으면 안 될 것 같은 생각과 뭐라도 해야 될 것만 같은 의욕이 앞서, 원했던 자리도 아닌데 덜컥 매수하는 경우가 많습니다. 차라리 아무것도 하지 않았으면 좋았을 상황이 투자를 하다 보면 자주 발생합니다. 투자경험이 많을수록 이 말에 쉽게 동의가 될 겁니다. 사서 고생하면서 얻어지는 것도 분명 있겠지만, 뻔히 보이는 고통스러운 경험은 피할 수 있으면 피하거나, 하더라도 되도록 적을수록 좋습니다.

주식은 학창시절에 그랬던 것처럼 2~3년 정도 대입시험을 준비하는 마음으로 기초를 다지며 지식을 쌓아가는 과정이 필요합니다. 투자의 2가지 자원인 돈과 시간이 필수적으로 들어가야 하죠.

실제투자에 앞서 절대 잃으면 안 되는 돈으로 테스트를 하는 게 현명할까요? 소액으로 익숙해질 때까지 수익을 바라지 않고, 오직 경험을 목적으로 테스트하는 게 현명할까요? 여러분이 생각하는 모범답안이 현실에서도 적용해야 하는 실제 답입니다.

경험을 쌓기 위해서는 시간을 소모해야 합니다. 이 시간 동안에는 시간만 쓰고, 다른 모든 자원은 최대한 아끼시기 바랍니다. 시간이 나를 성장시켜 투자가 익숙해졌을 때, 그때야 비로소 진짜 투자금을 투입할 수 있습니다. 당신이 믿는 현명한 방법을 주식투자에도 그대로 적용하시기 바랍니다. 아이들에게 조언해주고 싶은 방식 그대로 자신도 실천해야 합니다.

생활비 때문이라도 지금 당장 몇만 원, 몇 십만 원 수익이 목마를 수 있습니다. 하지만 실력이 없는 상태에서 운으로 얻는 수익은 잠시 왔다가 더 큰 돈을 끌고 나가는 신기루일 뿐입니다.

실력은 아직 한참 부족한데, 욕심은 하늘을 찌르고 자기 자신을 객관적인 시각으로 냉정하게 보지 못하면 어떤 말로 현실을 설명해줘도 마음에 와닿지가 않습니다. 주식경험이 없는 초보자들은 지금 제 말을 충분히 공감하기 어려울 것입니다.

하지만 시장에서 부딪히다 보면, 지금 제 말이 전하는 메시지를 경험으로 차차 깨닫게 되는 날이 오게 됩니다. 그러나 그때는 늦습니다. 돈이 이미 나를 떠나버린 후니까요.

늘 듣던 말이고 이미 충분히 숙지하고 있는 것 같은 이러한 선배의 조언일수록 경청이 필요합니다. 테스트 없이 급한 마음 하나로 될 만큼 주식이 쉬웠다면, 초보시절 손실을 보자마자 은행으로 달려갔던 급한 제가 이미 10년 전에 재벌이 되고도 남았을 겁니다. 그런 급한 마음 때문에 겪어야 했던 저의 잃어버린 10년을 여러분들은 겪지 않으셨으면 합니다.

'답답하고 느려 보이는 길이 되돌아보니 가장 빠른 길이었습니다.'

저의 진심이 담긴 이 고백을 여러분의 마음에 새겨넣기 바랍니다. 산전수전 공중전까지 다 겪어본 저의 본심입니다. 그리고 여러분을 향한 진심입니다. 누구나 다 하는 그런 입바른 소리가 아닙니다. 처절히 깨지면서 깨닫지 마시고, 지금 깊이 새겨 더 이상 손실 없이 깨달으시기 바랍니다. 지금이 여러분을 바꿀 좋은 기회입니다.

투자자 상당수가 이 말을 싫어합니다. 대부분의 사람들은 손쉬운 길, 지름길을 찾습니다. 한 가지 분명한 진리는 세상 어디에도 힘들이지 않고 그저 얻어지는 좋은 것은 없다는 사실입니다.

질식해 보기 전에는 공기의 소중함을 모르듯이, 지름길을 찾다 돌고 돌아 귀중한 시간을 허비해 보지 않고는 가장 빠른 길이 정석에 있다는 사실을 깨닫기가 참 어렵습니다.

ᆥᆥᆥ 소액 테스트는 이렇게

주식투자로 다시는 큰 화를 당하고 싶지 않다면, 다음과 같이 소액 테스트를 실천하시기 바랍니다.

① 주식계좌를 100만 원 이하로 세팅하세요.
② 한 종목당 최대 비중은 10만 원으로 잡으세요.
③ 한 종목당 1~5번 분할 매수하세요.

이렇게 하면 수익이든 손실이든 대부분 몇천 원 내외에서 결정됩니다. 적은 비용으로 충분히 경험을 쌓을 수 있습니다. 주식시장에서 가장 값싸게 귀중한 경험을 사는 방법은 소액 테스트입니다. 남들처럼 몇천만 원에서 억대를 소모할 필요가 없습니다. 소액으로도 내가 갖고 싶은 데이터는 모두 얻을 수 있습니다.

대학교 4년처럼 긴 시간을 염두에 두고 학습해 나가겠다는 마음가짐과 그 과정에서 최소 2년 동안 소액 테스트를 실천한다면, 가장 덜 잃고 덜 아프면서, 누구보다 빠르게 성공할 수 있는 길 위에 올라설 수 있다고 확신합니다. 초보자 때 소액매매로 크게 잃지 않는 것이 시간과 돈을 버는 지름길입니다.

그렇지 않고 남들과 똑 같은 길을 걷는다면 어느 순간 투자금이 썰물처럼 빠져나가면서 돈과 시간을 모두 잃는 성적표를 받게 될 것입니다.

잃고 나면 하늘이 노랗게 보입니다. 아픔을 극복하고 분연히 떨치고 일어서 다시 시작해 보려 하지만, 투자금을 마련하는 데도 시간이 필요하므로 투자의 시계는 두 배 세 배 늦춰질 수밖에 없습니다. 앞으로만 나아가도 부족한 인생에 이보다 억울한 일이 또 있을까요. 그러니 반드시 소액으로 일정 시간 동안 테스트하면서 경험과 실력을 쌓으시길 바랍니다.

그렇게 하면 주식은 고통이 아니라 게임처럼 재미 있게 될 수도 있으며, 드디어 주식을 시작할 준비가 갖춰지는 것입니다. 경험도 실력도 없으면서 성급한 마음에 전 재산을 넣어 그간 열심히 모았던 돈과 시간을 잃느냐, 아니면 소액매매를 통해 최소 비용으로 경험을 사서, 가장 느려 보이지만 실은 가장 빠른 부의 추월차선을 타느냐는 이제 여러분들의 선택입니다. 많은 사람들이, 아니 대부분의 투자자들이 이 순서를 지키지 않아 고통을 받았고, 지금도 받고 있음을 기억하시기 바랍니다.

▮▦▮ 소액 테스트의 주의점

일정 시간 소액 테스트를 하다 보면 어느 정도 괜찮은 성과가 나타나기 시작하고, 문득 이런 생각이 들기 마련입니다. '지금처럼 소액만 할 게 아니라 작더라도 수익다운 수익을 내면 좋지 않을까?' 이런 생각에 성급하게 투자금을 늘려 매매하시는 분들도 분명 생길 겁니다.

한결같이 소액으로만 테스트를 한다는 게 말처럼 쉽지는 않습니다.

크게 봐서 이유는 두 가지입니다.

첫째는 소액 테스트 결과 어느 정도 성과도 있고 작지만 수익도 쌓이게 되면 사람이기 때문에 유혹에 빠질 가능성이 큽니다. 얻어진 결과를 보고 대부분의 초보 투자자들은 자신의 작은 성과를 과대평가합니다. '진짜 투자금을 좀 넣어서 매매했다면 아 이게 돈이 얼마야' 하는 생각이 절로 생깁니다. 여기서 확대해석이 발생하고, 투자금을 급격히 확대하는 일까지 이어지죠. 가장 흔히 빠지는 유혹입니다.

투자금 확대 이후 며칠 좋은 결과가 나올 수도 있습니다. 하지만 대부분은 완전히 다른 성적표를 받게 됩니다. 소액 테스트와는 달리 첫날부터 매매가 꼬이기 시작할 가능성이 매우 높습니다. 절대 잃어서는 안 되는 투자금을 넣은 실제 매매는 매수한 종목이 조금만 상승과 하락을 해도 마음이 심하게 요동치고 불안하게 되어 있습니다. 그래서 오히려 최악의 결과가 나올 가능성이 큽니다. 그만큼 주식은 심리가 차지하는 비중이 절대적입니다.

두 번째, 한결 같은 소액투자를 방해하는 요인은 좀체 수익이 나지 않는 경우입니다. 소액으로 꾸준히 연습을 하는데도 불구하고 수익도 잘 나지 않고, 매매의 가능성이나 희망이 잘 보이지 않으면서 진전이 없는 거죠. 내가 정말 발전하고 있는지 안 느껴진다는 의미입니다. 매매 방법에 대한 전면적인 회의감 같은 게 들면서 마음이 또 조급해집니다. '남들은 되는데 나는 왜 잘 안 되는가?' '내가 하는 테스트 방향이 맞긴 맞는 걸까?' 이처럼 부정적인 생각이 화를 동반해 치밀어 오릅니다. 마음이 복잡해지는 때가 한두 번이 아닐 수 있습니다.

주식으로 자리를 잡지 못한 상태에서는 사실 소액 테스트 하나도 인내심과 끈기가 없으면 통과하기 매우 어려운 시간일 수 있습니다. 작심삼일이라는 말이 있듯, 잘 되든 못 되든 '유지'가 넘어야 할 가장 큰 산입니다.

그럼에도 불구하고 소액 테스트를 결심했거나 아직 안정적인 수익을 내지 못한 분들에게 하고 싶은 조언이 있다면, 되든 안 되든 그래도 포기하지 말고 소액 테스트를 꾸준히 해야 한다는 겁니다.

제 경험에 의하면 주식으로 자리잡는 데 현실적으로 소액 테스트 외에는 더 좋은 성장 방법이 없습니다. 어차피 주식은 어느 정도는 경험이 쌓여야 합니다. 경험과 경험이 부딪히는 곳이 주식장이기 때문에 똑같은 종목을 똑같은 시간에 매매해도 결과는 딴판입니다. 매매가 꼬이고 맘대로 주식이 잘 안 풀려서 가슴에 한이 맺힌 듯이 답답한 분들이 많겠지만 주식 고수로 가기 위해서는 누구나 그런 심정 한 번 겪지 않고 갈 수는 없는 노릇입니다.

이걸 이해해야 합니다. 주식에 타고난 재능이 있는 사람이 있을 것 같지만, 주식은 재능이 아니라 후천적 노력입니다. 고수는 분명 그렇게 만들어집니다. 운동선수처럼 기본 피지컬이 되어야 하거나 뮤지션들처럼 음악적 감각을 타고나야 하는 것이 아닙니다. 주식에서만큼은 노력이 결과를 만든다는 게 저의 생각입니다.

주식이 재능으로 된다면 1년 정도 해보고 재능 없다고 판단되면 모두 포기해야 맞습니다. 재능이란 타고났기 때문에 효과도 빨리 나타납니다. 그런데 현실에 존재하는 고수들을 보면 대부분 초반 몇 년은 심한 시행착오를 겪으면서 헤매는 게 기본 성장 코스입니다.

개인적으로 주식투자에 가장 필요한 덕목은 인내심과 성실함이라고 생각합니다. 그런 인내심이나 성실함은 타고난 경우보다 경험에서 오는 경우가 많습니다. 최소한 주식에서는 그렇습니다.

소액으로 시작했다가 작은 수익에 취해 투자금을 늘리고, 이후 뜻대로 되지 않아 계좌가 시퍼렇게 멍이 드는 아찔한 경험을 해보기 전에는, 주식에서 급하게 욕심내면 어떻게 되는지 그 결과를 실제 겪어보거나 경험이 없으면 아무리 얘기를 해도 듣지도 않고 이해도 되지 않습니다.

매수 타이밍, 기다려야 될 때, 성급하게 매수했다가 물려서 오랫동안 마음고생 해보기 전에는 주식 상황에 맞는 참을성을 발휘하기가 힘듭니다. 주식은 수많은 시행착오에서 얻어진 경험과 인내심과 힘든 시간을 참고 견뎌내는 성실함이 없이는 최고 수준에 도달하기 어렵습니다.

연습 매매조차도 맘대로 잘 안 풀려서 힘들 수도 있지만, 주식으로 자리잡고 주식 고수로 가는 코스에는 연습매매조차도 조급하게 서두르면 통과하기 어렵다는 사실을 인지하고 인내심을 발휘하면 좋겠습니다. 주식 고수가 되면 얻어지는 게 얼마나 크고 놀라운데, 쉽게 얻을 수 있다고 생각한다면 욕심이고 허황된 자만심이죠.

다음 살펴볼 매매 내역은 제가 가치투자를 몇 년간 하다가 포기하고 단타 매매로 전향해서 또 몇 년간 헤매다가 본격적으로 수익이 나기 시작하던 시기의 계좌입니다. 12년 전 2009년 4월 어느 날입니다.

리먼사태가 2008년 가을에 있었죠. 그 직후입니다.

그림 2009년 4월 8일 매매 내역

종목명	추정실현손익	손익율	수량	체결단가	매도금액	수수료	제세금	평균단가	매입금액	수수료
동부하이텍	7,014	0.22	440	7,300	3,212,000	480	9,636	7,260	3,194,400	470
동양메이저	19,318	0.18	2,560	4,249	10,877,550	1,630	32,632	4,227	10,822,350	1,620
LG	7,466	0.23	60	53,300	3,198,000	470	9,594	53,000	3,180,000	470
대구은행	-48,278	-1.53	380	8,200	3,116,000	460	9,348	8,300	3,154,000	470
대덕전자	18,166	0.57	820	3,900	3,198,000	470	9,594	3,865	3,169,300	470
경창산업	29,068	0.90	2,655	1,230	3,265,650	480	9,797	1,215	3,225,825	480
화인텍	11,011	0.34	540	5,950	3,213,000	480	9,639	5,910	3,191,400	470
슬본	5,723	0.41	686	2,025	1,389,150	200	4,167	2,010	1,378,860	200
다음	64,276	0.63	273	37,465	10,228,050	1,530	30,684	37,106	10,130,050	1,510
한국가스공사	11,142	0.37	70	42,750	2,992,500	440	8,978	42,450	2,971,500	440
인프라웨어	20,085	0.63	123	26,300	3,234,900	480	9,705	26,050	3,204,150	480
이루넷	3,060	0.29	650	1,610	1,046,500	150	3,140	1,600	1,040,000	150
코아로직	4,395	0.14	500	6,430	3,215,000	480	9,645	6,400	3,200,000	480
아이넷스쿨	7,372	0.23	1,228	2,629	3,229,240	480	9,688	2,615	3,211,220	480
화일약품	9,298	0.29	663	4,844	3,212,230	480	9,637	4,815	3,192,345	470
프롬써어티	230		1,853	3,488	6,464,885	960	19,395	3,477	6,443,340	960
넥스턴	7,903	0.74	327	3,295	1,077,465	160	3,232	3,260	1,066,020	150
한라레벨	16,252	0.50	271	12,150	3,292,650	490	9,878	12,050	3,265,550	480
합 계	193,501	0.28			69,462,770	10,320	208,389		69,040,310	10,250

그림 2009년 4월 9일 매매 내역

종목명	추정실현손익	손익율	수량	체결단가	매도금액	수수료	제세금	평균단가	매입금액	수수료
삼성SDI	10,262	0.32	42	77,600	3,259,200	480	9,778	77,100	3,238,200	480
진양제약	33,902	1.28	976	2,763	2,697,505	400	8,093	2,720	2,654,720	390
모건코리아	7,219	0.22	606	5,490	3,326,940	490	9,981	5,460	3,308,760	490
하림	3,642	0.19	984	1,910	1,879,440	280	5,638	1,900	1,869,600	280
한국맥올마	274	0.40	20	3,445	68,900	10	206	3,420	68,400	10
아즈텍WB	8,544	1.08	559	1,435	802,165	120	2,406	1,415	790,985	110
위즈정보기술	22,458	0.67	3,367	1,010	3,400,670	510	10,202	1,000	3,367,000	500
에버다임	16,030	0.48	541	6,180	3,343,380	500	10,030	6,130	3,316,330	490
한미반도체	23,250	0.71	570	5,830	3,323,100	490	9,970	5,770	3,288,900	490
에이텍	11,832	0.36	909	3,635	3,304,215	490	9,913	3,610	3,281,490	490
코위버	4,797	0.61	247	3,230	797,810	110	2,393	3,200	790,400	110
휴먼텍코리아	11,001	0.33	876	3,780	3,311,295	490	9,934	3,755	3,289,380	490
인스프리트	40,032	1.20	1,705	1,980	3,375,900	500	10,128	1,950	3,324,750	490
유비쿼스	2,300	0.07	444	7,530	3,343,320	500	10,030	7,500	3,330,000	490
에이블씨엔씨	-10,820	-0.33	388	8,460	3,282,480	490	9,847	8,460	3,282,480	490
서원인텍	20,988	0.63	321	10,500	3,370,500	500	10,112	10,400	3,338,400	500
아이엠	21,416	0.64	328	10,349	3,394,600	500	10,184	10,250	3,362,000	500
합 계	227,120	0.49			46,281,420	6,860	138,845		45,901,795	6,800

저도 이때는 안정적으로 수익이 나기 시작하는 시점이었지만, 하루

수익이 지금과 비교하면 정말 미미했습니다. 하루 몇만 원에서 몇십만 원이 평균이었습니다.

여러분들 중에도 12년 전의 저처럼 하루 몇만 원에서 몇십만 원씩 수익을 내고 있거나, 그런 수익을 1차 목표로 가지신 분들이 있을 텐데 하루 수익이 얼마든 절대 서두르거나 급하게 생각하지 말고 하던 대로 성실히 해나가시길 바랍니다. 금액을 늘려 빠르게 수익 쌓으려고 하다가 빠르게 망하는 케이스 정말 많이 봤습니다. 그릇도 안 되는데 인위적으로 그릇을 늘리다 대부분 고통스런 실패를 겪습니다.

수익이 자연스럽게 쌓여서 투자금이 천천히 늘어나는 게 좋습니다. 인위적인 투자금 증액은 부작용이 있을 수밖에 없습니다. 작은 수익을 우습게 여기지 않고 천천히 꾸준히 해나가면 언젠가는 여러분들이 원하는 하루 100만 원, 하루 1,000만 원, 그 이상의 수익도 가능합니다. 소액 테스트 코스로 천천히 가시길 다시 한 번 당부드립니다.

실력은 쌓이면 쌓일수록 탄탄해집니다. 실력이 어디 가지 않습니다. 10만 원씩 수익 내는 사람이 100만 원씩 수익 내고 100만 원씩 수익 내는 사람이 1,000만 원씩 수익 냅니다. 그러니까 서두를 필요가 없습니다. 괜히 투자금을 늘렸다가 몇 년 전으로 되돌아가는 우를 범하지 말아야 합니다. 그게 가장 느린 길입니다. 가장 빠른 길은 천천히 가는 길입니다.

그림 테스트 과정중인 수강자의 매매 내역

| 당일실현손익상세 | 종목별당일손익 | 종목별실현손익 | 일별실현손익 |

계좌번호 [　　　　　　　　　] ●일별 ○월별 [조회] [다음]
조회기간 2021/03/08 📅 ~ 2021/04/26 📅 * 수익률의 경우 2016년 3월부터 제공됩니다.
* 실현손익, 수수료, 세금은 추정치이며, 수수료는 체결시 수수료율로 적용됩니다.
* 매입금액, 매도금액, 수수료, 세금은 당일매매일지 화면의 내용과 동일합니다.

| 총매수 | 114,035,815 | 총매도 | | 107,528,425 | 실현손익 | | 2,738,629 |
| 수수료 | 33,090 | 세금합 | | 247,256 | 총수익률 | | 2.62% |

매매일	매수금액	매도금액	실현손익	수익률	수수료	세금
2021/04/26	17,681,660	15,778,340	-60,692	-0.38%	5,010	36,283
2021/04/23	3,363,500	1,359,000	16,832	1.26%	700	3,125
2021/04/22	7,569,000	12,318,140	194,368	1.61%	2,980	28,322
2021/04/21	3,446,350	3,178,300	68,361	2.20%	990	7,309
2021/04/20	2,342,150	2,497,000	81,731	3.39%	720	5,739
2021/04/19	3,399,740	3,239,430	122,801	3.95%	990	7,449
2021/04/16	1,608,950	1,952,800	44,400	2.33%	530	4,491
2021/04/15	3,807,650	1,463,000	16,966	1.18%	790	3,364
2021/04/14	8,111,800	9,031,030	158,593	1.79%	2,570	20,767
2021/04/13	1,608,000	2,455,500	83,644	3.54%	600	5,646
2021/04/12	2,532,750	2,772,700	210,160	8.22%	790	6,375
2021/04/09	1,909,700	2,275,435	109,672	5.08%	620	5,233
2021/04/08	10,711,220	1,106,600	51,355	4.88%	1,770	2,544
2021/04/07	3,034,275	3,156,960	121,482	4.01%	920	7,258
2021/04/06	0	481,500	1,894	0.40%	70	1,107
2021/04/01	2,401,350	2,835,000	96,560	3.54%	780	6,520
2021/03/30	3,248,400	3,191,885	87,917	2.84%	960	7,338
2021/03/26	3,971,000	4,426,500	122,521	2.85%	1,250	10,179
2021/03/25	3,115,550	2,295,850	208,970	10.04%	810	5,280
2021/03/24	2,819,550	1,823,200	162,398	9.81%	690	4,192
2021/03/23	1,234,000	3,292,380	83,683	2.61%	670	7,570
2021/03/22	2,617,500	2,621,430	55,611	2.17%	780	6,029
2021/03/17	8,868,020	8,837,500	31,765	0.36%	2,650	20,323
2021/03/15	3,793,000	2,748,370	61,491	2.29%	980	6,320
2021/03/12	695,900	1,469,700	27,955	1.94%	320	3,379
2021/03/10	0	1,245,875	41,001	3.41%	180	2,864
2021/03/09	4,028,150	2,047,400	108,102	5.59%	910	4,708
2021/03/08	6,116,650	7,627,600	429,087	5.98%	2,060	17,542

| 계좌번호 | | | ⦿일별 ○월별 | | 조회 | 다음 |

조회기간 2021/04/01 📅 ~ 2021/05/07 📅 * 수익률의 경우 2016년 3월부터 제공됩니다.

* 실현손익, 수수료, 세금은 추정치이며, 수수료는 체결시 수수료률로 적용됩니다.
* 매입금액, 매도금액, 수수료, 세금은 당일매매일지 화면의 내용과 동일합니다.

총매수	182,641,695	총매도	188,069,005	실현손익	1,353,689
수수료	55,500	세금합	432,491	총수익률	0.73%

매매일	매수금액	매도금액	실현손익	수익률	수수료	세금
2021/05/07	32,803,500	39,016,500	721,697	1.89%	10,770	89,733
2021/05/06	11,650,000	19,105,000	287,000	1.53%	4,610	43,937
2021/05/04	852,500	902,500	3,558	0.40%	260	2,075
2021/04/29	29,897,120	29,983,900	-1,151,865	-3.71%	8,980	68,955
2021/04/28	10,473,950	10,492,370	15,560	0.15%	3,140	24,130
2021/04/27	23,436,530	22,668,000	159,611	0.71%	6,910	52,129
2021/04/26	17,681,660	15,778,340	-60,692	-0.38%	5,010	36,283
2021/04/23	3,363,500	1,359,000	16,832	1.26%	700	3,125
2021/04/22	7,569,000	12,318,140	194,368	1.61%	2,980	28,322
2021/04/21	3,446,350	3,178,300	68,361	2.20%	990	7,309
2021/04/20	2,342,150	2,497,000	81,731	3.39%	720	5,739
2021/04/19	3,399,740	3,239,430	122,801	3.95%	990	7,449
2021/04/16	1,608,950	1,952,800	44,400	2.33%	530	4,491
2021/04/15	3,807,650	1,463,000	16,966	1.18%	790	3,364
2021/04/14	8,111,800	9,031,030	158,593	1.79%	2,570	20,767
2021/04/13	1,608,000	2,455,500	83,644	3.54%	600	5,646
2021/04/12	2,532,750	2,772,700	210,160	8.22%	790	6,375
2021/04/09	1,909,700	2,275,435	109,672	5.08%	620	5,233
2021/04/08	10,711,220	1,106,600	51,355	4.88%	1,770	2,544
2021/04/07	3,034,275	3,156,960	121,482	4.01%	920	7,258
2021/04/06	0	481,500	1,894	0.40%	70	1,107
2021/04/01	2,401,350	2,835,000	96,560	3.54%	780	6,520

이 책을 읽는 주식 초보나 기초가 없는 분들은 성급한 마음을 내려놓고 앞의 사례처럼 경험과 기초실력을 쌓기 위한 테스트 과정을 반드시 거쳐서 시행착오를 최대한 줄여나가시길 바랍니다. 현재는 미약하나 미래에는 크게 되리라 확신합니다.

06

TOP4_통계, 주식공부의 꽃

매매일지와 시장정리를 바탕으로 소액으로 꾸준히 데이터를 모았다면, 이제는 통계라는 최고의 자산을 얻을 차례입니다. 통계는 분기, 반기, 년 단위로 내면 신뢰도가 높습니다. 통계 양식은 정해지지 않았습니다. 자유롭게 하면 됩니다.

매매일지에 쓴 양식을 바탕으로 손으로 한번 작성해 보길 추천합니다. 엑셀을 사용해도 되겠지만, 손으로 쓸 때 손끝을 타고 가슴에 새겨지는 부분이 훨씬 컸기에 저는 수기를 이용했습니다. 긴 달력 뒷면에다 매매일지에 쓴 데이터들을 일자별로 정리한 뒤에, 공통된 것을 모아 보기도 했습니다. 수익, 손실, 오전, 오후 공략 등 다양한 공통점을 찾아 분류해 보고 수익 확률이 높은 건 언제였는지, 손실이 날 때의 공통점은 무엇인지 통계를 내봤습니다.

개인적으로는 2009~2013년 초까지 통계를 내봤습니다. 장이 평이할 때 오전 수익 확률이 87% 정도로 높았고, 손실은 대부분 오후에 났습니다. 오후에 나름대로 급등한 종목이 눌림이라고 생각했는데, 사실은 눌림이 아니라 폭락으로 이어져 오전 수익을 토해내는 경우가 많았습니다. 그 사실을 깨닫고 오후 매매는 줄이게 되었고, 공략하더라도 되도록 얌전하게 상승하는 종목만 노리게 되었습니다.

그리고 제가 운영하고 있는 '투자의리더' 앱에 매일 올리는 매매 내역을 보면 하루 평균 매매종목 수는 1~3종목 내외입니다.

때때로 매매 종목 수를 늘리고 매수 금액을 조금 더 증액해도 되지 않느냐고 묻는 사람들이 있습니다. 이 부분도 통계로 저만의 결론이 이미 나있습니다. 종목 수와 매매 대금을 늘려도 수익이 크게 증가하지 않고 마음만 쫓긴다는 사실을 잘 알기 때문에 평소대로 느긋하게 매매합니다.

예전에는 종목, 수익 욕심에 한 종목이라도 더 매매하려고 했지만, 통계를 내어보니 많은 매매 회수가 꼭 수익으로 남지는 않았습니다. 그래서 좋은 자리에서만 매매하려고 했고, 부담스러운 물량을 매수해서 주가가 움직일 때마다 불안하게 짧게 먹고 나올 수밖에 없는 매매는 거리를 두게 되었습니다. 마음 편한 물량으로 매수해서 비교적 느긋하게 흐름을 타는 게 더 효율적인 매매라는 걸 깨닫고 이후부터는 '좋은 종목, 좋은 자리가 보이지 않으면 몇 날 며칠이고 매매하지 않는다'는 생각으로 주식을 하다 보니 오히려 종목 수는 줄었지만, 수익률과 수익금은 더 증가했습니다. 저에게 최적화 된 매매를 발견한 셈입니다.

통계의 장점은 수익이 나는 종목은 왜 수익이 나고, 손실이 나는 종목은 왜 손실이 나는지 알 수 있는 것을 포함해서 매매의 최적화 작업에 수도 없이 많은 장점이 있습니다. 매매일지로도 깨닫게 되지만, 통계를 작성해 보면 장기간 동안 내가 같은 실수를 반복하고 있었다는 반성도 훨씬 크게 다가오고, 나에게 맞는 매매법을 찾는 귀중한 작업이 되기도 합니다.

그림 테스트 과정중인 수강자의 통계 예시

07

TOP5_뇌동 없애기,
뇌동매매를 줄이는 실제적인 방법

1898년 심리학자 에드워드 손다이크는 습관이 형성되는 과정을 이해하기 위해 실험을 했습니다. 퍼즐상자 안에 고양이들을 한 마리씩 집어넣었습니다. 퍼즐상자 내에 레버를 누르면 문 밖으로 나올 수 있게 설계했습니다. 문 밖에는 음식이 담긴 그릇이 있었습니다. 고양이들이 퍼즐상자 내에서 영문도 모른 채 이리저리 방황하다, 얼떨결에 레버를 누르자 상자 밖으로 나오게 되었습니다.

처음에는 고양이들이 상자 주위를 무작위로 움직였지만, 시간이 지날수록 레버를 누르는 행동이 상자를 탈출해서 음식을 먹을 수 있는 보상과 연관이 있다는 사실을 학습했습니다. 실험이 20~30회 이어지자 자동적으로 고양이들은 몇 초 만에 빠져나올 수 있었습니다.

처음에는 1.5분이 걸리던 게 평균 6.3초로 줄어들게 됐습니다. 손다이크는 '만족스러운 결과를 내는 행동은 반복되는 경향이 있고, 불쾌한 경험을 하게 하는 행동은 덜 반복되는 경향이 있다'고 결론 내렸습니다.

갑자기 고양이 실험을 이야기하는 이유는 뇌동매매를 끊을 수 있는 단서가 여기 있기 때문입니다. 매매일지를 바탕으로 통계를 내보았다면, 자신만의 손실 나는 이유들이 무엇인지 알게 될 것입니다. 이제는 악습을 끊어내기 위해 굳은 의지와 실천을 해야 할 단계입니다.

주식에 100%는 없기 때문에 누구나 뜻하지 않게 손실이 날 수는 있지만, 항상 그 다음이 중요합니다. 그 다음을 어떻게 하느냐에 따라 주식으로 경제독립을 할 수 있느냐 없느냐의 운명이 갈리게 됩니다. 제가 여러분들에게 제안하는 것은, '레버, 즉 신호를 없애라'입니다.

╻╻╻╻ 나쁜 습관과의 영원한 이별

인간은 눈앞의 손실에 민감한 동물이기 때문에 손실을 보게 되면, 복수(Revenge) 심리나 당일 손실만회 심리가 자연스럽게 올라옵니다. 당일 손실을 만회하는 경험을 몇 번 하다 보면 자연스럽게 악습관으로 자리잡을 수 있습니다. 예상치 못한 손해로 인한 손실만회 심리가 급하게 발동해서 복수매매로 얻은 수익 경험이 만족스러운 결과를 부르는 행동이라고 무의식적으로 학습이 되는 것입니다.

복수매매로 손실을 만회하고 수익을 일시적으로 얻는다고 하더라도 그런 즉흥적인 잘못된 행동에서 얻어진 수익은 깡통 계좌로 가는 지름길이며 오랫동안 자신의 발목을 잡을 수 있는 나쁜 습관으로 자리잡을 가능성이 아주 높은 골치 덩어리가 될 수도 있습니다. 왜냐하면 수익에는 더 목말라지고, 손실은 참을 수 없이 화가 나기 때문에 자신을 컨트롤할 수 없게 되고 누가 이기나 해보자는 식으로 즉흥적인 연속매매로 깡통까지 이어질 수 있기 때문입니다.

손실이 났을 때 자신을 절제하지 못하고 조급하게 손실을 만회하려는 급한 마음은 반드시 끊어내야 하는 마음가짐 중의 하나입니다.

좀전의 고양이 실험을 보면, 퍼즐 상자에서 레버를 누르면 고양이가 밖으로 나오게 되었고 음식을 먹는 보상이 학습되었습니다. 만약, 레버를 없애버린다면 고양이가 나올 수 있을까요? 없습니다. 그렇듯 악습의 신호가 될 만한 것 자체를 없애버린다면 나쁜 습관도 나타나지 않습니다. 손실만회 심리가 발동되었을 때, 복수매매를 감행하는 전제조건은 무엇일까요? 바로 눈에 보이는 HTS나 MTS입니다.

복수매매를 할 때 무수히 많은 관심종목과 급등하는 차트, 등락률 상위 종목 등은 복수매매의 신호가 됩니다. 복수매매를 할 거라면 차라리 꺼버리는 게 낫습니다. 저 또한 매매 대상이 없거나 손실이 날 때에는 일찍 정리하고 마무리를 합니다. 초보자들은 애초에 시각적, 신호적 차단으로 손실을 보면 HTS나 MTS를 종료 후 쉬는 습관을 가져보시길 권합니다.

당장 손실을 보고 나면 마음이야 안절부절이겠지만, 그때 HTS나 MTS를 꺼버리는 습관을 가진다면, 좋은 습관에 한 걸음 다가갈 수 있습니다. 그러다 보면 나중에는 종목을 보더라도 왠만하면 들어가지 않는 습관이 서서히 체화됩니다.

말처럼 쉽지는 않겠지만, 대부분의 단기 투자자들이 스스로를 절제하지 못하는 뇌동매매로 고통을 겪기 때문에, 주식으로 성공하고 싶으면 반드시 끊어내야 하는 숙명과도 같은 숙제입니다.

제 말이 공감이 되지 않는다면 손실만회 심리로 하고 싶은대로 복수매매를 여러 번 계속 해보세요. 아마 장 마감 후에는 '내가 왜 그랬을까? 가만히 있었으면 본전이라도 했을 텐데, 더 이상의 손실은 없었을 텐데' 하는 생각이 들면서 후회하는 날들이 점점 늘어날 것이며 계좌는 깡통을 향해 달려가고 있을 것입니다.

손실이 났다면 HTS, MTS를 끄고, 직장인이면 업무에 더 집중을 하거나 잠시 바람을 쐬거나 책을 보며 쉼표 시간을 가졌으면 합니다. 방치하라는 의미가 아닙니다. 추가적인 손실을 막아 돈을 지키는 길이기 때문에 역설적으로 생산적인 시간이 됩니다. 왜냐하면 예상치 못한 손실로 인한 이성 상실이 복수매매로 이어져 지난 달, 또는 몇달 동안 어렵게 쌓아온 수익금을 한 번에 날릴 수도 있기 때문입니다. 이럴 때는 차라리 쉬는 게 돈 버는 길입니다. 하루이틀 쉬어간다고 절대 뒤쳐지거나 늦지 않습니다. 오히려 깡통을 피해갈 수 있고 심리적으로 안정감 있는 매매를 이어갈 수도 있기 때문에 장기적으로 지름길이 될 수도 있습니다.

그리고 수익이 날 때에도 무리하게 더 매매하지 않고 수익을 지키는 것도 정말 중요합니다. 수익이 적당히 났다 싶으면 HTS, MTS를 끄거나, 좀더 공부를 하고 싶다면 공인인증서를 제외하고 로그인 해서 종목 동향만 살피시기 바랍니다. 공인인증서를 제외해서 매수할 수 없는 환경을 만드는 것입니다.

　매매일지와 통계를 통해 자신이 주로 손실보는 습관이 무엇인지 살펴보고 나쁜 신호를 없앨 방법을 한번 고민해 보시기 바랍니다. '신호 제거.' 좋은 습관을 향해 다가가는 첫걸음입니다.

2부

주식의 道

단기트레이닝과

일정매매

08
공부하지 않는 자
수익 낼 자격도 없다

얼마 전 주식하는 후배와 통화를 좀 오랫동안 했습니다. 주식하는 사람들의 노력에 대해 많은 이야기를 주고받았는데, '주식으로 성공할수 있는 가장 큰 원동력은 무엇이냐'라는 주제였습니다. 포기하지 않는 노력, 인내심, 부지런함…, 이런저런 성공 요소들을 애기했지만, 저 개인적인 생각으로는 '초심을 잃지 않는 정신무장'이 아닌가 생각이 들었습니다. 주식으로 성공하려면 기본적으로 정신무장부터 하고들어가면 좋겠습니다.

그 길을 걸어봤던 앞서간 사람들이 길을 가르쳐 주고 방법을 알려줘도 정신무장이 잘되지 않았기에 대부분의 사람들은 작심삼일 혹은간헐적 노력을 하다가 중도 포기하고 마감합니다. 그리고 후회, 그리고 또 작심삼일 노력…, 무한반복입니다.

2019년 울산에 사는 어떤 분에게 간절한 부탁을 받고 주식 개인과외를 무료로 잠시 해준 적이 있었습니다. 처음엔 저도 시간이 나지 않는다며 완곡하게 거절했지만, 그의 강력한 집념에 어쩔 수 없이 승낙을 했습니다.

그 분과 얘기하는 도중 주식경력 몇 년 동안 일봉 차트 한 번 본 적이 없다는 말에 적잖이 충격을 받았습니다. 그동안 유료, 무료카톡방 같은 곳에서 종목을 받아 매매를 해왔다는 것입니다.

그 결과는 몇 년 동안 수천만 원 손실이었고, 이제야 정신을 차려보겠다고 저한테까지 SOS를 보낸 것입니다. 결과는 역시, 1주일 정도 전화로 과외하다가 그 분이 중도 포기를 선언했습니다. 주식공부가 처음이라는 점을 감안해서 그렇게 하드하게 진행하지도 않았는데 말이죠.

타고난 성향이 노력은 하기 싫고, 누군가 종목을 찍어주면 힘들이지 않고 수익 내려는 사고방식으로 오랫동안 습관이 되어 있다 보니 공부의 의지도 단 며칠 만에 사그라드는 듯해 보였습니다.

제가 그러면 안 된다고 강조했지만, 기초부터 쌓아올리는 과정이 힘드셨는지 스스로 중단 의사를 보여 저 역시도 가르치기 너무 힘든 상황이라 속으로 안타깝기도 하고 다른 한편으로는 어쩔 수 없다는 생각도 들어 중단 의사를 받아들였습니다.

주식시장에서 영원한 노예로 전락해서 주식고수들에게 돈을 갖다 바칠 운명의 사람들이 타고나거나 이미 정해져 있다고 생각하지는 않습니다. 그러나 현실적으로 공부하지 않고 노력하지 않는 90% 이상의 사람들은 시장에서 어떤 길을 가게 될 운명인지조차도 모르고 계속 그 길을 무작정 가고 있다고 저는 생각합니다.

중도 포기하지 않고 인내심으로 최소 일이 년만 버텼다면 그 분의 운명이 자못 달라지지 않았을까 생각하면 안타깝습니다.

극단적으로 말하면, 마약 같은 주식시장에 발을 들여 놓지 않았다면 모를까 한번 발을 담근 이상 성공해서 부자로 떠나든 본인 뜻과는 상관없이 시장에서 퇴출되어 강제로 떠나든 둘 중 하나의 운명으로 귀결될 가능성이 높은데, 기본적인 노력조차 없이 어떻게 경제적 독립을 하고 운명을 바꾸려고 하는지 안타까웠습니다.

다이어트도 장비의 문제, 약의 문제가 아닌 근본적으로는 자신의 의지에 달려 있듯이, 주식 역시 가장 본질적인 문제는 정신무장에 있다고 저는 믿고 있습니다.

09

매매 스타일 분류
_단타 매매 위험한데 왜 해요?

시장에는 수많은 주식 매매법이 존재합니다. 그 중 크게 두 가지 카테고리로 정리가 가능합니다.

'트레이딩(Trading)과 인베스팅(Investing).'

트레이딩은 기업의 본질적 가치나 내재가치 등을 논하기보다는 매매 시점 당시의 시장 분위기나 이슈, 또는 종목의 움직임에 따라 기술적 분석을 하여 수익구간을 포착, 적정한 수익을 취하고 빠르게 빠지는 기술적 매매 형태입니다.

반면 인베스팅은 기술적 분석에 의한 단기적 매매보다는 기업 분석을 통해 미래성장성, 내재가치 등을 따져서 비교적 장기적인 관점으로 투자하는 매매법입니다.

주식을 시작하는 분들이나, 주식을 해왔던 유경험자들은 위의 두 가지 카테고리 중 자신이 어느 형태의 매매를 선호하는지와 어떤 성향인지 파악해 볼 필요가 있습니다. 왜냐하면 처음엔 단기적, 기술적 분석에 의한 매매로 종목을 선택해서 비교적 단타로 종목을 매수해 놓고, 원했던 흐름대로 종목이 움직이지 않고 소위 종목에 물려서 끌려다니면서 고통 받다가 갑자기 장기적인 투자형태로 자위하면서 마음이 바뀌는 케이스가 정말 많기 때문입니다. 즉 단타로 시작해 원치 않는 장기 투자자가 된다는 뜻입니다.

╫╢╫ 단기, 장기를 떠나 자신의 매매 성향에 맞는 투자가 최고다

내 자신의 객관화는 매우 중요합니다. 진단이 올바르게 되어야 올바른 치료도 할 수 있습니다. 되도록이면 주식을 처음 시작하는 단계부터 자신의 성향을 파악한 후, 자신이 단기적 매매에 맞는지 혹은 기업의 가치에 무게 중심을 두고 중장기적인 관점의 투자가 맞는지 정할 필요가 있습니다. 그래야 보다 효율적인 투자를 할 수 있습니다.

쉽게 말해 본인이 공격수 성향인지, 수비수 성향인지 먼저 파악하고 게임에 뛰어들어야 자기 포지션을 찾기가 수월하다는 말입니다. 개인적으로 저는 트레이딩과 인베스팅을 적절히 섞어서 투사하고 있습니다.

"위험한 단타 매매를 왜 합니까?"

이런 질문을 많이 받습니다. 이유는 간단합니다. 단타 매매가 주는 안전성이 다른 매매 방법으로는 확보가 잘 되지 않기 때문입니다. 단타 매매에 대한 질문에 아이러니 하게도 저의 분명한 대답은 단타 매매가 그나마 안전하기 때문이라는 겁니다.

단타 매매는 저에게 매우 큰 안정감을 줍니다. 다른 매매법에서는 그 안정감을 얻지 못합니다. 단타에 대한 부정적인 시각을 가진 분들이라면 선뜻 이해가 되지 않는 모순처럼 들리겠지만, 주식은 대체적으로 보유하며 들고 있는 시간이 길면 길수록 수익과 손실 폭이 양극단으로 뚜렷하게 갈릴 수도 있기 때문에 잘못하면 회복하기 어려운 손실을 볼 수도 있습니다. 따라서 매수 후 최대한 보유 시간을 줄임으로써 위험을 회피하려는 전략이 단타라고 할 수 있습니다.

주식 매매법은 기본적으로 투자자의 성향이고 세상에 수많은 매매 방법들이 있고, 수익과 안전 사이에서 균형 잡힌 포인트를 바라보는 시각 역시 사람마다 다르기 때문에 각자 자신이 좋다고 느끼는 매매 법대로 주식을 하는 게 맞습니다.

나는 단타가 비교적 안전하다고 느껴서 단타를 하는데 누군가는 단타가 위험하니 단타 하지 말고 장기 투자 하라고 하면 그게 단타 하는 사람들에게 얼마나 설득력 있는 얘기로 받아들여질지 의문입니다.

예를 들어 중장기 매매는 장기적 관점에서 여유 있게 보는 건 좋지만, 주식이란 게 무조건 오래 보유한다고 수익이 난다는 보장이 없으며 최악의 경우 오래 들고 있는 도중에 돌발 악재가 나오면서 상장 폐지까지 가는 경우도 종종 있습니다.

주식을 오래 보유하면 할수록 확률적으로 이런 극단적인 케이스를 겪을 가능성도 높아지기 때문에 주식은 장기 투자가 무조건 답이라고 하기는 어렵습니다. 주식 보유 시간을 줄여 악재에 노출될 확률을 낮추고 원금을 보존하면서 단타를 하는 게 오히려 치명적인 악재를 회피하는 좋은 방법이라고 다수의 투자자들이 받아들이기에 단타 하는 사람들도 많은 이유라 생각합니다.

물론 단타의 약점도 많습니다. 예를 들면 꾸준한 수익을 내기까지 습득 난이도가 꽤 높고, 잦은 매매를 하다 보면 순간적으로 감정 제어가 안 되서 뇌동매매로 이어질 수도 있습니다. 단타의 가장 큰 약점이죠. 반면 오래 보유하지 않기 때문에 외부 악재 노출에 비교적 안전하며, 미국시장 영향이나, 기타 다른 영향에도 빠른 대처가 가능합니다. 외부 영향을 최소화 할 수 있다는 큰 장점이 있습니다.

장기 투자자들은 단기 투자에 대한 선입견이 있습니다. '그 어려운 걸 왜 하느냐', '매매를 자주 하다 보면 엇박자가 나면서 계좌가 증발하기 쉽다', '그렇게 작은 수익을 노리는 투자가 진정한 투자라고 할 수 있느냐' 등입니다. 이는 과거 제대로 된 준비나 공부 없이 단타를 하다가 손실을 본 적이 있거나, 투자를 왜 하는지에 대한 선입견, 단타에 대한 이해 부족 때문입니다.

주식시장은 근본적으로 공평하지 못하고 불합리한 운동장이라고 저는 생각합니다. 사람 사는 곳에 완전한 공정이란 있을 수 없습니다. 주식시장에서 매일 일어나는 일들도 개인의 관점으로 봤을 때는 불합리할 수밖에 없습니다.

주식시장의 불합리함은 뭐겠습니까? 투자자 모두가 동등한 위치에서 참여하지 않는다는 사실입니다. 매일 아침 9시에 주식시장이 출발하지만, 참여하는 사람의 조건은 모두 제각각 다릅니다. 어떤 투자자는 100억을 가지고 시장에 참여하고, 어떤 투자자는 주식 경력 이삼십 년의 노하우로 출발하고, 또 어떤 투자자는 단돈 100만 원으로 체험하는 초보 수준으로 시장에 참여하기도 합니다.

현실은 동등하지 않습니다. 주식시장에서 공평함은 존재하지 않습니다. 투자금, 노하우, 정보, 경력, 심리 상태, 운 등 투자자마다 출발점 자체가 다릅니다.

이런 게임을 매일 해야 하는 일반 투자자들은 어떻게 시장을 바라봐야 현명하겠습니까? 시장이 불공평하니까 합리적인 출발점을 합의해서 공평하게 시작하자고 우겨야 할까요?

저는 이렇게 생각합니다. 비록 불합리한 시장이지만, 이 역시 주식시장의 절대불변 규칙이므로 이 안에서 어떻게 해서든 자신에게 맞는 길을 찾아야 합니다. 주식시장을 떠날 마음이 아니라면, 장기 투자이든 단기 투자이든 내가 가야 할 길을 정해야 합니다. 그리고 그 길 위에서 승리할 수 있도록 연마하고 노력해야겠죠.

사람마다 성향이 다르고 매매 환경이 다르기 때문에 정답을 논하기는 어렵습니다. 저는 1년 이상의 투자를 중장기 투자로 여기기 때문에, 3년~5년 이상의 투자 기간은 비효율적이라고 생각합니다. 반면 5년 이하는 단기 투자로 여기며 단기 투자로 큰 성과를 내기 힘들다고 믿는 사람들도 꽤 있을 겁니다. 매매 경험에서 얻어진 생각이든,

고정 관념에서 생겨난 생각이든 우리가 일반적으로 가지는 투자 기간의 길고 짧음으로 구분 짓는 단기 투자, 장기 투자의 경계는 사실상 아무런 의미가 없다고 저는 생각합니다.

단타나 중장기 투자, 모두 일장일단이 분명 있고 그 경계 역시 무 자르듯 할 수 없는 모호함이 있기 때문에 내가 하지 않는다고, 내가 못한다고 해서 다른 사람이 하는 매매 방법을 무조건 위험하다, 하지 마라, 라고 하는 건 이치에 맞지 않습니다.

제 생각은 이렇습니다. 매매 방법이 무엇이고 기간이 얼마든 아무 상관이 없고, 오직 자신이 느끼기에 안정적인 매매로 지속가능한 수 익을 낼 수만 있다면 그게 자기 자신에게 가장 좋은 매매 방법이며 가 장 현명한 매매가 아닐까 생각합니다.

다음 장에서는 매매 방법의 종류를 분류해 놓았으니 자신에게 맞는 매매 방법이 무엇인지 한번쯤 생각해 보셨으면 합니다.

10
단타 매매의 세계

주식투자에서 가장 먼저 해야 할 중요한 포인트는 나에게 마음 편한 매매가 무엇인지 찾는 일입니다. 이번 장에서는 자신만의 투자 스타일을 찾는 데 도움이 되는 매매 유형별 종류와 장단점을 정리해 보았습니다. 여러분도 자신에게 맞는 투자 방법이 무엇인지 한번 찾아보시기 바랍니다.

돌파 스켈핑

돌파 스켈핑은 단타 투자자들이 가장 많이 하는 매매법이 아닐까 생각합니다. 장점은 매수 후 매도까지 비교적 빠르게 매매 완료 가능하므로, 최대한 주식 보유 시간을 줄임으로써 위험을 회피할 수 있습니다.

돌파 스켈핑
매수 후 보유 시간 : 몇 초~몇십 분 내외

매도 실현

돌파라인
(가정)

매수 동참

평균 목표수익률 : 0.5%~2.5% 내외

투자의리더 마운트앵커

예를 들어 종목을 보유한 채 잠을 자지 않기 때문에 미국시장이 폭락을 해도 상관없고, 유상증자나 횡령, 배임, 거래정지 등 어떤 악재가 나와도 영향을 받지 않으므로 마음이 편합니다.

매매 스타일은 당일 매수세가 붙어 상승하는 구간에서 잠시 매매에 동참했다가 빠르게 치고 빠지는 전략입니다. 비교적 수익 성공 확률이 높은 편이지만, 익숙하지 않은 초보 투자자들은 성공 확률이 그리 높지 않을 수도 있습니다.

그런 성공 확률을 기반으로 당일 몇 번 매매를 반복하면서 소위 박리다매 전략으로 회전율을 높여서 수익을 쌓는 방법입니다.

단점은 수익을 짧게 해서 위험을 회피하는 것이 핵심 전략인 만큼 빠르게 움직이는 종목에서 매매를 해야 하는 특성상 순간 잘못된 판단을 하면 수익은 작게 손실은 한 종목에서 크게 봐서 손실 폭탄을 맞는 경우가 생길 수 있습니다. 그로 인해 멘탈이 붕괴되면서 급한 마음이 발동하고, 이후 연속적인 손실을 불러일으킬 수도 있습니다.

주의해야 할 점은 하루 동안 작은 수익을 짧게짧게 여러 번 취해야 하는 매매 특성상 잦은 매매가 뇌동매매로 이어져 자기도 모르는 사이에 매매 중독에 빠지기 쉽고, 특히 집중력 저하로 오전 수익을 오후에 토해내는 경우가 흔히 있습니다.

해결책은 되도록 잦은 매매를 삼가고, 잦은 매매가 수익을 보장하지 않는다는 사실을 잊지 않는 것입니다. 확실할 때만 매매하여 실수를 줄이고 성공률을 높일 필요가 있습니다. 특히 성공 확률이 현저히 떨어지는 오후 시간에는 더욱 매매를 절제해야 합니다.

돌파 데이트레이딩

매수 후 보유 시간 : 몇 분~몇 시간 또는 당일 내 매도 완료
평균 목표수익률 : 1%~3% 내외

실전 경험이 있는 사람들이 주로 하는 매매 유형입니다. 앞서 살펴본 돌파 스켈핑과는 달리 매매 회수가 많지 않기 때문에 타깃 종목을 비교적 오래 관찰하며, 최대한 신중함과 인내심을 갖고 수익을 취하는 전략입니다.

즉흥적 매매인 스켈핑과는 달리 종목을 미리 선정해 놓고 당일 특정 상황이 나왔을 때, 매수에 동참해서 스켈핑보다는 비교적 손절과 수익 폭을 길게 봅니다. 경우에 따라서는 데이트레이딩으로 매수를 했더라도 상황이 급박하면 스켈핑 식으로 매도 후 빠지는 융통성도 발휘해야 합니다.

　장점은 매수 후 비교적 차분하게 매매를 살펴서 대응하며, 수익 극대화에 초점을 맞춘 매매라서 스켈핑처럼 정신없이 빨리 매매하지는 않습니다. 집중력을 가지고 매매하는 장점도 있습니다. 단점은 스켈핑처럼 확률이 높지 않다는 점입니다.

　아무래도 좀 더 길게 보기 때문에 성공 확률은 스켈핑보다 떨어지며 상황에 따라 수익도 크지만 손실도 비교적 클 수 있기에 손실에 민감한 투자자라면 정신적으로 힘든 상황에 직면할 수도 있습니다.

　① 돌파 데이트레이딩 예시

그림　2021년 2월 23일 더블유에스아이 매매 내역

거래내역(결제기준)	당일매매일지	당일매도실현손익	일자별 실현손익	전일대비예탁자산증감	투자수익률상세추이				
계좌 ▼			구분 ⊙일 ○월 매매일 2021/02/23 ▼ ~ 2021/02/23 ▼		매수수수료 HTS ▼		주의사항 조회		
종목명	추정실현손익	수익률	매도수량	매도단가	매도금액	수료	제세금	매입단가	매수금액	수료
동아타이어	342,081	3.58	967	10,250	9,911,750	1,486	22,792	9,869	9,543,960	1,431
더블유에스아이	2,541,863	7.13	12,458	3,075	38,308,350	5,746	88,109	2,863	35,667,282	5,350
합 계	2,883,944	6.38			48,220,100	7,232	110,901		45,211,242	6,781

　'더블유에스아이'는 평소 거래량이 거의 없는 소외된 소형 종목이었습니다. 그러나 당일 일봉상 추세하락중에 강력한 거래량을 동반하면서 20일선을 돌파, 급등하자 소액 매수해서 수익 매도하고 나온 사례입니다.

그림 2021년 2월 23일 더블유에스아이 일봉 차트

2021년 2월 23일 더블유에스아이 20일선 돌파 데이트레이딩 매매

20일선 돌파 후 매수

돌파매매에서 주의할 점은 폭발적인 거래량이 동반
되지 않으면 돌파의 신뢰도가 떨어지는 경향 있음

주의할 점

특정 부분을 돌파한다고 해서 무조건 추가 상승한다는 보장은 없습니다. 시장 상황이나
종목 상황에 따라 돌파되는 척 페이크모션만 취하고 물량만 떠넘기는 포인트가 될 수도
있으니 주의가 필요합니다.

영상 더블유에스아이 실매매 영상 보러가기

♦♦♦ 돌파 스윙 트레이딩

매수 후 보유 시간 : 며칠~몇 주 내외

평균 목표수익률 : 몇 퍼센트에서 몇 십 퍼센트까지 다양함

스윙 트레이딩은 초보 투자자가 무심코 하는 투자 형태로 자주 나타납니다. 눈에 보이는 종목을 그저 매수했다가 며칠 또는 몇 주 들고가는 경우가 많고, 운이 좋아 꽤 많은 수익이 나기도 합니다. 혹은 며칠 동안 수익권에 있다가 투자자의 욕심이 발동되어 손실로 전환되면서 시간이 흐르면서 손실 폭이 확대되는 경우도 자주 발생합니다. 자칫한 번의 투자로 돌이킬 수 없는 큰 손실이 나기도 합니다.

주식 경험이 많고, 실력이 있는 트레이더 중에서도 돌파 스윙 트레이딩을 하는 경우가 꽤 있습니다. 장점은 종목 고르는 실력이 있고, 확률 높은 매매를 하는 투자자라면 수익이 극대화되고, 비교적 안정적인 심리 상태를 유지하며 매매할 수 있습니다.

반면 단점은 스윙 트레이딩 특성상 며칠 또는 몇 주를 들고 있으므로 악재에 취약하다는 점입니다. 밤사이 국제시황이나 보유 종목에 악재가 발생하여 손쓸 틈 없이 큰 손실을 볼 수 있고, 갑자기 손절라인을 이탈하여 손실 폭이 커질 수 있습니다.

큰 수익도 큰 손실도 날 수 있는 양날의 검 같은 매매 형태라 할 수 있습니다.

①돌파 스윙 트레이딩 예시

그림 2020년 8월 7일 디피씨 매매 내역

그림 2020년 8월 5일 디피씨 종가 매수, 8월 7일 매도 시점 마킹 일봉 차트

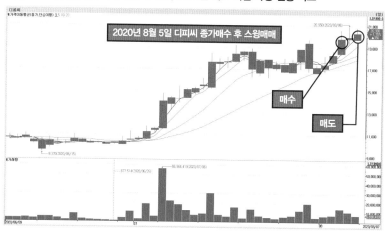

 매수 이유

방탄소년단 관련 빅히트엔터 상장 테마 종목으로 2020년 7월 30일 급락이 나온
전고점을 8월 5일 재돌파. 종가 매수 후 스윙으로 보유해서 8월 7일 수익 매도.

영상 디피씨 실매매 영상 보러가기

🕯️ 낙주 스켈핑

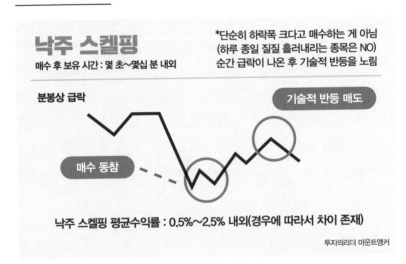

급락하는 종목에서 짧은 수익을 취하는 매매 형태입니다. 단시간에 급락이 나온 종목의 특성을 노려서 기술적 반등 구간을 공략합니다. 매매에 익숙해지면 수익 확률이 높아지기는 하나, 절제된 손절도 반드시 필요합니다. 만약 손절이 쉽지 않은 투자자라면 한 달 수익을 한 방에 모두 말아먹는 위험성이 내포되어 있으므로, 이러한 양면성을 잘 숙지해야 합니다.

작은 수익 확률이 높다는 장점이 있고, 급락이 나온 종목은 웬만하면 짧게라도 기술적 반등이 나오기 때문에 타이밍을 잘 맞추면 성공 확률이 꽤 높습니다. 평균 0.5%~2% 내외의 짧은 수익을 취하기 때문에 빠르게 매매를 완료할 수 있고, 반복해서 쌓아가는 매매 특성상 작은 수익을 높은 확률로 지속할 수 있습니다.

단점도 반드시 숙지하고 유념해야 합니다. 드물기는 하지만 가끔 급락 후 추가 반등 없이 재급락으로 이어지는 경우에 한 번에 큰 손실을 볼 수 있고, 추락하는 종목 특성상 걷잡을 수 없는 폭락이 이어지기도 하므로 대처가 되지 않는다면 매우 위험한 매매가 될 수도 있습니다.

초보 투자자라면 낙주 스켈핑은 맛들이지 않는 게 좋습니다. 굉장히 위험한 매매이므로 숙련되기 전까지는 소액으로 테스트를 충분히 한 후 실전투자에 활용하시기를 권합니다.

① 낙주스켈핑 예시.

그림 2021년 1월 19일 셀트리온 매매 내역

거래내역(결제기준)	당일매매일지	당일매도실현손익	일자별 실현손익	전일대비예탁자산증감	투자수익률상세추이						
종목명	추정실현손익	수익률	매도수량	매도단가	매도금액	수수료	제세금	매입단가	매수금액	수수료	
셀트리온	5,390,040	3.66	485	315,500	153,017,500	22,952	351,924	303,568	147,230,500	22,084	
아이엠이연이	618,732	1.39	7,910	5,726	45,300,320	6,795	104,189	5,633	44,563,920	6,684	
일체라	65,813	0.87	214	35,600	7,618,400	1,142	17,516	35,200	7,532,800	1,129	
합 계	6,074,585	3.05			205,936,220	30,889	473,629		199,327,220	29,897	

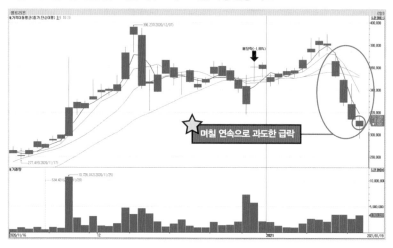

며칠 연속으로 과도한 급락

2021년 1월 당시 '셀트리온'의 연속급락 이유는, 식약처에서 코로나19 치료제 '렉키로나주'에 대해 임상 3상 수행을 전제로 품목허가를 제안했으나 안전성은 인정하면서도 효과성은 아직 확인해야 할 것들이 남아 있다는 판단이 나오면서 폭락 사태를 맞이하게 되었습니다. 시장 참여자들의 기대치에 미치지 못한 소식으로 투매 현상이 일어났습니다.

하락이 멈추는 현상을 체크한 후 기술적 반등이 나온다면 수익 구간이 짧게라도 나올 것으로 판단되어 1월 19일 오전 추가적인 하락이 나왔다가 반등하는 구간에서 스켈핑 매매로 수익 실현하고 나왔습니다.

이렇듯 시장 하락이나 종목 내부의 악재로 과도한 하락이 나올 때 초기에 급하게 매수해서 혹여 있을 수도 있는 추가 하락에 끌려내려가지 않으려면, 성급하게 단순 추측 매수해서는 안 됩니다. 반드시 하락이 어느 정도 멈추었고, 반등 구간에 접어들었는지 확인하고 분할로 매수하여 수익 확률을 높이는 게 중요합니다.

짧은 기술적 반등 구간을 노리는 매매일수록 상황을 봐가면서 작게 작게 분할 매수해서 들어가는 것이 수익 가능성을 높여주는 노하우입니다. 따라서 욕심이 앞서 한 번에 덜컥 매수하는 우를 범하지 않도록 특별히 경계해야 합니다.

설령 기회를 놓치는 한이 있더라도 급락하는 종목에서는 반드시 여러 번에 걸쳐 분할 매수로 진입한다는 사실을 기억하시기 바랍니다.

 주의할 점

실적이나 재무재표가 좋지 못한 소위 잡주라고 하는 소형 종목은 아무리 깊은 하락을 하더라도 매수하지 않는 게 리스크 관리 차원에서 좋습니다. 왜냐하면 이런 종목들 중에서는 급락 후 거래정지나 상장폐지로 이어지는 최악의 악재가 숨어 있을 수 있기 때문입니다. 이런 종목은 처음부터 쳐다보지 않는 게 좋습니다.

영상 **셀트리온 실매매 영상 보러가기**

▐▞▌ 우량주 낙폭 과대 스윙매매

그림 2021년 5월 3일 카카오 매매 내역

그림 2021년 4월 30일 카카오 매수 시점 마킹 일봉 차트

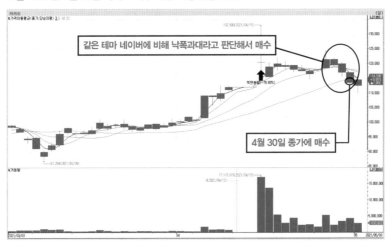

실적과 성장성이 나쁘지 않았던 '카카오'가 1분기 실적 발표를 며칠 앞두고 동종 테마 네이버와 비교해 봤을 때 추세(트렌드) 상승 중에 3일 연속 하락했습니다. 그동안 네이버보다 훨씬 좋은 상승 흐름을 보였던 '카카오'의 꽤 깊은 하락을 매수 기회로 보고 4월 30일 종가에 24

억 5천만 원치 물량을 매수했습니다.

매수 이유는 크게 두 가지, 실적 성장성이 향후에도 좋을 것이다, 최근 며칠 동안의 하락은 1분기 실적 발표를 앞두고 혹시나 하는 우려에서 나온 일시적인 현상이다. 그러므로 반등 가능성을 충분히 예상할 수 있었습니다.

다음 거래일인 5월 3일 장 초반, 예상과 달리 추가 재하락하면서 많은 물량을 매수했던 저로서도 부담스러운 상황이었으나 다행히 곧바로 반등이 나오자 손실 없는 선에서 일단 전량 매도하고 나올 수밖에 없었습니다.

수익 극대화 실패 원인은 욕심으로 많은 물량을 매수한 후 예상과는 다르게 추가 하락이 나오면서 본전 탈출 심리가 발동해서였습니다.

영상 **카카오 실매매 영상 보러가기**

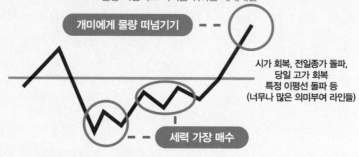

순간 세력 가장 트레이딩

*특정 라인 돌파를 좋아하는 개미 심리를 역이용 자금력을 동원,
순간 세력을 가장해서 물량 매수 분봉 차트를 만듦. 추격해오는 개미들에게
물량 떠넘기고 이익을 취하는 매매패턴

개미에게 물량 떠넘기기

시가 회복, 전일종가 돌파,
당일 고가 회복
특정 이평선 돌파 등
(너무나 많은 의미부여 라인들)

세력 가장 매수

순간 세력 가장 트레이딩 평균수익률 : 1%~3% 내외(추측)

투자의리더 마운트앵커

상승 가능성이 농후한 종목을 순간적으로 큰 자금을 동원해서 돌파매매를 가장하는 연속된 매수로 분봉차트를 인위적으로 만듭니다. 이를 보고 '돌파되는가' 하는 판단에 추격매수하는 개미들을 유인한 후, 물량을 빠르게 정리 후 수익을 챙기는 매매 방법입니다. 상승은 추가 상승을 부르고, 하락은 추가 하락을 부르는 주식 특성을 이용한 매매법입니다.

피도 눈물도 없는 주식시장에서 누가 왜 차트를 만들어서 개미를 순간 유혹하여 수익을 취하는지 아무도 알 길이 없기에 그저 추측만 할 뿐 흔적이 잘 남지 않는 매매 방법입니다.

과연 개인이 이런 시세를 만들어낼 수 있는지가 의문이지만 일반

개미들의 자금력으로는 이 방법의 효과를 알더라도 인위적으로 만들 수는 없다고 생각합니다. '이런 세계도 있구나' 하고 참고만 하고 넘어가시면 됩니다.

▌•▌▌ 중장기 투자

사람마다 생각하는 중장기의 기간은 모두 다릅니다. 하지만 최소 1년 이상을 기준으로 두고 말하는 게 중장기가 아닐까 생각합니다. 좋은 종목을 좋은 가격대에 잘 매수하면, 다른 볼일 보면서 안정적으로 큰 수익을 낼 수 있는 투자의 장점이 있습니다.

단점은 자금력이 되지 않는 경우라면 당장 생활비에 쪼들리기 시작하면 제대로 된 투자를 할 수 없고, 믿었던 종목이 갑자기 배임, 횡령, 유증 등의 악재를 만나 큰 위험에 빠지기도 합니다. 그래서 단기 매매가 아닌 중장기 매매를 할 때는 반드시 기업의 기본적 분석을 어느 정도 해놓고 종목 선정에 신중을 기해야 뜻하지 않는 리스크에 빠지지 않을 수 있습니다.

▌•▌▌ 장기 투자

장기라는 기간 역시 사람마다 다르고, 저는 3년 이상의 투자를 기준으로 삼는데, 모 아니면 도가 아닐까 생각됩니다. 자산가치와 성장성, 실적가치 등을 꼼꼼히 따져 저평가 되어 있다고 판단되는 구간에서 좋은 종목을 잘 잡으면 비교적 큰 수익을 볼 수도 있겠지만, 운이 따르지 않거나 시장 상황에 따라서는 반대 현상도 생길 수 있습니다. 최소한 가끔은 비중을 조절해야 하고, 변화하는 기업가치에도 신경을 써야 됩니다.

무조건 오래 묵힌다고 올바른 장기 투자가 아니므로 종목 선정과 기간 설정을 본인이 잘 선택해서 결정해야 합니다.

 투자팁_주의해야 할 매매 방법

세상에 존재한다는 웬만한 매매는 저도 모두 해봤지만 백전백승을 보장하는 천하무적의 매매법은 실재하지 않습니다. 모든 매매 방법에는 저마다 장단점이 분명히 있습니다. 그래도 정말 이런 매매는 장기적으로 성공 가능성이 낮다 싶은 매매는 낙주 스켈핑입니다. 이유는 작은 수익을 취할 확률이 높고, 개념을 배우는 데도 비교적 쉽지만, 한 번에 큰 손실을 보는 경우가 다반사이기 때문입니다.

매수 대상 종목 자체가 추세 급락하는 종목이 많다 보니 한 번에 잘못 매수해서 큰 손실을 보는 경우가 생기면 몇 주 몇 달의 수익이 한 방에 날아가는 경우도 있어서, 공든 탑이 자주 무너지다 보면 의욕상실에 무기력해지곤 합니다. 그래서 낙주 스켈핑은 되도록 권하고 싶지 않습니다.

세상에 매매 방법은 많고 다양하니 소액 테스트를 통해 나와 어떤 방법이 가장 잘 맞는지 한번 생각해 보는 시간을 가지면 좋겠습니다.

11

직장인이 현실적으로
할 수 있는 일정 매매(일정 찾는 법)

먼저 저에게 일정 매매의 아이디어를 줬던 의정부에 사시는 '김준호' 씨에게 감사의 말씀을 드립니다.

직장인들이 유용하게 접근할 수 있는 매매법 중 하나가 일정을 활용한 매매입니다. 이슈의 파급력이 있는 일정을 며칠에서 1~2주 정도 앞두고 매집했다가 일정이 가까워졌을 때 매도하는 전략입니다. 스윙 매매를 할 때, 일정을 앞두고 있으면 흔들림에도 버틸 만한 근거가 있으므로 심리적으로 안정감을 가질 수 있습니다. 반면, 일정 매매 자체가 스윙 매매이다 보니 당일 단타보다 시장의 돌발 악재에 민감하게 반응한다는 단점도 있습니다. 개인적으로 오버나잇을 하면 시장 영향을 받아서라기보다는 당일 단타가 마음 편해서 일정 스윙 매매는 많이 하지 않는 편입니다.

일정은 단타 매매를 하는 사람들에게도 유용합니다. 종목이 급등할 때 명확한 뉴스는 없지만, 일정을 알고 있으면 '이런 이슈와 재료로 가는구나' 하고 미리 알 수 있으므로, 재료 파악에 도움이 됩니다.

스윙 매매는 특히 직장인들에게 유용합니다. 일정 스윙, 이슈재료 매매만으로 월에 수천~억 단위 수익을 내는 사람들도 있으니 잘 파고들면 큰 수익이 가능하겠죠.

▮▮▮ 욕심을 줄이고 적당히 먹고 빠져나오라

명심하세요. 수익에 대한 욕심이 크면 클수록 확률적으로 성공 가능성은 낮아집니다. 전업투자자가 아닌 직장인이라면, 최종적으로 월 10%+@ 정도 목표를 잡고 종목 당 3~5% 정도 수익을 취하겠다는 자세가 현실적으로 현명한 투자입니다. 너무 많은 수익 욕심은 오히려 주는 수익을 취하지 못하고 손실로 결론이 나게 합니다. 한두 번, 매도하고 난 뒤 추가로 상승하는 주가를 보고 있노라면 아까운 마음에 다시 들어가 이전 수익을 토해내거나 더 큰 손실을 보는 경우도 허다합니다. 따라서 '지속적으로 같은 행위를 반복하여 수익을 낸다'는 생각으로 욕심을 줄이고 3~5% 정도 수익에 만족하고 빠져나오는 게 비교적 안전합니다. 하다 보면 경험이 쌓여서 상황에 따라 조금 더 먹을 수도 조금 덜 먹을 수도 있는 융통성 발휘도 필요합니다.

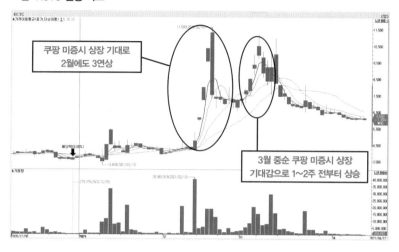

일정 매매의 예시로 2021년 3월의 '쿠팡'을 들 수 있습니다. '쿠팡'의 미증시 상장 기대감으로 관련주들이 1, 2월부터 상승했고, 3월 상장 일정이 정해진 뒤 1주 전에도 반등이 나왔었습니다. 국내에서 활동하던 기업이 미증시에 상장한다는 것 자체가 신선했기 때문에, 일정을 한참 앞둔 시점이었음에도 상승했었습니다. 사실 대형 IPO 기대감도 일정 매매에서 정말 강한 재료 중 하나입니다.

다른 예시로 스윙 매매는 아니지만, 일정의 기대감을 활용해서 단타 매매를 한 사례입니다. 2020년 11월 말~ 12월 초에 추미애 전 법무부 장관이 윤석열 전 검찰총장에게 징계를 가하자 윤석열 관련주가 상승했었습니다. 당시 '투자의리더' 앱에서도 일정을 공유했었습니다.

(2020-11-29 일정정리)

추미애 장관과 윤석열 총장의 갈등이 깊어질수록 윤석열 총장 관련 주는 오르는 경향을 보였습니다. 법무부 장관이 검찰총장에게 징계를 가하는 초유의 사태가 나타나자, 세간의 이슈가 되었고 윤석열 총장 관련주는 강하게 급등했습니다. 당시 직무배제 집행정지 심문, 법무 부 감찰위원회, 징계위원회 일정에 대중들도 주목했고 일정과 관련되 어 관련주들도 움직였습니다.

그림 **2020년 11월 30일 매매 내역**

거래내역(결제기준)	당일매매일지	당일매도실현손익	일자별 실현손익	전일대비예탁자산증감	투자수익률상세추이						
계좌				구분 ⦿일 ○월 매매일 2020/11/30 ▼ - 2020/11/30 ▼ 매수수료 HTS ▼ 주의사항 조회							
종목명	추정실현손익	수익률	매도수량	매도단가	매도금액	수수료	제세금	매입단가	매수금액	수수료	
태림포장	1,503,860	3.46	6,208	7,254	45,032,832	5,120	112,581	6,992	43,406,336	4,935	
서연탑메탈	4,145,718	6.10	7,423	9,742	72,314,866	8,222	180,787	9,157	67,972,411	7,728	
셀트리온헬스케어	3,954,247	3.54	912	127,131	115,943,472	13,182	289,858	122,449	111,673,488	12,697	
합계	9,603,825	4.31			233,291,170	26,524	583,226		223,052,235	25,360	

윤석열 총장 관련주 중 '서연탑메탈'을 선정하여 일정 매매를 활용한 당일 단타로 매매했습니다.

▮▯▮▯ 일정 찾는 법

일정을 찾는 방법은 간단하지만 많은 공력이 필요합니다. 찾아서 정리하는 데 만만찮은 시간이 들어갑니다. 먼저 날짜 키워드를 기억하세요.

'1일, 2일, 3일, ~28일, 29일, 30일, 31일', 내달, 다음달, 내주, 다음주, 이번달, 이번주, 1월~12월 등.' 그리고 아래 7가지 방법으로 일정을 찾아낼 수 있습니다.

①HTS 뉴스창에 날짜 키워드로 검색하는 방법이 있습니다. 키움증권은 광고가 많으니 대신증권 등에서 보는 게 나을 수도 있습니다.

②당일 급등주를 정리하다 보면 기사 내용 속에 일정이 숨어 있는 경우가 있으므로 잘 체크할 필요가 있습니다.

그림 HTS 일정 검색

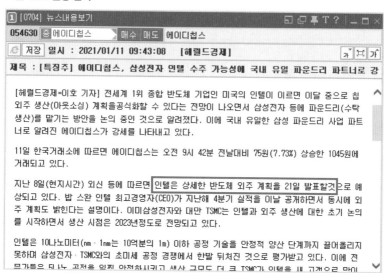

③네이버 검색창에 일정 키워드를 검색해서 찾아볼 수도 있습니다.

④RSS 사이트인 '피들리'를 활용하면 구글에 일정 키워드가 검색된 내용을 목록화해서 볼 수 있습니다. 가독성과 볼 수 있는 언론사 수도 많다는 장점이 있지만, 기능에 따라 유료도 있습니다.

⑤네이버에 '정부부처 주간일정'이라고 검색합니다. 그러면 매주 일요일 머니투데이에서 정부의 한 주 일정을 미리 공유합니다. 과거 남북경협주, 코로나, 그린뉴딜 등 정부의 액션과 연관된 테마주들이 시작한 지 얼마 되지 않았을 때, 정부부처 주간일정에 영향을 받을 때도 있었습니다. 해당 일정도 체크하면 도움이 됩니다.

⑥인포스탁 이슈&스케줄(유료)을 활용하는 방법도 있습니다. 장전, 장중, 장마감 시황을 올려주는 사이트로 시황과 테마를 체크하기에 유용한 사이트입니다. 인포스탁에서도 이슈&스케줄 게시판에서 일정을 공유하지만, 간혹 빈약한 경우가 있어 직접 찾는 편입니다.

⑦증권사 증시 캘린더를 참고하는 방법도 있습니다. 각 증권사마다 다음 달 증시 캘린더를 공유합니다. 직접 찾는 것보다 디테일은 좀 떨어집니다.

12

일정 매매 선행학습 필요성

일정 매매의 승률을 높이기 위해서는 앞으로 어떤 일정이 예정되어 있는지와 관련주를 기록해 놓아야 합니다. 시간이 지난 뒤에, 기록했던 일정을 다시 되돌아보면서 해당 일정이 정말 나의 시나리오대로 움직였는지 복기하는 과정도 중요합니다. 일정이 강하다고 생각했는데 생각보다 힘을 못 쓰는 경우도 있고, 반대로 일정이 약해서 가겠나 싶었는데, 의외로 잘 가는 경우도 있습니다. 또는 시장 영향에 일정 관련주들이 아예 힘을 못 쓰는 경우도 발견할 수 있습니다.

여러분들만의 데이터가 쌓이다 보면 직장인으로서 수익을 내는 또 다른 노하우가 됩니다. 달력에 일정과 관련주를 간단히 기입해 놓고 되돌아보는 것도 소중한 자산이 됩니다.

일정 매매는 다음과 같은 특성을 보입니다.

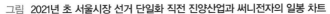

일정 날에 발표(결과가 달라지는)하는 경우

그림 2021년 초 서울시장 선거 단일화 직전 진양산업과 써니전자의 일봉 차트

예를 들어 서울시장 야권 단일화 후보 발표 당시, 오세훈이 단일화 후보가 되자, 오세훈 관련주는 더 상승했고 안철수 관련주는 급락했습니다. 승자와 패자가 나오는 재료(선거, 수상 등)는 최대한 일정 전 기대

감을 활용하는 게 좋습니다. 발표로 인해 긍정적인 시너지가 나는 경우는 그때 가서 활용하면 되고, 발표 전일 때에는 일정 1~2일 전 시세를 줄 때 매도 시점으로 잡는 게 낫습니다.

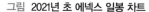 예상 가능한 결과가 발표되는 경우

그림 **2021년 초 에넥스 일봉 차트**

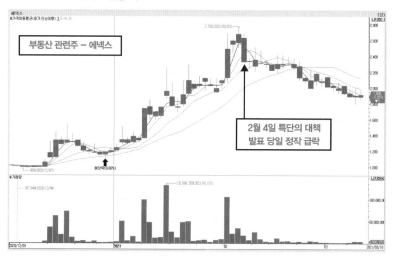

2021년 2월 4일 특단의 부동산 대책을 발표하겠다는 대통령의 발언에 기대감으로 부동산 관련주들이 상승했습니다. 하지만 막상 2월 4일을 고점으로 주가는 지속해서 하락했습니다. 이렇듯 주가는 선반영되어 오르고 막상 발표 당일에 큰 임팩트가 없는 이상 주가는 하락하는 경우가 많습니다. 일정 전 기대감만 활용하고 매도하는 전략이 확률적으로 안전하고 좋습니다.

┠┼┨┠ 대규모 IPO 상장을 하는 경우

그림 2021년 초 동방 일봉 차트

대규모 상장 2~3일 전에는 고점인 경우가 정말 많습니다. '쿠팡'의 미국증시 3월 상장 기대감으로 '쿠팡' 관련주는 이미 1~2월부터 상승이 컸었고, 상장일이 다가오자 대부분의 관련주가 하락했습니다. 소수의 종목이 상장 당일 이후에도 오르긴 했지만 이는 개별 호재가 있었기 때문입니다. 상장 일정을 잡고 접근할 때에는 상장 2~3일 전을 매도 시점으로 잡는 게 확률적으로 안전하고 낫습니다.

대규모 IPO와 관련 없이 한 가지 더 말씀을 드리자면, 재료와 일정이 너무 강해서 선반영 되어 미리 오르는 경우가 있습니다. '쿠팡'이 1~2개월 전부터 미리 선반영 되어 올랐던 것처럼, 이런 케이스의 경우에서는 막상 일정이 다가왔을 때는 재료가 지지부진한 경우도 많습니다. 그러니 재료와 차트가 싱싱할 때 트레이딩을 하는 것이 적합합니다.

▐▌▐▌ 과거 강했던 일정이 다시 강하란 법 없다(주의점)

2020년 중국양회가 개최되었을 때 중국의 5G, Ai 대규모 투자계획 소식에 관련주들이 상한가 및 급등하는 경우가 많았습니다. 하지만 2021년에는 중국주 잡주 중 일부만 반응했을 뿐 테마로 움직이지는 않았습니다. 과거에 강했다고 하여 이번에도 강하란 법은 없습니다.

또 다른 예로는 2020년 한국판 뉴딜에 대해 정부의 투자와 함께 매달마다 회의를 개최하겠다고 했던 적이 있었습니다. 회의 일정에 따라 한국판 뉴딜 관련주들의 테마 분위기가 살아나 한 번은 급등한 적이 있지만, 매달 정부 일정이 있을 때마다 주가에 미치는 영향력은 감소했고 이후에는 아예 영향을 받지 않게 되었습니다.

매년 초 열리는 JP모건 컨퍼런스 일정 또한 과거에는 상승 파급력이 컸지만, 학습 효과가 발생하면서 가면 갈수록 일정의 힘이 약해지는 면이 있습니다.

추가적인 신선함이 없는 이상 일정도 식상해지기 마련입니다. 과거 강했던 일정은 하나의 참고 자료일 뿐, 현재의 시장, 테마, 관련주 분위기에 따라 언제든지 바뀔 수 있음을 인지할 필요가 있습니다.

▐▌▐▌ 일정이 좋아도 차트의 밑그림이 중요하다

좋은 일정이 있어도 시장에서 주목을 받고 차트의 밑그림까지 만들어져야 상승 확률이 높습니다. 차트가 좋다는 것은 나 아닌 다른 사람들도 관심을 가질 확률이 높기 때문입니다. 1% 오를 것이 차트가 괜찮다면 2% 오를 확률이 있습니다. 그러므로 일정 매매를 한다고 해서 일정만 볼 것이 아니라 차트도 함께 참고해야 합니다. 차트 없이 일정만으로 꾸준한 수익을 내는 투자자도 있지만, 함께 참고할 수 있다면 더욱 확률을 높일 수 있습니다.

♦♦♦ 글로벌 기업의 실적 발표

2020년 글로벌 기업으로 핫했던 '테슬라'의 고공 행진과 실적 기대감으로 인해 국내에서 '테슬라'와 연관된 관련주가 급등했습니다. 이처럼 글로벌 기업이 미래 트렌드에도 맞으면서 시장에서 주목받고 있다면 국내 관련주들을 관심 테마로 정리를 해놔야 합니다. 실적 전망이 긍정적일수록 실적 시즌에 관련주도 오를 확률이 있습니다.

글로벌 기업의 실적 발표 속 기업의 발언도 주목

'넷플릭스' 실적 발표 당일에 '넷플릭스'가 누적 가입자 수 2억 명 돌파 통계치를 밝히자 영상 콘텐츠 테마 관련주들이 상한가 및 급등을 한 적이 있었습니다. '인텔' 또한 실적 발표를 할 당시에 반도체 외주 계획 발표도 예정되어 있었고, 외주업체 중 '삼성전자'가 유력했습니다. 이후 '인텔'과 '삼성'은 계약이 성사되었고, 당시 파운드리 관련주인 '에이디칩스'가 강한 상승을 보였습니다. 이렇듯 항상 그런 것은 아니지만, 현재 사람들이 주목하는 트렌드의 글로벌 기업이 실적 발표와 함께 기업 발표가 있는 경우 테마의 영향력이 있는지 체크해 볼 필요가 있습니다. 기업이 특정 사안을 발표할지 말지 불확실한 면도 있으므로 실적 시즌에 장전 뉴스 체크를 통해 관련된 기사가 있다면 예의 주시하고 당일 매매 우선순위로 잡아볼 수 있습니다.

▮▯▮ 선거 일정은 일정 매매의 꽃

대선에서 누가 당선되느냐에 따라 향후 국가의 미래가 좌지우지될 만큼 중요하기 때문에 주식시장에서도 대선 테마주는 뜨겁게 반응합니다. 보통 대선 테마주는 대선 1~2년 전부터 상승하는 경우가 많고, 선거가 가까워질수록 급락하는 사례들이 많습니다. 상장 일정과 마찬가지로 상장 전 기대감만 취하는 전략처럼, 대선 테마주 또한 대선 전 기대감만 취해야 합니다.

대선 테마주는 크게 인맥주와 정책주로 구성됩니다. 대선의 유력한 후보와 인맥이 있다는 사실로 인맥주로 엮여 급등하고, 대선 시기가 가까워지며 후보들이 정책을 내놓을 때 정책주가 형성됩니다. 대선 테마주는 비교적 객관적인 지표에 따라 주가가 움직이기도 하는데 그 지표가 바로 지지율입니다.

지지율이 오를수록 주가가 올라갈 확률이 높고, 지지율이 떨어지면 주가도 떨어질 확률이 높습니다. 그래서 대선 테마주 시즌 때에는 장 전후 관련 후보의 발언, 지지율 추이를 수시로 점검해야 합니다.

정치 테마주가 위험하다고 알려진 이유는 대선 후보의 혈연 리스크, 발언 등이 있습니다. 과거 홍정욱 관련주를 보면 홍정욱 딸이 마약을 한 것으로 밝혀지자 관련주들이 급락했습니다. 한때 핫했던 반기문 관련주는 정치를 하지 않겠다는 발언에 급락했었습니다.

이렇듯 정치 테마주는 당일 단타 또는 아주 가끔 짧은 스윙으로 매매하여 리스크를 피하는 게 현명합니다. 선거 일정 전 기대감을 활용하되, 다른 테마주들에 비해 더욱 조심해야 합니다.

┇╋┇ 모든 일정이 다 강한 것은 아니다

일정은 말 그대로 일정이지, 일정 자체가 불변의 시세를 보장하거나 좌지우지하는 것은 아닙니다. 기대감 담긴 재료에 일정이 있다면 좋은 것이고, 없어도 상관 없는 경우가 많습니다. 주식은 본래 기대감으로 오르기 때문에 일정만 믿고 일정 날까지 홀딩하는 것은 금물입니다. 일정이 정해져 있다 갑자기 연기가 되는 경우도 있고, 생각대로 안 가는 경우도 많기 때문에 항상 융통성 있는 대처가 필요합니다.

13

호가창 매매의 한계
_너무 과하게 목멜 필요 없다

매수하는 시점에 투자자가 가장 중요하게 생각하는 점은 '매수한 이후 주가가 곧바로 더 오를 확률이 높은가 아닌가'입니다. 저는 시장 상황과 재료 그리고 차트의 흐름을 중점적으로 생각하는 편입니다. 그래서 소위 틱따기나 호가창에 매달려서 한두 호가 먹는 매매는 효율성이 낮다고 판단하여 이미 버린 지 오래되었습니다.

스켈핑은 이슈나 뉴스 혹은 종목 분석보다는 오로지 분봉과 호가창 위주로 매매를 하다 보니 작게 자주 먹을 수는 있으나 크게 먹는 경우는 극히 드물고 계좌를 불리는 성장의 한계도 분명 있다고 판단되어 서서히 종목 수를 줄이면서 길게 보는 데이트레이딩으로 변화를 시도했습니다. 그래서 저는 현재 기술적 분석 바탕 위에 종목 이슈나 뉴스를 파악해서 하루에 몇 종목만 매매하면서 지금까지 시장에서 생존해

오고 있습니다. 따라서 종목을 매수할 때 호가창 위주의 스켈핑마냥 한두 호가에 예민하게 반응하지 않게 되었습니다.

▪️▪️ 보기엔 화려하나 수익은 글쎄

100% 호가창 위주의 매매는 일반인들에게는 굉장히 어려운 매매입니다. 유튜브나 실전매매 영상들을 보면 호가창 퍼포먼스로 사람들을 현혹하기도 합니다. 초보자 입장에서는 화려하게 보일 수는 있지만, 사실은 오랜 경험이 쌓여 있어야 하고, 꾸준히 수익을 내기도 말처럼 쉽지 않습니다. 전업투자자가 5년 동안 호가창만 파도 쉽지 않은 게 호가창 매매입니다. 효율성 높은 매매가 많은데, 굳이 이런 매매에 목멜 필요 없습니다. 보여주기식 매매는 될 수 있어도, 월 단위 년 단위 수익으로 계좌 인증까지 할 수 있는 사람은 아마 드물 거라 생각합니다.

그림 **호가창 예시**

증감	매도잔량	14:04:40 전일대비	매수잔량	증감
	48,514	12,850 24.15%		
	32,004	12,800 23.67%		
	32,403	12,750 23.19%		
	16,765	12,700 22.71%		
	446	12,650 22.22%		
	4,887	12,600 21.74%		
	1,887	12,550 21.26%		
10	11,125	12,500 20.77%		
	8,965	12,450 20.29%		
	4,041	12,400 19.81%		

매도잔량

제결가	제결량
12,400	50
12,350	718
12,350	1
12,350	63
12,350	1
12,350	348
12,350	10

	매수잔량	
12,350 19.32%	585	
12,300 18.84%	17,614	42
12,250 18.36%	21,833	
12,200 17.87%	17,278	
12,150 17.39%		
12,100 16.91%		
12,050 16.43%	20,009	
12,000 15.94%	25,461	
11,950 15.46%	5,274	
11,900 14.98%		

매수잔량

매도잔량 합계	시간외	매수잔량 합계	
10 167,037	-9,480	157,557	42

036030 KTH 12,400 ▲ 2,050 19.81% 13,203,810

5MA 20MA

호가창을 보며 '매수 잔량이 매도 잔량보다 많으면 올라가지 못한다. 반대로 매도 잔량이 매수 잔량보다 많으면 주가가 상승할 수 있다.' 이렇게 해석하는 경우가 많습니다. 대부분 유튜브나 책에서 이렇게 말합니다. 하지만 호가창은 상승과 하락하는 과정에서 시시각각 변하기 때문에 정형화해서 해석을 하는 데 무리가 따릅니다. 어떤 고정적 해석도 통하지 않을 만큼 변수가 많고, 수시로 변하기 때문에 차트보다 더 장난치기 쉬운 영역이 바로 호가창입니다. 그러니 호가창 하나에만 너무 몰두해서 일희일비하지 않으셨으면 합니다.

10년도 넘은 예전 일입니다. 차트를 보지 않고 오직 호가창에만 의존해서 매매하는 주식고수를 알고 지낸 적이 있었습니다. 호가창의 움직임만 보면 차트가 머리에 그려질 정도의 고수였습니다. 물론 초단타 스캘핑 매매를 하며 회전율을 극대화해서 하루하루 수익 마감을 하는 분이었는데 하루 평균 매매 종목 수가 50~80종목 정도 되는 듯 했습니다.

예를 들면 3,000만 원으로 세팅한 후 장이 출발하면 거래 대금을 회전시켜 하루 매매 대금이 20억에서 30억 사이를 오가고, 이 과정에서 하루 0.2%~0.5% 정도의 수익을 거둡니다. 그러다가 슬럼프라도 와버리면 단 며칠 만에 한 달 수익을 모조리 반납할 수도 있는 리스크가 큰 매매였습니다. 주식 경력 면에서 아마 우리나라 1세대 스캘핑 고수라 불러도 손색이 없을 만큼 대단한 분이었죠.

이 분 지금 어떻게 지내시는지 아십니까?

노가다 스캘핑으로 체력적 한계를 느끼면서도 몇 년 전까지만 해도 계속 스캘핑 매매를 하고 있었습니다. 배운 게 도둑질이라고 자신도 스캘핑을 버리고 데이트레이딩이나 스윙트레이딩으로 전향하려고 무척 노력했지만 호가창에 전적으로 의존하는 매매 습관이 완전 몸에 배어 전향에 실패했습니다. 종목에 대한 의심병 때문에 종목을 오래 들고 있지 못하는 습관도 끝내 버리지 못했습니다.

이 분 밥은 먹고 사십니다. 주식 초보 때 그 분을 롤모델로 삼았던 후배 중 몇몇은 스캘핑으로 출발했지만, 대부분 데이나 스윙으로 자연스럽게 전향하면서 큰 부를 이룬 반면, 이 분은 아직도 소위 짤짤이 매매를 하고 계십니다. 스스로도 잘 알고 있습니다. 호가창에만 의존해서는 한계가 많다는 사실을. 그래서 한계를 벗어나려고 노력도 꽤 했지만, 습관이 뼈에 새겨지다시피 하여 이제는 숙명처럼 받아들이고 있습니다. 그 실력을 생각하면 참 안타까운 케이스입니다.

호가창도 중요합니다. 하지만 그곳에 만병통치약 같은 비법이 있다고 믿는 분들은 '어쩌면 내가 잘못 생각하고 있는 건 아닐까' 하는 의심을 한 번쯤 해볼 필요가 있습니다.

◆◆◆ 길이 아니면 지금이라도 다른 길로 가라

주식에서 오랫동안 해온 매매 방향을 바꾸기란 정말 고민되는 일입니다. 어쩌면 앞으로 어떻게 될지 자신이 없어지는 결단의 지점에 와 있을 수도 있습니다. 하지만 비록 호가창에 매달려 비법 찾아 삼만리 헤맸던 시간이 아깝더라도 앞으로 더 많은 시간을 허비한다는 건 너무 큰 리스크가 아닐까 생각합니다.

0.X%(영쩜 몇 프로) 수익 노리는 스켈퍼가 꿈이고 희망이라면 호가창만 주구장창 파시면 어쩌면 가능성이 보일 수도 있습니다. 수익 줄 때 챙기고, 0.X% 노리면서 들어갔다 나왔다를 하루에도 수십 번 반복하면서 딴 거 신경 안 써도 되니까 우선은 단순하면서도 편한 매매인 건 맞습니다.

그러나 호가창 위주의 스켈핑 노가다가 장기적으로 봤을 때 내 주식 인생에서 어떤 희망을 줄 수 있는지 진지하게 생각해 본다면 생각이 조금은 달라지지 않을까 합니다. 장기 투자자는 호가창을 보지 않고도 주식을 합니다(HTS 자체를 켜지 않는 날이 많죠). 스윙 투자자는 호가창을 참고는 하지만 몰두해서 보지는 않는 편입니다.

단기 투자자 입장에서 호가창을 전혀 보지 않는다는 건 말이 안되지만, 제 말의 요지는 너무 호가창에만 매달려서 엉쩜 몇 프로에 일희일비하지 마시라는 뜻입니다.

호가창도 종목의 현재 분위기를 체크하는 하나의 지표로써 참고는 하되 그곳에만 목을 메고 파고들어서는 오히려 비효율적일 수 있다는 말입니다.

▮▪▯▮ 2009년의 나, 분주했지만 수익은 작고,
깡통의 공포에 밤잠을 못 이루던

그림 노가다 스켈핑 매매 시절의 계좌

거래내역(결제기준)	당일매매일지	당일매도실현손익	일자별 실현손익	전일대비예탁잔산증감	투자수익률(상세)

계좌번호 [   ] [▼] [   ]　구분 ⦿ 일별 ○ 월별 ○ 매매일 2009/04/13 ▼ ~ 2009/04/13 ▼　주의사항　조회

종목명	추정실현손익	손익률	수량	체결단가	매도금액	수수료	제세금	평균단가	매입금액	수수료
					당일매도내역				매수내역(추정)	
동국제강	2,888	0.04	260	26,950	7,007,000	1,050	21,022	26,850	6,981,000	1,040
대신증권	7,032	0.19	190	19,100	3,629,000	540	10,888	19,000	3,610,000	540
SK커미칼	28,078	0.39	130	55,800	7,254,000	1,080	21,762	55,400	7,202,000	1,080
메리츠증권	12,220	0.44	2,150	1,310	2,816,500	420	8,450	1,300	2,795,000	410
KC코트렐	11,430	0.44	200	13,000	2,600,000	390	7,800	12,900	2,580,000	380
현대상사	5,602	0.16	170	20,350	3,459,500	510	10,378	20,250	3,442,500	510
모건코리아	13,940	0.39	647	5,600	3,623,200	540	10,870	5,560	3,597,320	530
인터파크	14,784	0.41	534	6,770	3,615,180	540	10,846	6,720	3,588,480	530
바텍	6,200	0.24	147	17,550	2,579,850	380	7,740	17,450	2,565,150	380
다스텍	26,915	0.52	3,967	1,311	5,201,660	780	15,605	1,300	5,157,590	770
코스멕스	26,404	0.73	1,100	3,335	3,668,500	550	11,006	3,300	3,630,000	540
에이텍	18,328	0.25	1,865	3,885	7,245,525	1,080	21,737	3,862	7,203,300	1,080
쎌바이오텍	44,596	1.24	1,150	3,169	3,644,600	540	10,934	3,120	3,588,000	530
오성엘에스티	9,530	0.26	432	8,480	3,663,360	540	10,990	8,430	3,641,760	540
위다스	18,460	0.51	2,028	1,790	3,630,120	540	10,890	1,775	3,599,700	530
잘만테크	19,166	1.20	446	3,650	1,627,900	240	4,884	3,595	1,603,370	240
합 계	265,573	0.41			65,265,895	9,720	195,802		64,785,170	9,630

계좌번호 [　　] [　▼] 　구분 ⊙일별 ○월별 매매일 2009/04/14 ▼ ~ 2009/04/14 ▼ 　주의사항 　조회

종목명	추정실현손익	손익률	당일매도내역					매수내역(추정)		
			수량	체결단가	매도금액	수수료	제세금	평균단가	매입금액	수수료
피에스텍	6,620	0.85	460	1,710	786,600	110	2,360	1,690	777,400	110
영진약품	24,970	0.66	2,500	1,520	3,800,000	570	11,400	1,505	3,762,500	560
동국산업	5,404	0.14	359	10,600	3,805,400	570	11,416	10,550	3,787,450	560
LG마이크론	-56,990	-0.36	376	41,950	15,773,200	2,360	47,320	41,963	15,778,150	2,360
삼우이엠씨	-76,998	-0.68	4,181	2,681	11,210,995	1,680	33,633	2,690	11,251,000	1,680
엔씨소프트	83,262	1.13	54	139,000	7,506,000	1,120	22,518	137,000	7,398,000	1,100
H&H	27,436	0.72	2,671	1,435	3,832,885	570	11,499	1,420	3,792,820	560
한빛소프트	1,936	0.03	1,553	4,777	7,419,575	1,110	22,259	4,760	7,393,170	1,100
빅텍	1,635	0.04	1,385	2,675	3,704,875	550	11,115	2,665	3,691,025	550
이수엡지스	63,801	0.53	909	13,377	12,159,700	1,820	36,479	13,262	12,055,800	1,800
세원셀론텍	15,906	0.44	280	13,100	3,668,000	550	11,004	13,000	3,640,000	540
합 계	96,982	0.13			73,667,230	11,010	221,003		73,327,315	10,920

앞의 계좌는 지금으로부터 12년 전, 종목당 몇만 원에서 몇천 원 수익을 노리는 소위 노가다 스켈핑을 할 때입니다. 이렇게 몇만 원 몇천 원 수익을 모아서 어느 천 년에 주식으로 자리잡나 싶은 생각에 마음에는 늘 우울한 그림자가 가득했습니다.

그도 그럴 것이 그 전 수년 동안 주식으로 약 10여 차례 연속 깡통을 차면서 나이는 나이대로 먹었고, 주위 친구들에 비해 무엇 하나 이뤄놓은 것도, 몸뚱아리 하나 빼고는 가진 것도 없는 사람이었습니다. 그야말로 초단타 스켈핑 매매의 함정에 빠져 허우적대던 시절이었죠. 스켈핑 매매이다 보니 빠르게 치고 빠져야 하기에 호가창에 비중을 많이 둘 수밖에 없었습니다.

그림 2009년 4월 22일 매매 내역

거래내역(결제기준)	당일매매일지	당일매도실현손익	일자별 실현손익	전일대비예탁잔산증감	투자수익률(상세)

계좌번호 ▼   구분 ⦿일별 ○월별   매매일 2009/04/22 ▼ ~ 2009/04/22 ▼   주의사항   조회

종목명	추정실현손익	손익률	당일매도내역						매수내역(추정)	
			수량	체결단가	매도금액	수수료	제세금	평균단가	매입금액	수수료
대림산업	-698	-0.01	136	62,200	8,459,200	1,260	25,378	62,000	8,432,000	1,260
LG화학	17,684	0.48	30	124,500	3,735,000	560	11,206	123,500	3,705,000	550
마니텍	-99,060	-2.07	1,682	2,788	4,690,150	700	14,070	2,838	4,773,730	710
레인콤	24,735	0.66	928	4,050	3,758,400	560	11,275	4,010	3,721,280	550
우리이티아이	135,496	1.12	704	17,450	12,284,800	1,840	36,854	17,200	12,108,800	1,810
연이정보통신	37,965	1.03	1,778	2,093	3,721,800	550	11,165	2,065	3,671,570	550
디아이씨	-42,224	-1.41	810	3,659	2,964,550	440	8,894	3,700	2,997,000	440
에스티오	-936,269	-24.75	362	7,890	2,856,180	420	8,569	10,450	3,782,900	560
한제실업	11,888	0.65	300	6,190	1,857,000	270	5,572	6,130	1,839,000	270
LG하우시스	52,428	0.41	135	94,500	12,757,500	1,910	38,272	93,800	12,663,000	1,890
합계	-798,055	-1.38			57,084,580	8,510	171,255		57,694,280	8,590

그러던 중 지금 생각해도 뼈아픈 어느 날(2009년 4월 22일)이 기억납니다. '에스티오'라는 신규상장된 지 얼마 안 되는 종목에서 첫날 하한가 근처에서 낙주 스켈핑으로 들어간 후 매도 탈출하지 못하고 하한가에 물린 후 다음날 쩜하한가를 한 번 더 맞고 삼일째 되는 날 겨우 탈출하고 나니 한 달 수익이 반토막난 상태였습니다. 몇만 원, 몇천 원씩 겨우겨우 쌓아온 수익을 한순간 판단착오로 한 종목에서 폭탄 손실을 맞고 나니 정말 하늘이 무너지는 고통을 느끼고 의욕은 바닥까지 떨어지고, 넋이 나가 내 자신이 어디론가 사라져버렸습니다.

'또 깡통인가' 하는 생각에 온몸에서 식은 땀이 나며 공포에 사로잡혔던 그 날의 기억이 아직도 생생합니다. 다행히 당시 하한가는 -15%라서 손실이 그나마 저 정도 선에서 끝났지, 지금처럼 -30%였으면 현재의 저는 없었을지도 모르겠습니다.

4월 22일 뜬눈으로 밤을 보내고, 다음날 4월 23일 장이 시작되기 전 마음 속으로 다짐하고 또 다짐했습니다. 과거 그렇게도 연속 깡통을 찼던 원인은 손실을 한 번에 빠르게 만회하려는 조급증 때문이었

습니다. 조급하게 덤비다가 더 큰 손실을 입고 무너지곤 했었죠.

이번에는 어떻게 될지 자신할 수 없었지만, 그래도 최대한 평정심을 유지하면서 손실을 만회하기 위해 서두르지 않고, 그저 평소처럼 차분하게 한 종목 한 종목 최선을 다해서 매매하고 결과는 그냥 받아들기로 다짐하고 또 다짐하면서 장을 시작했습니다.

그림 4월 23일의 결과

종목명	추정실현손익	손익률	당일매도내역					매수내역(추정)	
			수량	체결단가	매도금액	수수료	제세금	평균단가	매입금액	수수료
일진홀딩스	20,076	0.54	810	4,615	3,738,150	560	11,214	4,575	3,705,750	550
웅진홀딩스	-15,198	-0.12	930	13,278	12,349,000	1,850	37,048	13,251	12,323,460	1,840
이지바이오	7,555	0.20	1,328	2,825	3,751,600	560	11,255	2,810	3,731,680	550
KCI	67,061	1.81	795	4,750	3,776,250	560	11,329	4,650	3,696,750	550
한서제약	60,306	1.60	1,042	3,680	3,834,560	570	11,504	3,610	3,761,620	560
휴비츠	32,390	0.87	922	4,083	3,765,065	560	11,295	4,035	3,720,270	550
글로비스	-126,020	-1.25	171	58,500	10,003,500	1,500	30,010	59,043	10,096,500	1,510
서원인텍	41,422	1.10	360	10,600	3,816,000	570	11,448	10,450	3,762,000	560
합 계	87,592	0.20			45,034,125	6,730	135,103		44,798,030	6,670

4월 23일 장마감을 하고 보니 8만 7천 원 수익. 조급한 마음을 조금은 내려놓을 수 있었습니다. 장중에 위기도 있었습니다. '글로비스' 란 종목에 미수 몰빵으로 들어갔다가 당시로서는 중간 폭탄 정도인 12만 6천 원의 손실을 맞고 휘청거리면서 조급증이 목구멍까지 차올라오는 걸 느꼈지만, 정말 여기서 뇌동이 또 발동되면 돌아올 수 없는 깡통의 길로 다시 간다는 느낌이 싸하게 들면서 참고 또 참았습니다.

그렇게 '에스티오'에서 큰 폭탄을 맞고 힘든 다음날을 무사히 넘기고 심리적으로 한 며칠만 더 조심하면 이번 위기를 넘길 수도 있겠다는 약간의 안도감도 들면서 그 날은 잠을 깊이 푹 잤던 기억이 납니다.

그림 4월 24일의 결과

종목명	추정실현손익	손익률	당일매도내역					매수내역(추정)		
			수량	체결단가	매도금액	수수료	제세금	평균단가	매입금액	수수료
삼성정밀화학	45,930	0.51	190	48,000	9,120,000	1,360	27,360	47,600	9,044,000	1,350
동부건설	40,102	1.08	350	10,750	3,762,500	560	11,288	10,600	3,710,000	550
KC코트렐	-20,176	-0.42	360	13,200	4,752,000	710	14,256	13,212	4,756,500	710
LG마이크론	629	0.02	86	43,300	3,723,800	550	11,171	43,150	3,710,900	550
남해화학	3,162	0.09	150	23,950	3,592,500	530	10,778	23,850	3,577,500	530
한서제약	-42,635	-1.16	1,223	2,990	3,656,770	540	10,970	3,015	3,687,345	550
에이테크솔루션	4,575	0.12	341	11,100	3,785,100	560	11,355	11,050	3,768,050	560
카엘	17,371	0.23	724	10,358	7,499,500	1,120	22,499	10,300	7,457,400	1,110
세원셀론텍	121,590	0.55	1,720	13,027	22,406,500	3,360	67,220	12,913	22,211,000	3,330
삼성이미징	15,830	0.17	310	30,000	9,300,000	1,390	27,900	29,850	9,253,500	1,380
합계	186,378	0.26			71,598,670	10,680	214,797		71,176,195	10,620

다음날도 손실 만회 욕구에 급해지는 마음을 억누르며 하루를 무사히 보냈습니다.

그림 4월 27일의 결과

종목명	추정실현손익	손익률	당일매도내역					매수내역(추정)		
			수량	체결단가	매도금액	수수료	제세금	평균단가	매입금액	수수료
우리투자증권	-144,438	-0.86	950	17,522	16,646,000	2,490	49,938	17,616	16,735,500	2,510
LG전자	48,058	0.37	127	102,500	13,017,500	1,950	39,052	101,783	12,926,500	1,930
카엘	24,484	0.66	368	10,150	3,735,200	560	11,206	10,050	3,698,400	550
우리이타아이	31,488	0.85	219	17,050	3,733,950	560	11,202	16,850	3,690,150	550
베이직하우스	13,712	0.37	740	4,995	3,696,300	550	11,088	4,960	3,670,400	550
합계	-26,686	-0.07			40,828,950	6,110	122,486		40,720,950	6,090

휴일을 보내고 4월 27일 월요일, 또 한 종목 '우리투자증권'에서 폭탄을 맞고 하루종일 노가다 매매한 걸 헛수고로 돌리고 우울하게 장을 마감했습니다.

무의식중에 깔려있던 손실복구 심리가 조급증으로 나타나면서 욕심을 자극했고, '우리투자증권' 손실로 귀결되었습니다. 욕심이 화근

이었죠.

또 어두운 밤을 보내야 한다는 생각에 끝이 없는 미로를 혼자 걷는 느낌이었습니다. 희망은 사치였고, 우선은 생존이 당면 과제였습니다.

그림 4월 28일의 결과

종목명	추정실현손익	손익률	당일매도내역					매수내역(추정)		
			수량	체결단가	매도금액	수수료	제세금	평균단가	매입금액	수수료
유한양행	5,006	0.14	17	214,000	3,638,000	540	10,914	213,000	3,621,000	540
한화손해보험	-8,410	-0.11	800	9,250	7,400,000	1,110	22,200	9,230	7,384,000	1,100
HMC투자증권	27,740	0.75	160	23,250	3,720,000	550	11,160	23,000	3,680,000	550
SK케미칼	25,512	0.69	63	59,200	3,729,600	550	11,188	58,600	3,691,800	550
한올제약	6,340	0.17	620	6,000	3,720,000	550	11,160	5,970	3,701,400	550
KC코트렐	186,116	0.90	1,780	11,734	20,888,000	3,130	62,664	11,591	20,633,000	3,090
쌜런	16,358	0.44	1,150	3,270	3,760,500	560	11,282	3,245	3,731,750	550
LG디어이크론	-1,877	-0.45	10	41,900	419,000	60	1,257	41,950	419,500	60
서흥제약	-10,256	-1.46	200	3,460	692,020	100	2,076	3,500	700,000	100
다우기술	7,770	0.21	500	7,420	3,710,000	550	11,130	7,380	3,690,000	550
제이엠아이	-3,682	-0.05	2,055	3,650	7,500,750	1,120	22,502	3,639	7,479,690	1,120
쎌바이오텍	31,209	0.83	1,094	3,480	3,807,120	570	11,421	3,440	3,763,360	560
바이오랜드	59,886	1.59	290	13,200	3,828,000	570	11,484	12,950	3,755,500	560
카엘	110,042	0.98	1,287	8,875	11,422,820	1,710	34,268	8,760	11,275,110	1,690
메디톡스	45,601	1.23	129	29,300	3,779,700	560	11,339	28,850	3,721,650	550
세원셀론텍	16,624	0.45	290	12,950	3,755,500	560	11,266	12,850	3,726,500	550
합 계	513,979	0.60			85,771,010	12,790	257,311		84,974,260	12,670

다행히 4월 28일은 운도 따라주고, 매매도 침착하고 차분히 하면서 안도감이 드는 날이었습니다.

그림 2009년 4월 결산

종목명	추정실현손익	손익률	당일매도내역					매수내역(추정)		
			수량	체결단가	매도금액	수수료	제세금	평균단가	매입금액	수수료
합 계	2,213,849	0.18			1,217,142,535	181,300	3,651,445		1,210,915,651	180,290

ⓘ 조회가 끝났습니다. 감사합니다.

어찌어찌해서 2009년 4월을 무사히 수익으로 마감하면서 다시 찾아온 위기를 넘길 수 있었습니다. 이때가 제 주식 인생의 마지막 전환점이었는데 당시까지도 종목당 평균 몇만 원, 몇천 원 수익을 내면서 미래는 안개만 가득했습니다.

지금 여러분들 중에도 12년 전의 저처럼 수익이 나기는 하지만 노력에 비하면 너무나 작게 느껴지는 쥐꼬리 같은 수익에 만족도 되지 않고, 미래도 암담한 분들도 있을 겁니다. 수익이 작게라도 나고 있다면 그저 인내하면서 묵묵히 걸어가다 보면 모든 문제가 하나씩 해결되는 경험을 하게 될 것이니 너무 걱정하지 마시기 바랍니다.

반면 작은 수익도 나지 않는 분들은 우선 수익이 나는 자신만의 매매 방법부터 찾는 노력이 필요하겠습니다.

 호가창 매매의 주의점

개인적인 경험에 의하면 호가창 위주의 매매는 짧은 스켈핑 단타 매매에 최적화된 사람들이 주로 할 수 있는 매매이며, 안정적으로 수익을 꾸준히 내기가 상당히 어렵고, 손절 판단이 잘 안 되면 작게작게 여러 번 수익을 내다가 순간 판단 실수를 하게 되어 한 방에 큰 폭탄 손실을 볼 수도 있습니다. 난이도가 상당히 높은 매매이므로 오랜 시간 소액 테스트 연습이 반드시 필요합니다.

3부

주식의 道

테마주 매매

14

테마주, 알고 투자하자

2010~2020년 초까지 박스피의 오명을 쓴 코스피는 박스권 상단과 하단을 오갈 뿐 크게 오르지 못했습니다. 지수를 추종하는 시가총액 상위 종목들 중 지수 대비 강세인 종목도 있었지만, 대체로 박스피 성격을 보이며 움직였습니다. 시장이 멈춰 있다시피 하다 보니, 큰 기대수익률을 달성하기에는 무리였습니다. 삼성전자를 10년 전부터 매수했다면 결과적으로 수익이었겠지만, 소액으로 돈을 불려야 하는 개인투자자 입장에서는 기회비용을 고려하지 않을 수 없습니다. 그래서 빠르게 급등락하는 테마주로 단타 또는 스윙 매매에 관심을 갖게 됩니다.

2020년 3월~2021년 초 크게 상승했던 코스피를 보노라면 "결국 스트레스 받으며 단타를 하는 것보다 길게 보유하는 투자가 훨씬 낫지 않느냐?"며 반문할 수 있습니다. 하지만 당시 시장은 코로나로 인한 급락 후 반등 시점과 더불어 유동성 덕분에 중장기, 장기, 스윙, 단타 어떤 매매를 해도 확률적으로 수익 가능성이 비교적 높았던 시장 상황이었습니다.

그림 2020년 4월~2021년 6월까지 추세 상승 흐름을 보인 코스피지수 주봉 차트

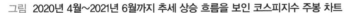

시장은 살아 움직이는 생물체처럼 돌고 도는 경향이 있습니다. 그리고 시장의 역사를 아무리 둘러봐도 그저 떠먹여주는 구간은 없었습니다. 일시적으로 장기, 단기, 초보, 중수, 고수 누구한테나 떠먹여주는 것처럼 보여지는 시기는 있었지만, 지속적이지는 않았습니다. 금융시장은 모두에게 원하는 만큼의 수익을 결코 무한정 주지 않습니다.

저도 중장기 가치투자로 주식에 입문했지만, 결국 한국 시장에서는 단기 매매가 유리하다는 사실을 깨닫고 단기 매매 위주로 투자스타일을 바꾼 케이스입니다.

단기 매매를 하는 사람들은 주식 자체를 믿을 수 없다고 보는 편이며, 변동성과 불확실성을 회피해 기회가 있을 때 수익을 일단 챙기고, 또 다른 종목에서 기회를 포착하자는 주의입니다. 시간, 투자금의 기회비용을 효율적으로 사용하기 위함입니다. 그러기 위해서는 남들이 알아봐 주며 너도나도 관심 있는 인기 종목 위주로 공략하는 게 유리합니다. 왜냐하면 남들이 알아봐 주지 않는 종목은 후속 매수세가 들어올 확률이 적기 때문입니다.

시장에서 인기 있는 종목들은 대부분 이슈와 함께 상승하며 트렌드와 테마를 형성한 종목들이 대다수입니다. 대한민국 주식시장에서 소액으로 돈을 키우기 위해서는 테마주를 활용하는 것도 하나의 방법입니다. 얼핏보면 위험해 보이지만 움직이는 생리를 알고 차근차근 공부하면 반드시 어렵지만은 않은 게 테마주의 특성입니다.

◖◗ 모르면 어렵지만, 공부할수록 쉬워지는 테마주의 특성

역사적으로 테마가 없던 시장은 없었고 그 성질은 예나 지금이나 크게 달라지지도 않았습니다. 테마주가 오를 땐 설레발에 가까운 기대감, 광기와 함께 급등하는 경향이 있고, 떨어질 때는 날개 없는 물체처럼 자유낙하에 가깝게 급락을 하기도 합니다. 높게 오르더라도 결국엔 제자리로 대부분 돌아오게 되는 게 테마주의 특성이기도 합니다.

우리나라 주식시장을 보면 증권회사가 생기기 전, 인천 미두취인소 시절에도 테마주는 있었습니다. 1939년 9월 1일, 독일과 폴란드가 마침내 전쟁을 시작하여 유럽이 전쟁의 포화에 휩싸였다는 소식이 전해지자, 당시 조선의 증권시장은 폭등했습니다. 제1차 세계대전 당시 유럽이 싸움을 크게 벌이자 일본이 전쟁 필수품 판매로 경제 대호황을 이룬 것이 재현되는 것 아니냐는 이유였습니다. 독일의 폴란드 침공 5일 만에 동신(도쿄증권취인소 주식)은 24%가 올랐고 조선(조선증권취인소 주식), 조석(조선석유) 등 일본인 소유 조선기업의 주식도 가파르게 상승했었습니다. 당시 명동의 중매점(증권사)에는 대박을 꿈꾸는 투자자로 붐볐다고 합니다.

현재라고 그때와 크게 다르지 않습니다. 북한이 도발하거나 핵실험을 통해 전쟁에 대한 불안감이 조성될 때마다 전쟁 물품을 생산하는 방산 테마주가 급등하곤 합니다. 전쟁에 대한 불안감으로 전쟁 물품을 생산하는 업체들의 기대감이 생기는 것은 예나 지금이나 마찬가지입니다. 고전경제사 3대 버블인 영국 남해회사, 프랑스 미시시피회사, 네덜란드 튤립 버블의 움직임도 테마주의 움직임과 같습니다.

이렇듯 테마주는 본래 꿈만을 쫓으며 비이성적으로 움직이고 제자리로 돌아오는 경우가 많다는 사실을 인정하고 접근해야 합니다. 주린이들은 경험 부족으로 인기 있는 테마주 선정에 어려움을 겪을 수도 있습니다. 앞서 TOP2의 이슈정리 노트를 꾸준히 작성하면서 차트도 같이 관찰하다 보면 감은 생기기 마련입니다. 조금 더 시간 단축을 하고 싶다면, 지금 오르는 테마가 과거에도 오른 적이 있었는지? 있었다면 어떻게 움직였는지 관심 있게 살펴보면 도움이 됩니다. 테마의 역사는 반복되는 경향이 있기 때문입니다.

2020년 코로나가 기승을 부리기 시작했을 때, 2015년 메르스 전염병 테마에 대한 데이터가 있었다면 어땠을까요?

2015년 5~7월 동안 기승을 부린 메르스 전염병의 경우 백신, 진단키트, 원격의료, 마스크, 손세정제, 의료용 장갑, 체온계, 소독제 등 관련주들이 수혜 테마로 상승했었습니다. 반면, 메르스로 피해를 받는 테마에는 관광, 항공, 호텔, 화장품, 쇼핑, 엔터주 등이 있었습니다. 감염자 수 증가가 오히려 메르스 수혜 테마에는 호재로 받아들여지고, 피해 테마에는 악재였습니다. 감염자 수 감소에는 정확히 반대로 작용했죠.

2020년 코로나가 시작될 당시, 테마주의 움직임은 메르스 때와 비슷했습니다. 차이점이 있다면, 코로나는 장기화되면서 테마 역시 더욱 퍼져나갔다는 사실입니다. 만약 메르스에 대한 과거 데이터가 있었다면, 전염병 테마의 흥망성쇠 과정을 어느 정도 알고 접근할 수 있기 때문에 투자가 훨씬 수월했을 것입니다.

　주식시장에서 고수와 주린이의 차이는 수익을 꾸준히 내느냐 못내느냐의 차이입니다. 그 차이는 과거 시장에 대한 경험에서 발생합니다. 따라서 당신이 주린이라면 직접 경험은 하지 못했을 테고, 대신 과거에 움직였던 테마를 조사하면서 그 차이를 줄여가야 합니다.

　조사하고 싶은 테마가 있다면 '테마명+특징주'로 네이버에 검색해보시기 바랍니다. 예를 들어, 대선 특징주라고 검색하면 지난 대선에 흥행했던 테마주 종목 기사들이 나옵니다. 오래된 순으로 보거나, 날짜를 설정해서 대선 기간 전부터 어떤 종목들이 움직였는지 살펴보고 간접 경험을 통해 공부할 수 있습니다.

　테마주에 투자하고 싶다면, 시장에서 자주 나타나는 테마주의 종류와 특징을 미리 알고 전투에 임해야 합니다. 그래야 남들보다 반발이라도 앞서갈 수 있습니다.

15

글로벌 기업, 대기업과
연관된 테마

시장에 영향력 있는 대기업 또는 글로벌 기업의 액션에 따라 형성되는 테마를 말합니다. 예를 들어, '애플'이 애플카를 만든다고 선언했을 때 '현대차', '기아차'가 협력 업체가 될 수 있다는 기대감이 존재했었습니다. 그에 따라 현대 계열사 관련주부터 시작해 현대, 기아에 부품을 납품하는 기업들이 부각되어 급등했습니다.

그림 **2021년 1월 4일 현대차 매매 내역과 매수 · 매도 시점 마킹 일봉 차트**

거래내역(결제기준)	당일매매일지	당일매도실현손익	일자별 실현손익	전일대비예탁자산증감	투자수익률상세추이					
계좌	▼			구분 ⦿일 ○월	매매일 2021/01/04 ▼	~ 2021/01/04 ▼	매수수수료 HTS ▼		주의사항	조회
종목명	추정실현손익	수익률	매도수량	매도단가	매도금액	수수료	제세금	매입단가	매수금액	수수료
현대차	8,029,254	2.45	1,637	205,753	336,817,661	50,522	774,680	200,314	327,914,018	49,187
티움바이오	1,223,745	4.68	1,189	23,055	27,412,395	4,111	63,048	21,966	26,117,574	3,917
합 계	9,252,999	2.61			364,230,056	54,633	837,728		354,031,592	53,104

　　새해 첫 거래일부터 자동차 관련 종목들의 겹호재로 자동차와 부품 테마가 크게 상승했던 날의 매매 내역입니다. 이후로도 자동차 관련 테마의 상승은 강력히 지속되었습니다.

그림 2021년 1월 11일 현대차 매매 내역과 매수 · 매도 시점 마킹 일봉 차트

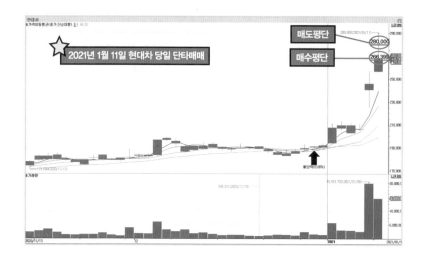

2021년 1월 11일 현대차 당일 단타매매

매도평단

매수평단

당시 시가총액 50조가 넘는 대형주들이 시초가부터 +4% 넘게 상승 출발하여 급등이 나왔습니다. 아무리 호재가 많은 자동차 테마 대장주라지만, 단기간에 너무 과하게 급등해서 오버슈팅이 아닌가 하는 생각이 들었습니다.

하지만 한 번 불 붙은 강력한 테마는 좀체 식지 않습니다. 시장의 모든 관심을 빨아들이며 단시간에 수급(돈)이 몰리면서 단기 급등 현상이 나타날 가능성이 높기 때문에, 투자자는 이 현상에 편승해 치고 빠지는 단기 매매 전략이 유효할 때가 많습니다.

그림 2021년 1월 19일 현대차 매매 내역과 매수 · 매도 시점 마킹 일봉 차트

종목명	추정실현손익	수익률	매수수량	매도단가	매도금액	수수료	제세금	매입단가	매수금액	수수료
현대차	4,432,103	1.68	1,054	254,500	268,243,000	40,236	616,958	249,634	263,114,236	39,467
현대위아	2,790,714	4.28	746	91,421	68,200,066	10,230	156,860	87,443	65,232,478	9,784
합 계	7,222,817	2.20			336,443,066	50,466	773,818		328,346,714	49,251

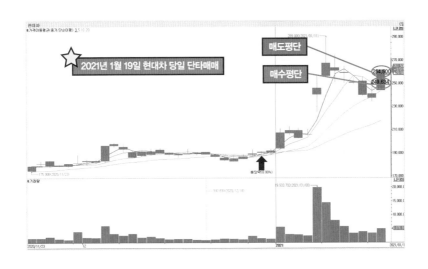

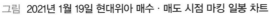

그림 **2021년 1월 19일 현대위아 매수 · 매도 시점 마킹 일봉 차트**

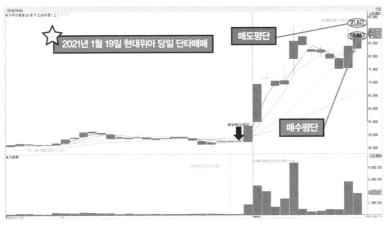

 2021년 1월 '현대차'와 '현대위아'는 애플카 협력 이슈로 자동차 관련 종목 테마 형성과 함께 전기차 시장이 급성장할 것으로 전망되면서 자동차 및 부품종목, 전기차 관련 종목들과 함께 강한 상승세를 연출했습니다.

시장의 주목을 받으면서 수급(돈)이 일제히 몰리는 테마가 형성되면 그런 이슈를 이용한 단기 매매 방법은 수익적인 측면에서 나쁘지 않은 전략입니다.

16
갈등 테마

주식시장은 갈등으로 테마가 자주 형성됩니다. 국가와 국가 간의 갈등, 기업과 기업 간의 갈등, 기업 내부 경영권 분쟁 등이 있습니다.

우리는 북한과 국가 간의 갈등을 겪고 있습니다. 갈등이 고조되어 전쟁 위기감이 높아질 경우 방위 산업체 관련주인 방산주가 상승하고, 갈등이 완화되는 분위기가 보일 때에는 남북경협주가 상승합니다. 남북문제뿐만 아니라, 미국과 중국의 갈등으로 미·중 무역전쟁 관련주(희토류 등)가 상승하기도 했습니다. 그리고 주식시장은 대한민국과 중국의 한한령이라는 갈등 요소에 예민하게 반응하는데, 한한령 해제 기대감이 나타날 경우 중국 소비주들이 상승하곤 합니다. 한일 갈등도 마찬가지입니다. 갈등 분위기가 고조될 때마다 애국 관련주들이 상승했었습니다.

기업 간의 갈등에서도 승리가 예상되는 기업은 주가에 긍정적인 분위기가 쏠립니다. 최근 대표적인 예로 '대웅제약' vs. '메디톡스' 균주 전쟁이 있었습니다. 경영권 분쟁이 발생할 때에도 주요 주주들의 지분 싸움이 일어나 그들이 주식을 지속 매입하면서 기대감으로 주가가 오르곤 합니다.

　　이처럼 갈등으로 발생하는 주식시장 테마를 이해한다면 수익으로 연결시킬 가능성이 높아집니다.

그림 2020년 2월 14일 한진칼 매매 내역과 매수 · 매도 시점 마킹 일봉 차트

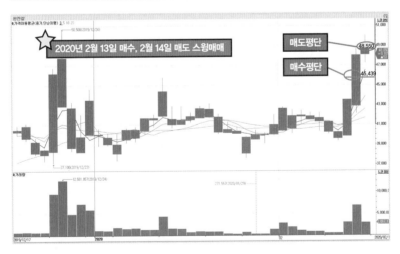

선대 회장이 사망하면서 조원태(로펌:광장) vs. 조현아, KCGI 연합(로펌:태평양) 간 '한진칼' 경영권 분쟁이 일어났고, 지분 경쟁 다툼으로 인해 '한진칼'이 급등했습니다.

그림 2020년 3월 4일 한진칼 매매 내역과 매수 · 매도 시점 마킹 일봉 차트

'한진칼' 경영권 분쟁 갈등으로 주가가 급등하자 한동안 따라다니면서 공략했습니다. 조원태 한진그룹 회장 측과 각을 세우던 3자연합(조현아 전 대한항공 부사장 · KCGI · 반도건설) 간의 지분 경쟁이 지속되었기 때문입니다.

그림 2019년 7월 11일 타이거일렉 매매 내역과 매수·매도 시점 마킹 일봉 차트

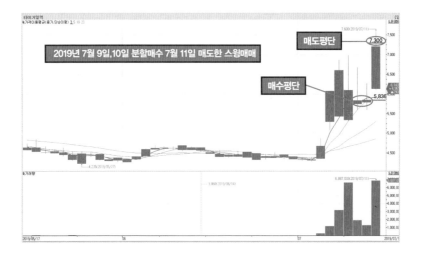

종목명	추정실현손익	수익률	매도수량	매도단가	매도금액	수수료	제세금	매입단가	매수금액	수수료
일지테크	3,899,338	16.38	6,322	4,395	27,785,190	4,167	69,462	3,766	23,808,652	3,571
아이앤씨	-600,057	-3.70	2,528	6,190	15,648,320	2,347	39,120	6,410	16,204,480	2,430
TBH글로벌	5,056,765	24.49	6,686	3,855	25,774,530	3,866	64,435	3,088	20,646,368	3,096
조이맥스	2,708,307	17.53	2,564	7,100	18,204,400	2,730	45,511	6,024	15,445,536	2,316
타이거일렉	15,574,053	24.74	10,787	7,300	78,745,100	11,811	196,862	5,836	62,952,932	9,442
합 계	26,638,406	19.15			166,157,540	24,921	415,390		139,057,968	20,855

2019년 여름, 한일 갈등이 발생하면서 불화수소 수출 규제 여파로 반도체 재료·부품 관련 테마가 형성되었습니다. 이중 '타이거일렉'이 급등하자 단기 스윙 매매에 참여했습니다.

그림 2019년 8월 5일 모나미 매매 내역과 매수 · 매도 시점 마킹 일봉 차트

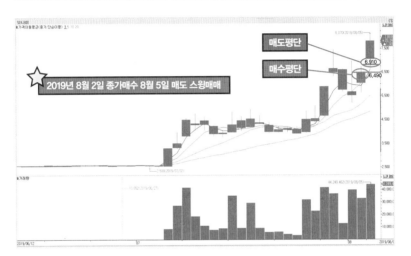

거래내역(결제기준)	당일매매일지	당일매도실현손익	일자별 실현손익	전일대비예탁자산증감	투자수익률상세추이			
계좌			구분 ⊙일 ⊙월 매매일 2019/08/05 ▼ ~ 2019/08/05 ▼	매수수료 HTS ▼	주의사항	조회
종목명	추정실현손익	수익률	매도수량	매도단가	매도금액	수수료	제세금	매입단가	매수금액	수수료
모나미	10,305,590	6.17	25,718	6,910	177,711,380	26,656	444,278	6,490	166,909,820	25,036
보라티알	3,045,945	4.26	7,298	10,250	74,804,500	11,220	187,011	9,804	71,549,592	10,732
합 계	13,351,535	5.60			252,515,880	37,876	631,289		238,459,412	35,768

'모나미'의 경우도 한일 갈등으로 인한 애국주 테마 형성 시기에 이슈 · 재료를 타고 급등하였고, 매매에 참여하였습니다.

그림 2020년 5월 11일 메디톡스 매매 내역과 매수 · 매도 시점 마킹 일봉 차트

거래내역(결제기준)	당일매매일지	당일매도실현손익	일자별 실현손익	전일대비예탁자산증감	투자수익률상세추이			
계좌		생존재테크	구분 ⊙일 ⊙월 매매일 2020/05/11 ▼ ~ 2020/05/11 ▼	매수수료 HTS ▼	주의사항	조회
종목명	추정실현손익	수익률	매도수량	매도단가	매도금액	수수료	제세금	매입단가	매수금액	수수료
메디톡스	11,928,472	22.87	378	170,000	64,260,000	9,639	160,650	137,972	52,153,416	7,823
알테오젠	6,574,043	8.11	519	169,365	87,900,435	13,185	219,751	156,226	81,081,294	12,162
합 계	18,502,515	13.89			152,160,435	22,824	380,401		133,234,710	19,985

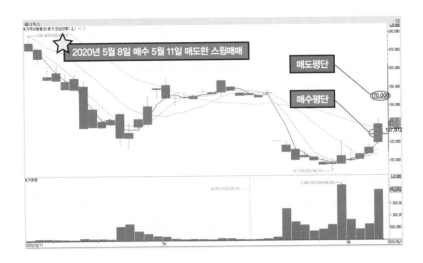

2020년 4월 하순 '메디톡스'는 균주 메디톡신의 식약처 품목허가취소 행정소송 관련 갈등으로 급락한 후 '메디톡스'의 생산품 이노톡스가 탈모치료에 효과가 있다는 소식으로 반전이 일어나면서 급반등이 일어났습니다(2020년 9월 권리락이 발생하여 현재와 당시 차트 간 가격 차이가 존재함).

그림 2021년 4월 1일 SK이노베이션 매매 내역

종목명	추정실현손익	수익율	매도수량	매도단가	매도금액	수수료	제세금	매입단가	매수금액	수수료
서연탑메탈	1,793,164	1.76	7,316	14,208	103,945,728	15,591	239,075	13,926	101,882,616	15,282
SK이노베이션	11,774,849	3.88	1,309	241,209	315,742,581	47,361	726,207	231,588	303,148,692	45,472
합 계	13,568,013	3.35			419,688,309	62,952	965,282		405,031,308	60,754

미국 ITC에서 'SK이노베이션', LG배터리 특허침해 소송 관련 예비결정으로 기업 간 갈등이 해소국면으로 접어들 가능성이 대두되며 해당 종목이 급등했습니다.

17

반사이익 테마

어떠한 피해에 오히려 반사적인 수혜를 입거나 대체 수요가 부각되어 오르는 테마들이 있습니다. 예를 들어, 고기값이 갑작스럽게 비싸져 육류 대란이 발생하면 대체품인 수산물 관련주가 급등을 한다든지, 코로나 확진자 증가로 등교 및 출근을 못 하는 상황에서 대안으로 온라인교육, 재택근무 관련주가 급등하는 현상입니다. 이를 반사이익 테마라 합니다. 일본이 한국에 대한 반도체 수출 제재를 했을 때, 반도체 국산화 관련주가 상승했었던 이유도 반도체 수출 피해를 완화하기 위해 국가적으로 나서 피해 지원을 하여 오히려 국산화 기대감으로 분위기가 형성되었기 때문이었습니다.

그림 2019년 9월 18일 체리부로 매매 내역과 매수·매도 시점 마킹 일봉 차트

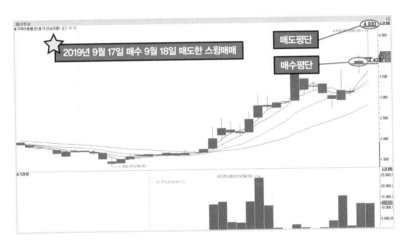

종목명	추정실현손익	수익률	매도수량	매도단가	매도금액	수수료	제세금	매입단가	매수금액	수수료
체리부로	10,931,950	11.68	21,257	4,930	104,797,010	15,719	261,992	4,402	93,573,314	14,035
푸드나무	9,221,550	10.40	4,793	20,477	98,146,261	14,721	245,365	18,496	88,651,328	13,297
합 계	20,153,500	11.06			202,943,271	30,440	507,357		182,224,642	27,332

ASF(아프리카돼지열병) 발생으로 돼지고기값 상승 우려 속에 닭고기
관련 종목들이 반사이익 수혜가 예상되어 '체리부로'가 급등했습니다.

그림 2019년 9월 18일 푸드나무 매수 · 매도 시점 마킹 일봉 차트

　　'푸드나무' 역시 아프리카돼지열병 발생으로 닭고기 관련 종목들의
반사이익 수혜가 예상되며 급등하였습니다. 한일 갈등으로 급등했던
'보라티알' 매매 결과도 공개합니다.

그림 2019년 7월 30일~31일 한일 갈등 테마 종목 보라티알 매매 내역

18

질병/바이러스 테마

메르스, 코로나처럼 다수에게 위협이 되는 바이러스가 발생할 경우 해결책으로 백신, 치료제, 진단키트, 마스크, 손세정제 등 관련주들이 상승하는 반면 여행, 항공, 카지노 등 테마는 약세를 보입니다. 동물에게는 아프리카돼지열병, AI조류독감 등이 있습니다. 바이러스가 발생할 경우 감염자 수 증가 또는 세계적인 확산, 국내 발병 시작이 질병/바이러스 수혜 테마에는 원동력이 됩니다. 과거에는 단발적인 성격이 강했으나, 코로나가 장기화 되고나서부터 관련주들도 다양하게 확산되었습니다.

그림 2020년 2월 20일 신종코로나사태 관련 마스크 테마 종목 오공 매매 내역

종목명	추정실현손익	수익률	매도수량	매도단가	매도금액	수수료	제세금	매입단가	매수금액	수수료
오공	6,470,610	12.79	4,633	12,350	57,217,550	8,582	143,043	10,919	50,587,727	7,588
한진칼	2,169,825	4.99	879	52,100	45,795,900	6,869	114,488	49,486	43,498,194	6,524
합 계	8,640,435	9.18			103,013,450	15,451	257,531		94,085,921	14,112

그림 2020년 2월 21일 코로나 진단키트 테마 종목 랩지노믹스 매매 내역

종목명	추정실현손익	수익률	매도수량	매도단가	매도금액	수수료	제세금	매입단가	매수금액	수수료
로체시스템즈	-685,272	-1.85	5,349	6,820	36,480,180	5,472	91,200	6,929	37,063,221	5,559
업지노믹스	19,919,782	33.66	6,008	13,200	79,305,600	11,895	198,264	9,848	59,166,784	8,875
합 계	19,234,510	19.99			115,785,780	17,367	289,464		96,230,005	14,434

그림 2020년 2월 21일 랩지노믹스 매수 · 매도 시점 마킹 일봉 차트

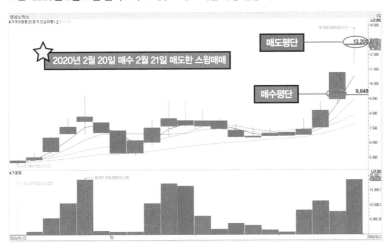

진단키트 테마 종목인 '랩지노믹스'는 신종코로나사태로 인한 진단

키트 수요 폭발 수혜가 예상되어 주가 급등이 일어났습니다.

그림 2020년 3월 9일 씨젠 매매 내역과 매수 · 매도 시점 마킹 일봉 차트

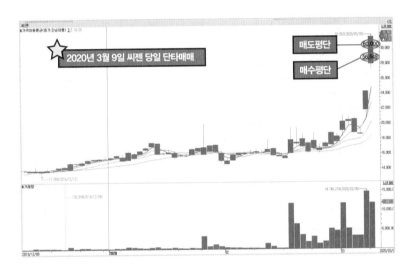

| 거래내역(결제기준) | 당일매매일지 | 당일매도실현손익 | 일자별 실현손익 | 전일대비예탁자산증감 | 투자수익률상세추이 |

| 계좌 | | | 구분 ⦿일 ○월 | 매매일 2020/03/09 ▼ | ~ 2020/03/09 ▼ | 매수수수료 HTS ▼ | 주의사항 | 조회 |

종목명	추정실현손익	수익률	매도수량	매도단가	매도금액	수수료	제세금	매입단가	매수금액	수수료
씨젠	8,031,485	5.81	2,446	60,000	146,760,000	22,014	366,900	56,549	138,318,854	20,747
합 계	8,031,485	5.81			146,760,000	22,014	366,900		138,318,854	20,747

거래내역(결제기준)	당일매매일지	당일매도실현손익	일자별 실현손익	전일대비예탁자산증감	투자수익률상세추이

계좌				구분 ⊙ 일 ○ 월 매매일 2020/03/10 ▼ ~ 2020/03/10 ▼ 매수수료율 HTS ▼ 주의사항 조회

종목명	추정실현손익	수익률	매도수량	매도단가	매도금액	수수료	제세금	매입단가	매수금액	수수료
씨젠	7,900,396	6.05	2,056	67,500	138,780,000	20,817	346,950	63,469	130,492,264	19,573
합 계	7,900,396	6.05			138,780,000	20,817	346,950		130,492,264	19,573

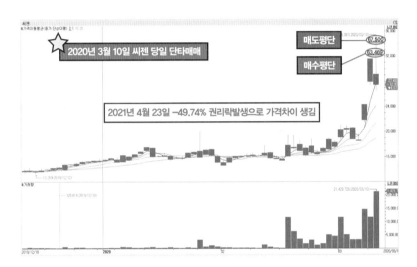

2020년 3월은 전세계적인 코로나사태로 폭락장을 연출한 가운데 코로나 진단키트 관련 테마 종목들은 반대로 급등을 하던 시기였습니다

19

국가정책 테마

국가정책을 비롯하여 대통령, 총리, 부총리 등이 언급하거나 발표, 기업 방문 등을 할 때 관련주가 부각되는 경향이 있습니다. 국가적인 문제가 있을 때(반도체 국산화, 소형원자로 정책, 코로나 피해, 부동산 대책 등) 투자 지원을 하거나 사업 추진, 정책 발표로 관련주가 상승하기도 합니다.

그림 2021년 6월 2일 두산중공업 매매 내역과 매수 · 매도 시점 마킹 일봉 차트

종목명	추정실현손익	수익률	매도수량	매도단가	매도금액	수수료	제세금	매입단가	매수금액	수수료
두산중공업	11,011,665	5.24	9,844	22,523	221,716,412	33,257	509,947	21,346	210,130,024	31,519
두산인프라코어	4,500,896	5.61	6,084	13,971	84,999,564	12,749	195,498	13,195	80,278,380	12,041
삼성스팩4호	2,475,017	8.25	3,054	10,657	32,546,478	4,881	74,856	9,819	29,987,226	4,498
합 계	17,987,578	5.61			339,262,454	50,887	780,301		320,395,630	48,058

그림 2021년 6월 4일 두산중공업 매매 내역

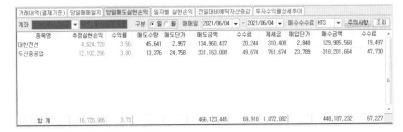

2021년 5월 중순, 청와대 더불어민주당 지도부 간담회에서 소형모듈원전 연구와 필요성을 언급하면서 관련 종목인 '두산중공업' 등 소형원자로 관련 테마가 급등하였습니다.

20

정치 테마

정치 테마는 대통령 선거가 다가올수록 가장 예민하게 반응하는 테마입니다. 차기 대선주자에 대한 기대감으로 정치인 관련주들이 오르는데, 지지율 추이에 따라 급등락합니다. 정치주는 인맥주와 선거 후보의 공약 정책주로 구분되어 상승하는 경향이 있습니다. 국내시장에 영향을 가장 크게 끼치는 미국 선거도 가까워질 경우 정치 테마가 형성되기도 합니다.

그림 2020년 11월 3일 서연 매매 내역과 일봉 차트

	추정실현손익	수익률	매도수량	매도단가	매도금액	수수료	제세금	매입단가	매수금액	수수료
종목명										
서연	32,746,392	31.13	11,088	12,474	138,311,712	15,726	345,778	9,487	105,191,856	11,960
하이즈항공	935,781	5.38	3,692	4,975	18,367,700	2,088	45,919	4,708	17,381,936	1,976
합 계	33,682,173	27.48			156,679,412	17,814	391,697		122,573,792	13,936

거래내역(결제기준) | 당일매매일지 | 당일매도실현손익 | 일자별 실현손익 | 전일대비예탁자산증감 | 투자수익률상세추이

계좌 ▼ 구분 ⊙ 일 ○ 월 매매일 2020/11/03 ▼ ~ 2020/11/03 ▼ 매수수수료 HTS ▼ 주의사항 조회

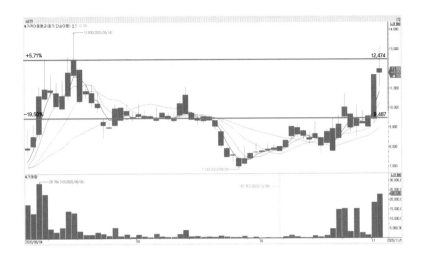

다음은 필자가 운영중인 네이버 '스톡체인저' 카페에 관점을 공유한
내용이니 참고하시기 바랍니다.

서연 일봉 차트

　서연은 지난 10월 22일 대검 국정감사 때 윤석열 검찰총장의 발언을 정리한
뉴스를 보고 앞으로 움직일 가능성이 높겠다 느낌이 왔었습니다.

　장기투자는 좋아하지 않고 특히 정치테마주를 길게 들고가는 것을 좋아하지
않지만, 추미애 장관과 민주당 vs. 윤석열 총장의 갈등이 쉽게 가라앉지 않을
것 같고, 윤총장의 야권 대선후보 지지율도 추가 상승할 가능성이 높다는
판단에 서연은 최소 연말 정도까지 들고가도 나쁠 게 별로 없겠다 싶어서 어제
매수했습니다.

　어제 매수하고 상한가 가서 오늘 반 정도 매도했는데 나머진 앞으로 상황 봐서
매도하고 나올지 추가 매수를 더 할지 결정할 예정입니다(정치테마는 잡주라서
하루에도 변동폭이 심하니까 따라 매수해서 대처 못하는 불상사가 없기를 바랍니다).

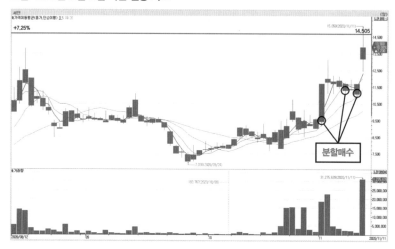

2020년 11월 11일자 '서연' 차트에 대한 네이버 '스톡체인저' 카페에 공유한 내용도 참고하시기 바랍니다.

서연 11월 11일 오후 2시 50분 일봉 차트

윤석열 테마 종목으로 11월 2일 매수했다가 11월 3일 반 정도 수익 실현하고 11월 6일 매도한 물량만큼 재매수. 그리고 어제도 조금 매수해서 들고 넘어왔습니다.

이번 달 내로 8월 14일 고점 13,800원을 넘어서 1만 5천 원 정도 시도하러 가는 모습을 머리 속으로 그리고 있었는데, 오늘 그 흐름이 나와서 전량 매도하고 나왔습니다.

오늘은 코로나백신 보관 운반용 저온유통 관련종목들과 항공, 여행 종목들이 강세를 보였는데, 시장에 여러 테마가 크게 형성되기에는 돈의 흐름상 분산될 가능성이 있어서 서연을 전량 매도하고 나왔습니다.

만약 시장이 좋지 못하고 다른 테마가 없었다면 아마 윤석열 테마로 돈이 집중되면서 더 강한 흐름을 보이지 않았을까 생각됩니다.

주식하면서 수익 극대화를 하고 안정적인 매매를 하려면 기술적 분석으로만 모든 기준을 잡아서는 한계가 있다고 봅니다. 반드시 이슈, 뉴스, 재료를 같이 놓고 기술적 분석과 결합해서 종목선택과 매수매도 시점을 잡는 게 훨씬 수익적인 면이나 안정성 측면에서도 유리하지 않나 생각합니다.

오로지 호가창에서 뭔가를 찾아보려는 분들도 계시겠지만(물론 이것도 수년간 피나는 노력을 하면 어느 정도 스켈핑 능력 향상에 도움이 되기는 합니다), 주식은 어느 하나에 집착하는 건 잘못된 방향으로 갈 수도 있다는 사실을 한번쯤 되돌아볼 필요가 있습니다.

그림 2020년 11월 11일 서연 스윙 매매 내역

그림 2021년 3월 8일 정치 테마 종목 서연탑메탈 매매 내역

그림 2021년 3월 22일 정치 테마 종목 서연 매매 내역

종목명	추정실현손익	수익률	매도수량	매도단가	매도금액	수수료	제세금	매입단가	매수금액	수수료
서연	9,987,492	6.06	12,626	13,884	175,299,384	26,294	403,188	13,057	164,857,682	24,729
데브시스터즈	752,789	3.15	256	96,500	24,704,000	3,705	56,819	93,309	23,887,104	3,583
합 계	10,740,281	5.69			200,003,384	29,999	460,007		188,744,786	28,311

그림 2021년 3월 24일 정치 테마 종목 서연 매매 내역

종목명	추정실현손익	수익률	매도수량	매도단가	매도금액	수수료	제세금	매입단가	매수금액	수수료
서연	15,372,540	3.55	29,959	14,986	448,965,574	67,344	1,032,620	14,434	432,428,206	64,864
합 계	15,372,540	3.55			448,965,574	67,344	1,032,620		432,428,206	64,864

그림 2021년 3월 29일 정치 테마 종목 서연 매매 내역

종목명	추정실현손익	수익률	매도수량	매도단가	매도금액	수수료	제세금	매입단가	매수금액	수수료
서연	10,096,722	3.43	15,554	19,602	304,889,508	45,733	701,245	18,902	294,001,708	44,100
합 계	10,096,722	3.43			304,889,508	45,733	701,245		294,001,708	44,100

　　당시 서울시장 재보궐 선거를 앞두고 정치 이슈가 주식시장에서 관심 받으면서 정치 테마주들의 움직임이 활발해졌고, 윤석열 관련 종목으로 분류되는 '서연', '서연탑메탈' 등을 따라다니면서 매매했었습니다.

21

외부수치 테마

비트코인, SCFI 운임지수, 중국 철강 가격, 구리 선물, 코로나 확진자수, 테슬라 주가 추이, 필레델피아 반도체 지수 등 외부수치의 영향으로 관련된 종목들이 오르는 경우가 있습니다. 예를 들어 비트코인 시세가 만 달러 단위로 돌파하거나 최고치를 경신할 경우 비트코인 관련주들이 시세가 붙는 경향이 있었습니다.

그림 2020년 1월 17일 삼성전자 매매 내역

거래내역(결제기준)	당일매매일지	당일매도실현손익	일자별 실현손익	전일대비예탁자산증감	투자수익률상세추이

계좌 [   ] ▼ [   ] ▼ 구분 ● 일 ○ 월 매매일 2020/01/17 ▼ ~ 2020/01/17 ▼ 매수수수료 HTS ▼ 주의사항 조회

종목명	추정실현손익	수익률	매도수량	매도단가	매도금액	수수료	제세금	매입단가	매수금액	수수료
삼성전자	10,789,329	4.28	4,256	61,900	263,446,400	39,516	658,615	59,192	251,921,152	37,788
빛샘전자	1,535,522	3.90	6,044	6,780	40,978,320	6,146	102,445	6,507	39,328,308	5,899
필옴틱스	-1,534,249	-5.62	2,208	11,700	25,833,600	3,875	64,584	12,362	27,295,296	4,094
합 계	10,790,602	3.39			330,258,320	49,537	825,644		318,544,756	47,781

2020년 초 메모리반도체 업황 회복과 비메모리반도체 수요까지 늘면서 '삼성전자' 주가가 사상 최고치를 경신했습니다. 2020년 1월 15일 분할 매수 후 1월 17일 수익 매도했습니다.

그림 2020년 2월 초순 미국 전기차 종목 테슬라, 급등을 보여주는 차트

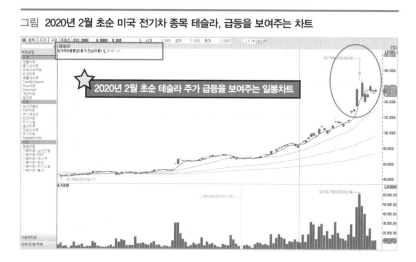

그림 2020년 2월 5일 2차전지 전기차 테마 종목 삼성SDI 매매 내역

종목명	추정실현손익	수익률	매도수량	매도단가	매도금액	수수료	제세금	매입단가	매수금액	수수료
덕성	-1,187,160	-1.69	16,284	4,248	69,174,432	10,376	172,935	4,309	70,167,756	10,525
삼성SDI	13,170,090	7.01	628	321,000	201,588,000	30,238	503,970	299,133	187,855,524	28,178
합 계	11,982,930	4.64			270,762,432	40,614	676,905		258,023,280	38,703

2월 3일 미국 전기차 업체 '테슬라' 급등 영향으로 국내 전기차 관련 종목과 2차전지 업종들이 강세를 보였으며 '삼성SDI' 역시 2차전지 생산업체로 테슬라 주가 상승 호재로 급등을 연출했습니다.

그림 2020년 3월 20일 2차전지 전기차 테마 종목 삼성SDI 매매 내역

종목명	추정실현손익	수익률	매도수량	매도단가	매도금액	수수료	제세금	매입단가	매수금액	수수료
삼성SDI	21,272,302	10.18	1,126	205,000	230,830,000	34,624	577,075	185,537	208,914,662	31,337
한진칼	4,029,527	6.76	1,334	47,800	63,765,200	9,564	159,412	44,646	59,557,764	8,933
합계	25,301,829	9.42			294,595,200	44,188	736,487		268,472,426	40,270

그림 2020년 4월 17일 2차전지 전기차 테마 종목 삼성SDI 매매 내역

종목명	추정실현손익	수익률	매도수량	매도단가	매도금액	수수료	제세금	매입단가	매수금액	수수료
삼성SDI	19,931,113	9.38	816	285,500	232,968,000	34,945	582,420	260,279	212,387,664	31,858
아진산업	832,384	4.48	8,609	2,260	19,456,340	2,918	48,640	2,157	18,569,613	2,785
합계	20,763,497	8.99			252,424,340	37,863	631,060		230,957,277	34,643

코로나사태로 2020년 3월 전세계적인 폭락장을 연출한 뒤 반등하는 과정에서 미래지향적인 전기차테마, 2차전지 테마가 형성되면서 해당 업종 '삼성SDI', 'LG화학' 등이 크게 상승했었습니다.

그림 2021년 4월 2일 비트코인 테마 종목 비덴트 매매 내역

종목명	추정실현손익	수익률	매도수량	매도단가	매도금액	수수료	제세금	매입단가	매수금액	수수료
비덴트	7,322,306	4.90	9,935	15,806	157,032,610	23,554	361,175	15,028	149,303,180	22,395
합계	7,322,306	4.90			157,032,610	23,554	361,175		149,303,180	22,395

2021년 4월에는 비트코인을 비롯한 가상화폐의 초강세로 연관 테마 종목 '비덴트'가 강세를 보였습니다.

해상운임지수 및 선박연료유가 동향

【 벌크운임지수 】

- BDI : 전주대비 5.4%↑
  BCI (케이프) : 전주대비 7.3%↓
  BPI (파나막스) : 전주대비 2.1%↓
  BSI (수프라막스) : 전주대비 31.2%↑
  BHSI(핸디사이즈) : 전주대비 24.2%↑
- 케이프, 중국 춘절연휴 후 단기간 운임 급등에 따라 조정되며 소폭 하락
- 파나막스, 춘절연휴 후 지난주 선물거래시장 급등에 따른 화물이 소진되면서 보합
- 수프라 및 핸디, 남미 곡물시즌 돌입 및 발트해 결빙지역 통항 선박 프리미엄 등으로 상승

항 목	2018	2019	2020	2021 1월	주간평균 2월 1주	2월 2주	2월 3주	최근지수 2월 4주
BDI (건화물선운임지수)	1,353	1,353	1,066	1,658	1,362	1,316	1,617	1,704
BCI (케이프지수)	2,104	2,261	1,450	2,614	1,635	1,321	1,653	1,532
BPI (파나막스지수)	1,453	1,387	1,103	1,592	1,633	1,808	2,298	2,250
BSI (수프라막스지수)	1,031	880	744	1,092	1,147	1,179	1,358	1,782
BHSI (핸디사이즈지수)	597	491	445	666	710	740	815	1,012

(출처 : Clarkson)

【 벌크선운임(항해용선 : Voyage Charter Earning) 】

항 목	2018	2019	2020	2021 1월	주간평균 1월 4주	2월 1주	2월 2주	최근운임 2월 3주
케이프사이즈 (172,000DWT)	$15,407	$16,865	$12,198	$19,813	$15,750	$11,275	$10,375	$12,625
파나막스 (72,000DWT)	$11,670	$11,088	$9,108	$13,115	$13,563	$14,113	$15,363	$19,125
수프라막스 (58,000DWT)	$12,783	$10,867	$8,813	$12,958	$13,375	$14,625	$14,375	$21,500
핸디사이즈 (28,000DWT)	$8,945	$7,334	$6,767	$10,760	$11,167	$11,625	$12,292	$16,000

(출처 : Clarkson)

【 벌크선운임(1년 정기용선) 】

항 목	2018	2019	2020	2021 1월	주간평균 1월 4주	2월 1주	2월 2주	최근운임 2월 3주
케이프사이즈 (170,000DWT)	$18,139	$16,363	$13,808	$16,850	$15,875	$14,875	$17,125	$16,750
파나막스 (75,000DWT)	$13,029	$11,877	$10,530	$12,550	$13,300	$13,375	$13,550	$15,500
수프라막스 (58,000DWT)	$12,808	$10,862	$8,813	$11,600	$12,125	$12,313	$13,500	$14,875
핸디사이즈 (32,000DWT)	$10,207	$8,886	$8,285	$9,538	$9,938	$9,938	$10,688	$11,750

(출처 : Clarkson)

그림 2021년 3월 9일 해운운임지수의 상승 영향으로 상승하던 HMM(구 현대상선) 매매 내역

종목명	추정실현손익	수익률	매도수량	매도단가	매도금액	수수료	제세금	매입단가	매수금액	수수료
HMM	5,093,712	3.08	7,239	23,641	171,137,199	25,670	393,614	22,876	165,599,364	24,839
서연탑메탈	569,508	0.78	6,389	11,492	73,422,388	11,013	168,871	11,373	72,662,097	10,899
합계	5,663,220	2.38			244,559,587	36,683	562,485		238,261,461	35,738

이렇듯 외부수치 변동에 의한 주식 종목 연계성을 학습하면 수익으로 연결시킬 가능성이 높아집니다

22

신규상장 기대 테마

시장에서 인정받거나 유망한 기업이 상장할 예정이라는 소식이 들리면 상장 예정 기업의 지분을 보유한 회사, 협력회사, 자회사 등이 관련주로 테마가 형성됩니다. 예를 들어, 방탄소년단의 한류열풍으로 인한 '빅히트' 상장 기대감으로 방탄소년단 관련주가 급등했었고, '쿠팡'이 미국증시 상장을 추진한다고 하자, '쿠팡' 관련주들이 상승했었습니다.

그림 2020년 8월 7일 방탄소년단 관련 빅히트엔터 상장과 관련된 종목 디피씨 매매 내역

거래내역(결제기준)	당일매매일지	당일매도실현손익	일자별 실현손익	전일대비예탁자산증감	투자수익률상세추이				
계좌			구분 ⦿일 ○월 매매일 2020/08/07 ▼ ~ 2020/08/07 ▼ 매수수수료 HTS ▼ 주의사항 조회						
종목명	추정실현손익	수익률	매도수량	매도단가	매도금액	수수료	제세금	매입단가	매수금액	수수료
디피씨	8,209,533	4.25	9,748	20,700	201,783,600	30,267	504,449	19,800	193,010,400	28,951
합계	8,209,533	4.25			201,783,600	30,267	504,449		193,010,400	28,951

그림 2020년 10월 8일 SK케미칼 자회사 SK바이오사이언스 상장 기대감으로 급등 매매 내역

거래내역(결제기준)	당일매매일지	당일매도실현손익	일자별 실현손익	전일대비예탁자산증감	투자수익률상세추이					
계좌	▼		구분 ⦿일 ○월	매매일 2020/10/08 ▼ - 2020/10/08 ▼	매수수수료 HTS ▼		주의사항	조회	
종목명	추정실현손익	수익률	매도수량	매도단가	매도금액	수수료	제세금	매입단가	매수금액	수수료
아이엠이연이	1,638,553	3.20	9,638	5,504	53,047,552	6,031	132,618	5,319	51,264,522	5,828
SK케미칼	10,052,058	3.64	817	350,843	286,638,731	32,590	716,596	337,584	275,806,128	31,359
합 계	11,690,611	3.57			339,686,283	38,621	849,214		327,070,650	37,187

그림 2021년 2월~3월 KCTC 일봉 차트

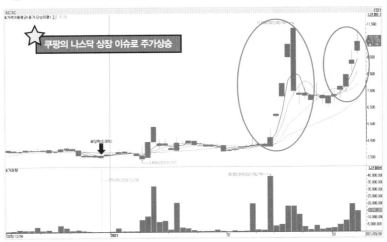

'KCTC'는 1973년 설립되어 1978년 주식시장에 상장하였습니다. 고려종합국제운송, 케이엔로지스틱스 등을 종속회사로 보유하고 있으며 컨테이너터미널 항만하역 보관 운송 등 소화물사업을 영위하는데 '쿠팡' 나스닥 상장 이슈로 주목받으면서 급등했습니다.

23

게임, 영화, 음악 테마

한류열풍이 불었던 가수(방탄소년단, 블랙핑크 등)가 신곡을 발표하면 관련주가 기대감으로 상승하는 경우가 종종 있습니다. 게임 출시도 마찬가지의 흐름을 보이며, 이전에 흥행 이력이 있거나 사전예약자가 높을수록 기대감도 높아집니다. 기억에 남는 영화 테마로 과거 봉준호 감독이 오스카 4관왕을 수상했을 때의 영화 '기생충'이 있습니다. 관람객 신기록을 쓰거나, 수상 이력이 많으면 해당 영화 테마가 형성되기도 합니다.

2020년 3월 코로나사태로 외출을 자제하면서 게임회사들의 실적이 개선될 것이란 기대감으로 게임 종목들의 상승세도 이어졌습니다. 그런 이슈를 이용한 단기 매매도 이슈·재료 분석이 학습되어 있으면 수익으로 연결할 수 있습니다.

그림 2020년 2월 영화 기생충의 아카데미상 수상 이슈로 관련종목 바른손 급등 일봉 차트

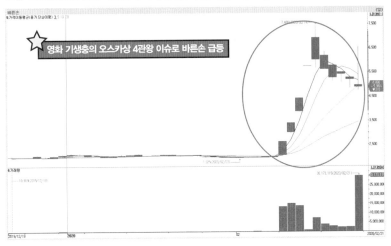

그림 2020년 3월 13일 게임 테마 종목 엔씨소프트 매매 내역

그림 2020년 3월 24일 게임 테마 종목 엔씨소프트 매매 내역

24

임상 기대/ 학회 일정 테마

기대되는 신약이 임상 결과를 앞두고 있거나 결과가 좋으면 해당 신약 관련주들이 상승하곤 합니다. 임상 기대감으로 오르다 임상 결과가 막상 좋지 않을 때도 많다 보니 임상 리스크를 보완한 기술이전 종목들도 부각을 받습니다. 해마다 제약과 관련된 학회가 열리는데, 학회 일정 전에 참가 및 발표 기대감으로 상승하는 경우도 있습니다. 또는 학회에서 발표 후 부각을 받기도 합니다.

그림 2019년 12월 5일 장중에 나온 젬백스 임상 2상 성공 뉴스

제목 : 젬백스 "치매치료제 임상2상 성공"…미국 학회 공식발표
종목 : 젬백스 효성 GV

젬백스 "치매치료제 임상2상 성공"…미국 학회 공식발표

    (서울=연합뉴스) 김잔디 기자 = **젬백스**[082270]는 펩타이드 조성물 'GV1001'의
알츠하이머성 치매 임상 2상 시험에서 안전성과 유효성을 확인했다고 5일 밝혔다.
    임상시험 결과는 4일 (현지시간) 미국 샌디에이고에서 열린 알츠하이머병 임상
시험 컨퍼런스(CTAD; Clinical trials of Alzheimer's Disease)에서 공식 발표됐다
.
    고성호 한양대 의과대학 신경과 교수는 "중등도 이상의 알츠하이머병 임상시험
에서 가장 보편적으로 쓰이는 중증장애점수(SIB)에서 GV1001을 투여한 군에서 유의
미한 결과를 보였다"며 "시험군에서는 치료 기간 중 병의 진행이 거의 없는 수준이
었다"고 말했다.
    젬백스에 따르면 도네페질을 단독 투여한 대조군에서는 SIB점수가 7.23점이 감
소한 반면 GV1001 1.12mg을 투여한 시험군에서는 0.12점의 감소에 그쳤다.
    jandi@yna.co.kr
(끝)

<긴급속보 SMS 신청> <포토 매거진> < M-SPORTS >
<저작권자(c) 연합뉴스, 무단 전재-재배포 금지>

그림 2019년 12월 5일 매수, 12월 6일 매도한 젬백스 매매 시점 마킹 일봉 차트

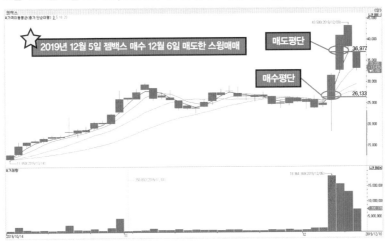

그림 2019년 12월 6일 젬백스 매매 내역

| 거래내역(결제기준) | 당일매매일지 | 당일매도실현손익 | 일자별 실현손익 | 전일대비예탁자산증감 | 투자수익률상세추이 |

종목명	추정실현손익	수익률	매도수량	매도단가	매도금액	수수료	제세금	매입단가	매수금액	수수료
젬백스	115,176,701	41.10	10,722	36,977	396,467,394	59,470	991,168	26,133	280,198,026	42,029
합 계	115,176,701	41.10			396,467,394	59,470	991,168		280,198,026	42,029

2019년 12월 5일, 젬백스는 장중에 임상 결과 뉴스가 뜨고 갑자기 급락으로 방향을 잡아서 전일대비 −27%까지 폭락하다가 뉴스가 호재로 받아들여지면서 급등으로 전환하였습니다. 심하게 요동치는 과정에서 매수에 가담했고, 1박 2일만에 1억 1,500만 원의 수익을 냈던 기억에 남는 매매였습니다.

25

실적과 연관된 테마

주문량 확대, 시장 확대, 실적 기대, 계약 논의, 수출 증가, 공장 증설, 투자한 회사 수익 증가 등 실적에 긍정적인 영향을 미치는 뉴스가 나타났을 때 관련주가 상승하기도 합니다.

그림 2020년 8월 25일 대정화금 매매 내역

| 거래내역(결제기준) | 당일매매일지 | 당일매도실현손익 | 일자별 실현손익 | 전일대비예탁자산증감 | 투자수익률상세추이 |

계좌 ▼   구분 ⊙일 ○월 매매일 2020/08/25 ▼ ~ 2020/08/25 ▼ 매수수수료 HTS ▼ 주의사항 조회

종목명	추정실현손익	수익률	매도수량	매도단가	매도금액	수수료	제세금	매입단가	매수금액	수수료
한화솔루션	1,698,743	3.05	1,692	33,993	57,516,156	8,627	143,790	32,894	55,656,648	8,348
대정화금	7,354,130	7.93	3,243	30,950	100,370,850	15,055	250,927	28,596	92,736,828	13,910
한국타이어앤테크놀로	885,466	3.29	892	31,246	27,871,432	4,180	69,678	30,166	26,908,072	4,036
합 계	9,938,339	5.67			185,758,438	27,862	464,395		175,301,548	26,294

그림 2020년 8월 26일 대정화금 매매 내역

종목명	추정실현손익	수익률	매도수량	매도단가	매도금액	수수료	제세금	매입단가	매수금액	수수료
유니슨	3,419,082	8.45	12,088	3,641	44,012,408	6,601	110,031	3,348	40,470,624	6,070
대정화금	10,813,246	11.44	2,694	39,212	105,637,128	15,845	264,092	35,089	94,529,766	14,179
합 계	14,232,328	10.54			149,649,536	22,446	374,123		135,000,390	20,249

대정화금은 2020년 8월 26일 당시 코로나 재확산 분위기 속에 코
로나19 치료제 원료 물질인 덱사메타손 제조회사라는 실적 기대감 이
슈가 시장 참여자들에게 주목받으면서 급등했습니다.

26

매각 테마

과거 두산그룹이 계열사 매각, '아시아나항공'이 '대한항공'에 매각되었던 것처럼 시장에서 알아주는 기업이 매각 의사를 보일 경우 매각 기대감으로 주가가 오르기도 합니다.

그림 **2021년 6월 2일 두산그룹 자회사 두산인프라코어 분할매각 이슈 매매 내역**

거래내역(결제기준)	당일매매일지	당일매도실현손익	일자별 실현손익	전일대비예탁자산증감	투자수익률상세추이

| 계좌 | ▼ | 구분 ◉일 ○월 | 매매일 | 2021/06/02 ▼ | ~ | 2021/06/02 ▼ | 매수수수료 | HTS ▼ | 주의사항 | 조회 |

종목명	추정실현손익	수익률	매도수량	매도단가	매도금액	수수료	제세금	매입단가	매수금액	수수료
두산중공업	11,011,665	5.24	9,844	22,523	221,716,412	33,257	509,947	21,346	210,130,024	31,519
두산인프라코어	4,500,896	5.61	6,084	13,971	84,999,564	12,749	195,498	13,195	80,278,380	12,041
삼성스팩4호	2,475,017	8.25	3,054	10,657	32,546,478	4,881	74,856	9,819	29,987,226	4,498
합 계	17,987,578	5.61			339,262,454	50,887	780,301		320,395,630	48,058

그림 2020년 12월 10일 솔본 매매 내역

종목명	추정실현손익	수익률	매도수량	매도단가	매도금액	수수료	제세금	매입단가	매수금액	수수료
코스모화학	-2,987,962	-4.61	5,249	11,800	61,938,200	7,042	154,845	12,337	64,756,913	7,362
솔본	3,197,924	5.45	9,275	6,692	62,068,300	7,057	155,170	6,329	58,701,475	6,674
현대바이오	5,149,106	6.77	5,209	15,625	81,390,625	9,254	203,476	14,594	76,020,146	8,643
합 계	5,359,068	2.69			205,397,125	23,353	513,491		199,478,534	22,679

당시 '키네마스터' 경영권 매각 추진설이 돌면서 '키네마스터' 주가
가 급등하였고, 지분을 보유하고 있던 '솔본'도 함께 상승하면서 매매
에 동참하였습니다.

27
문제해결, 계절성, 미래지향 테마

①문제해결 테마

수돗물 유충, 부동산 집값 상승 등 문제점이 나타났을 때 문제를 해소하는 기업들이 주가가 상승하곤 했습니다.

ex) 2020년 여름 인천시 수돗물 유충사태가 이슈화 되었을 때 '웰크론한텍', '뉴보텍', '광동제약' 등이 수혜 종목으로 잠시나마 강세를 보였습니다.

②계절성 테마

여름 더위에 선풍기, 에어컨, 삼계탕, 태풍피해 우려(장마) 등 여름 관련주, 매년 중국에서 넘어오는 미세먼지에 미세먼지 관련주가 상승하곤 했습니다.

③미래지향 테마

4차산업혁명과 연관된 미래차, 인공지능, 로봇, 디지털화폐, 반도체, 메타버스 등 관련주가 있습니다.

그림 2021년 5월 하순 삼성스팩2호는 메타버스 관련 기업 엔피와의 합병 소식으로 급등

종목명	추정실현손익	수익률	매도수량	매도단가	매도금액	수수료	제세금	매입단가	매수금액	수수료
덕성	1,444,276	1.73	3,667	23,158	84,920,386	12,738	195,316	22,704	83,255,568	12,488
삼성스팩2호	5,967,104	14.91	7,413	6,220	46,108,860	6,916	106,050	5,399	40,022,787	6,003
합 계	7,411,380	6.01			131,029,246	19,654	301,366		123,278,355	18,491

28

강한 테마의 특징

이슈정리 노트를 작성해 보면 주가에 영향을 미치는 이슈가 무엇인지 자연스럽게 파악할 수 있습니다. 노트를 쓰면 쓸수록 이슈를 보면 강하다, 약하다, 신선하다, 오래되었다, 더 갈 것 같다 등의 감이 생기게 됩니다. 소위 감이나 촉은 타고나는 것이 아니라, 노트를 쓰면서 투자자의 마음에 누적되는 것입니다. 이슈가 강하다는 기준은 사람마다 다르겠지만 크게는 ①집단성 ②신선함 ③지속성 등 3가지 특징을 가집니다.

▐▌▌ 집단성

이슈와 관련하여 한 종목만 연관되는 것이 아니라, 다수로 연관되어 1등주, 2등주, 3등주 등 등급을 매길 만큼 종목 수가 많은 경우를 집단성이 있다고 표현합니다. 강한 이슈의 경우에는 당일 상승률 상위에 특징 테마의 종목군이 다수 장악하면서 상한가가 나타나고 거래대금도 강하게 실리는 경우가 많습니다. 테마의 기간이 길어질수록, 테마 내에서의 테마도 다양하게 형성됩니다.

예를 들어, 남북정상회담 관련 기대감으로 처음에는 기존 남북경협주 소수만 오르다, 철도, 개성공단, 금강산 관광, 대북송전, 비료 관련 종목 등으로 다양하게 확산되고 퍼져나가는 경향을 보입니다.

▐▌▌ 신선함

신선함이란, 최근 시장의 분위기를 환기시킬 만큼 상대적으로 돋보이는 이슈를 뜻합니다. 음악으로 치면 그간 대중음악에서 볼 수 없었던 새로운 신곡이 사람들을 매료시키는 이치와 같습니다. 우리가 갓난아기 때 사과가 썩었는지, 신선한지는 데이터가 없기 때문에 구별할 수 없습니다. 하지만 맛을 보거나 교육을 통해 썩었는지 신선한지 구별하게 됩니다. 즉, 주식시장에서도 재료의 신선함을 알기 위해서는 최근 이슈가 무엇인지 그리고 이슈마다 종목들의 상승력은 어떠했는지 학습하고 경험해서 느껴봐야만 와닿습니다.

예를 들어 2020년 말부터 2021년 초까지 애플카 관련주가 나름 신선했습니다. 글로벌 기업 '애플'이 미래차를 만든다고 했을 때, 애플카 관련주들이 생겨나며 급등을 했었습니다. 신선하다고 볼 수 있었던 이유는 과거에는 없었던 이슈였기 때문입니다.

2020년 내내 코로나+한국판 뉴딜 관련주 위주로 급등을 했었고, '테슬라' 관련주들도 장기간 상승했었습니다. 이에 따라 관련주들의 피로도가 쌓여 있는 상황에서 '애플'이 자동차를 만들 예정이고, 자동차 기업들과 컨택을 한다는 것 자체가 시장의 분위기를 환기시킬 만큼 신선했습니다.

다만 주의해야 할 점은, 과거에 신선했던 사과가 오늘도 신선할지는 모른다는 사실입니다. 신선함이 유지될 수도 있지만, 신선함을 완전히 잃어버릴 수도 있습니다. 알 수 없는 문제이기 때문에 이슈정리를 꾸준히 함으로써 신선한 이슈들이 나타날 때마다 좀더 유효하게 공략할 수 있습니다.

지속성

강한 이슈는 하루 반짝 오르고 소멸되지 않고 며칠 쉬었다가 재차 반등할 확률이 높습니다. 그 말인즉슨, 이슈의 연료가 계속 공급된다는 말입니다. 지속성을 가지는 케이스는 무수히 많지만, 예를 들자면 갈등이 커지는 경우도 마찬가지입니다. 갈등이 커질수록 이슈의 연료가 되어 주가가 급등합니다. 기업 내부적인 경영권 분쟁이나, 국가와 국가 사이의 갈등으로 이어져 상승했던 미·중 무역분쟁 관련주, 한일 갈등 관련주가 그랬습니다. 또는 외부수치가 증가해서 주가에 반영되는 경우도 있습니다. 코로나 확진자, 비트코인 시세, 테슬라 주가가 증가할수록 관련주들이 연료로 삼아 급등을 했었습니다. 그리고 이슈와 관련된 일정을 앞둘 때도 마찬가지로 지속성을 가집니다(선거 테마, 발표 일정 등).

이슈노트를 꾸준히 정리할수록 강한 이슈의 특징들을 자연스럽게 깨달을 수 있습니다. 강한 이슈는 스윙 매매를 할 때도 버틸 수 있는 근거가 되고, 단타를 할 때도 이슈의 크기를 알기 때문에 일희일비하며 작은 흔들림에 손절할 확률이 낮아지고, 이익실현 시 더 먹을지 덜 먹을지 판단할 수 있는 근거가 되기도 합니다(현실감 있게 속어로 표현).

29
시장 주도주에 대한 편견

앞서 테마주의 필요성과 강한 테마의 특징을 보고 시장에서 주목받는 이슈의 대장주를 공략해야겠다고 생각하는 분들에게 중립적인 시각도 제시하고자 합니다. 왜냐하면, 주식의 시야가 한 쪽에 편향되거나 틀에 갇히면 부작용이 생기기 마련이기 때문입니다.

단기 매매는 시장 주도주에서 매매하는 게 가장 중요하다고 생각하는 사람들이 많습니다. 시장 주도주의 정의는 사람마다 관점이 조금씩 다르겠지만, 보편적으로 보면 최근 또는 당일 강한 매수세를 보이면서 거래대금이나 거래량이 폭발적으로 늘어나고 시장 참여자 대부분이 관심을 가질 만한 이슈나 테마가 있는 종목이 아마 시장 주도주가 아닐까 생각합니다.

그런 관점에서 보면 2020년 1월 당시 시장 주도주라고 할 만한 종목군은 미국과 이란이 마찰하면서 국제유가가 움직였고, 그로 인한 중소형 액화석유가스 종목들이 매수세가 몰리면서 급등 연출을 했고, 시장 참여자 대부분이 관심을 가진 시장 주도주 역할을 중소형 석유화학 종목들이 한 것 같습니다. 예를 들면 '흥구석유', '극동유화', '중앙에너비스' 같은 종목들입니다.

그림 **흥구석유 일봉 차트**

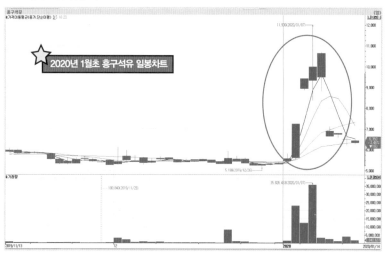

그림 **극동유화 일봉 차트**

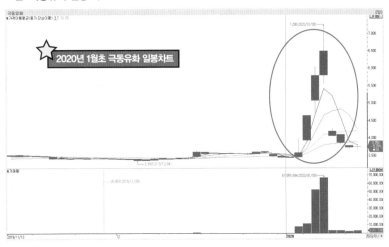

그림 **2020년 1월 7일 극동유화 매매 내역**

종목명	추정실현손익	수익률	매도수량	매도단가	매도금액	수수료	제세금	매입단가	매수금액	수수료
극동유화	2,308,864	4.47	10,336	5,234	54,098,624	8,114	135,245	4,996	51,638,656	7,745
제이씨케미칼	-2,104,758	-5.72	5,439	6,400	34,809,600	5,221	87,024	6,769	36,816,591	5,522
데이타솔루션	5,146,786	9.82	10,744	5,370	57,695,280	8,654	144,238	4,876	52,387,744	7,858
합 계	5,350,892	3.80			146,603,504	21,989	366,507		140,842,991	21,125

주의할 점

당시 시장 주도주 섹터였던 중소형 액화석유가스 업종들의 움직임은 굉장히 빠르고 거친 흐름으로 전개되어 실전투자 경험이 많지 않은 사람들이 매매하기에는 리스크가 상당히 큰 급등락 모습을 보였습니다.

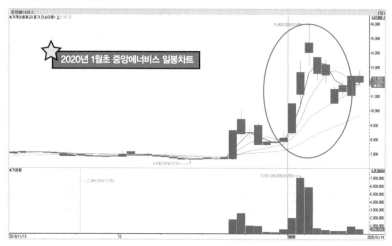

하지만 여기서 깊이 한 번 생각해 봐야 할 문제가 있습니다. 시장 주도주에서 거래대금이 폭발적으로 늘어난 종목군에서 매매하는 게 왜 필요하다고 생각하는지 질문을 던져봐야 합니다. 남들이 시장 주도주, 시장 관심주라고 하니 '나도 왠지 여기에서 놀아야만 할 것 같아서'라면 어쩌면 잘못된 접근법이 아닌가 생각됩니다.

우리가 흔히 단기 매매를 할 때 시장 주도주에서 매매하는 게 좋다고 하지만, 막상 개인이 시장 주도주에서 반드시 수익을 낸다는 보장은 없습니다. 시장 주도주의 경우 거래대금과 거래량이 폭발적으로 늘어나서 유동성이 활발하고 빠르게 움직이다 보니, 매수 포인트만 잘 잡으면 빠르게 수익 실현도 가능한 장점도 분명 있고, 혹시 물려도 반등 가능성이 상대적으로 높기에 매매할 때 유리한 조건이 많은 건 사실입니다.

하지만 매매 스킬이 부족한 사람이 시장 주도주로 수익을 낸다는 보장은 없으므로 굳이 위험을 무릅쓰고 거칠고 빠르게 움직이는 시장 주도주를 찾아다니면서 매매해야 한다는 강박관념을 가지지 않는 게 좋습니다.

시장 주도주가 아니면 어떻습니까. 단타 고수들이 들락날락하지 않는, 얌전히 추세 흐름을 따라서 움직이는 조용한 종목에서도 내 실력만큼, 내 능력만큼 수익만 내면 됩니다. 반드시 시장 주도주에서 피튀기며 경쟁할 필요는 없다고 생각합니다. 시장 주도주에 생각이 사로잡혀 '그 곳에서 매매해야만 실력이 는다.' 이런 논리와 생각을 하고 있다면 자신의 실력을 냉정히 살펴보고, 향후 전략을 정리할 필요가 있습니다.

제 생각은 이렇습니다. 시장 주도주도 좋고, 시장 주도주가 아니어도 상관없습니다. 최우선 목적은 내가 매수해서 비교적 안전하고 수익 날 가능성이 큰 종목에서 매매하는 게 우선이고 최선입니다. 가장 중요한 점은 언제나 안전과 수익 가능성이 높은 곳이 최고의 명당자리고, 최고의 종목이라는 사실입니다. 꼭 기억하시면 좋겠습니다.

그러니 고정적인 생각을 버리고, 우선 마음 편히 수익 가능성이 그나마 높은 곳에서 차분하게 자신만의 속도에 맞게 매매하시기 바랍니다.

주식은 내 몸에 맞는 옷이어야 합니다. 아무리 화려한 옷도 나와 맞지 않으면 무용지물입니다. 남들이 무엇을 어떻게 하든 나와 맞지 않으면 안 하면 되는 겁니다. 누가 재촉하거나 강요하지 않으니 항상 자신의 속도와 성향에 따라 차분하고 침착하게 매매하시면 될 것 같습니다.

30

진짜 갈 이슈는
상승 확인 후 들어가도 늦지 않는다

시장에 영향을 줄 만한 이슈가 담긴 뉴스가 HTS에 뜨자마자 관련주가 급등할 때, 매매에 동참하는 투자법을 뉴스 매매(시황 매매)라고 합니다. 개인적으로 안 해본 매매가 없지만, 심리적으로 편안한 매매를 지향하는 저로서는 당일 갑자기 뜨는 뉴스를 보고 즉흥적으로 매매에 동참하는 투자는 성향이 맞지 않습니다. 여기에 해당하는 종목들은 뉴스가 뜬 후 급등락 폭이 매우 심해 제대로 투자하기가 쉽지 않기 때문입니다.

그리고 뉴스를 남들보다 빠르게 접할 수 없는 이상 구조적으로 불리하다고 판단합니다. HTS에 기사를 송출하는 기자들도 모든 기업을 다 캐치할 수 없기 때문에 제보받은 보도자료, 해외언론, 마이너 언론사들의 기사를 보고 재편집해서 작성하는 경우가 많습니다.

찌라시가 만들어지는 원리는 HTS가 뜨기 전에 시장에 영향을 줄 만한 뉴스를 전문적으로 찾는 사람이 뉴스를 발견하고 기자에게 제보하거나 카톡방, 텔레그램, 미스리 메신저 등에도 뿌려 돌아다니게 됩니다. 이후 HTS에 송출되면 다수의 개인투자자들이 일시에 달려들어 순간적으로 해당 종목의 변동폭이 상당히 커질 가능성이 높아집니다. 반대의 경우로, 기자가 쓴 뉴스가 커뮤니티에 돌아다니며 시차를 두고 부각되는 케이스도 있습니다.

제일 처음 발견해서 커뮤니티에 전달하는 사람이 해당 종목을 선취매 할 수 있으므로, 구조적으로 유리한 위치입니다. 대중들에게 뉴스가 돌아다닐수록 개인투자자들은 물량 받이가 될 가능성이 큰 불리한 구조입니다. 종목 리딩을 하는 유사투자자문업자를 포함해서 영향력 있는 위치의 큰손 투자자들이 메신저에 시황을 공유하며 몰래 해당 종목을 선취매한 뒤 회원들에게 종목 홍보를 하고, 개인투자자들에게 역이용해서 되파는 예도 있으므로 정말 조심해야 합니다.

이 얘기를 들으면 시황 매매는 하면 안 되겠다는 생각이 들 수도 있겠지만, 제 말의 요지는 본인에게 맞지 않으면 굳이 할 필요가 없다는 이야기입니다. 개인에 따라 뉴스 매매가 맞는 사람들이 있고, 잘 맞지 않는 사람들이 있으니 주의가 필요하다는 말로 이해하시면 됩니다.

저의 경우, 뉴스가 정말 강한 이슈인지 하루 정도 시간을 두고 해당 종목이 어떤 식으로 움직이는지 확인하고 관심종목에 편입한 뒤 타점이 오면 매매하고 아니면 그냥 보내주는 편입니다. 그렇게 해도 수익률이 뒤처지거나 절대 느리지 않습니다. 앞서 말했듯이 강한 이슈 종목들은 지속성을 가지는 경우가 많기 때문입니다. 하루 상한가 가더라도 거기서 끝이 아니라 며칠 조정 후 재차 오르는 경우도 많습니다.

즉, 찌라시 세력들을 비롯해서 앞서 물린 사람들이 본전 심리로 던지는 물량도 상승하면서 어느 정도 받아주고 장 마감까지 상한가를 유지하는 것 자체가 이슈가 약하지 않을 가능성이 높다는 증거입니다. 장 마감까지 종목들이 마라톤을 한다고 상상해 보세요. 초반에 빨랐더라도 나중에 뒤처져 포기하면 소용 없듯이 결국에는 완주하는 종목이 강합니다. 그렇기 때문에 굳이 찌라시 세력들에게 놀아날 필요 없이 '그래, 네가 정말 강한 이슈라면, 장 마감까지 잘 완주하는지 보자'라는 마음으로 여유롭게 살펴보세요. 양주 키핑하듯이 관심종목에 등록해 놓고 관찰하세요. 그리고 조정 이후 재반등하는 타이밍을 노려 접근해도 늦지 않습니다.

그렇다면 이 호재가 오늘 하루만 상승하다 꺼질 것인가, 혹은 며칠 조정 후 재차 오를 것인가, 어떻게 판단할까요. 이 부분은 기술적 분석과 함께 TOP2의 이슈정리 노트 작성으로 호재를 보는 눈을 기르다 보면 자연스럽게 서서히 보이게 됩니다. 따라서 관심종목란에 이슈별 관련주를 잘 정리해 놓는 일은 전쟁터에 나가는 병사가 사전에 총기를 잘 손질해 놓는 이치와 같습니다. 기본 중에 기본이 결국 전쟁터에서 가장 잘 드는 칼로 활용될 수 있음을 잊지 마시기 바랍니다. 이슈정리 노트의 중요성은 열 번을 더 강조해도 지나치지 않습니다.

그림 2021년 2월 4일 케이엘넷 매매 내역

종목명	추정실현손익	수익률	매도수량	매도단가	매도금액	수수료	제세금	매입단가	매수금액	수수료
필룩스	2,066,783	2.94	13,836	5,249	72,625,164	10,893	167,037	5,086	70,369,896	10,555
케이엘넷	2,125,646	3.72	14,072	4,219	59,369,768	8,905	136,550	4,057	57,090,104	8,563
합 계	4,192,429	3.29			131,994,932	19,798	303,587		127,460,000	19,118

그림 2021년 2월 4일 케이엘넷 매수 · 매도 마킹 일봉 차트

2021년 2월 4일 매매했던 '케이엘넷'으로 예시를 들어보겠습니다.

이틀 전인 2월 2일 삼성에서 케이엘넷 인수 가능성 얘기가 나오면서

급등했습니다.

그림 2021년 2월 2일 뉴스

머니S PiCK 2021.02.02. 네이버뉴스

[특징주] **케이엘넷**, 삼성SDS M&A 소식에 인수 후보군 강세
삼성SDS가 보유 현금을 활용해 시설 투자와 신기술을 가진 스타트업 투자 인수합
병 등을 추진한다는 소식에 **케이엘넷**이 강세다. 2일 오전 10시55분 기준 **케이엘**...

'삼성'과 '케이엘넷' M&A는 10년 전부터 한 번씩 나오는 재료인데, 이때까지 명확하게 확인된 바는 없었습니다.

그림 2009년 12월 23일 뉴스

머니투데이 2009.12.23. 네이버뉴스

케이엘넷, 매각 작업 본격화
특히 대기업인 삼성SDI와 현대정보통신 등이 **케이엘넷** 지분 인수에 관심을 갖고 있는 것으로 알려지고 있다.
한국무역협회 100% 출자회사로 국내 물류 IT망의 선두업체인 케이티넷(KTNET)도 인수전에 뛰어들 가능성이...

어쨌든 이슈를 동반한 강한 매수세에 2월 2일 장중에 한때 상한가까지 갔고 이때부터 관심종목으로 관찰했습니다. 2월 3일 잠시 소강 상태를 보였다가 2월 4일 오전부터 매수세가 들어오며 상승할 때 매매했습니다. 2월 4일에 오를 때는 별다른 뉴스는 없었지만, 2월 2일에 이슈나 재료가 미리 파악되었기 때문에 '그 재료의 연속성이구나' 하고 알 수 있었습니다.

요약하자면, 이슈를 동반한 강한 상승이 나오면 섣불리 급하게 따라들어가서 매매하지 말고 관심종목에 일단 편입해 놓고 재료도 잘 정리해 두고, 며칠 지켜보다 재반등하는 시점에 매수세가 들어오면

매매 시도를 해보고 아니면 그냥 보내주면 됩니다. 재반등할 때 뉴스가 따로 없더라도 우리는 이미 무슨 이유로 오르는지 알고 있기에 준비된 매매라고 할 수 있습니다.

그림 2021년 6월 7일 두산중공업 매매 내역

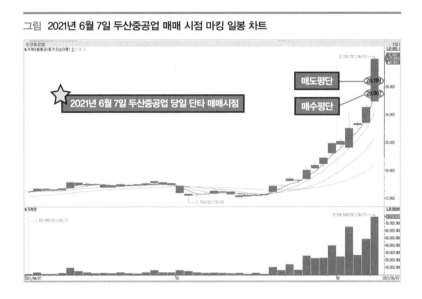

그림 2021년 6월 7일 두산중공업 매매 시점 마킹 일봉 차트

2021년 5월 한미정상회담에서 양국이 원전공급망을 구성해 해외원전시장에 공동 참여하기로 합의한 이후, 소형모듈원전 필요성이 또 제시되면서 원전 관련 종목들의 무더기 급등 행진이 있었습니다.

이렇듯 강력한 이슈가 될 만한 뉴스가 나오면 먼저 뉴스를 파악하고 충분히 해당 종목의 흐름을 일정 시간을 두고 살핀 후에 매매 시점을 잡아도 늦지 않으므로 성급하게 뉴스에 반응해서 섣부르게 움직일 필요는 없으며 항상 차분하고 신중한 태도로 매매를 하는 게 중요합니다.

뉴스의 파급력은 종목의 흐름으로 파악이 가능합니다. 경험과 학습이 되지 않은 일반 초보 투자자들은 혼자만의 생각으로 뉴스의 호재악재 여부와 파급효과를 판단하기는 다소 어려움이 있으므로 TOP2의 이슈정리노트를 꾸준하게 작성하면서 관찰과 경험 학습이 꼭 필요합니다.

4부

주식의 道

고수의 분석

기업 분석과 차트 분석

31

기본적 분석(재무제표)

일반 개인투자자들이 재무제표를 통한 기업 분석만으로 꾸준한 수익을 내기란 말처럼 쉽지 않습니다. 왜냐하면 재무제표 상에 나와 있는 과거 실적으로 현재 주가를 판단하고 나아가 미래 주가의 진행 방향까지 예상하기가 거의 불가능에 가깝기 때문입니다.

HTS만 봐도 누구나 한 기업의 분기보고서나 실적과 관련해 재무제표 분석을 손에 넣을 수 있습니다. 이처럼 누구에게나 공개된 정보로 부자가 될 수 있다면 주식으로 성공하지 못할 사람이 없겠죠.

주식 경험이 있다면 주가가 반드시 실적대로만 움직이지 않는다는 사실을 알 수 있습니다. 따라서 기업 분석을 어느 정도 하긴 하되 어디까지나 참고사항으로만 봐야 합니다. 실적만 보고 매수했다가 오랫동안 마음 고생을 할 수도 있다는 점을 잊지 말아야 합니다(실적이 아무리 좋아도 매수한 시점이 너무 고점이라든지 실적이 좋은데도 불구하고 기타 다른 이유로 장기 소외되어 있는 종목도 적지 않습니다).

멀리서 찾을 것도 없습니다. 대표적인 예가 '삼성전자'입니다. 실적으로만 보면 '삼성전자'는 벌써 10만 원을 넘어갔어야 합니다(2021년 6월 현재). 현재 실적이 어떻게 흘러가고 있는지 우리 같은 일반투자자들은 분기보고서가 나오기 전에는 절대 알 수 없기에 기본적 분석에 의한 투자도 상당한 리스크가 있습니다.

직전 분기까지만 해도 실적이 좋은 기업으로 알고 투자했는데, 갑자기 시장 기대치에 훨씬 못 미치는 어닝쇼크라면서 주가가 폭락하는 경우도 정말 허다합니다.

항간에는 기업 현황을 알고 싶다면 기업 탐방을 자주하라, 주담에게 전화해서 물어라, 이런 소리하는 입만 고수인 전문가들도 많은데 일반투자자들이 기업 탐방을 가면 기업에서 반가운 손님처럼 기쁘게 맞아줄 것 같습니까? 주담에게 전화하면 전화 한 통으로 현재 회사의 내부 사정을 있는 그대로 말해주겠습니까? 주담 역시 기업 현황을 다 모르고 있는 경우가 허다할 것인데 말입니다.

아직도 현실과 너무 동떨어진 쌍팔년도식 기업 분석을 말하면서 약을 팔고 있는 전문가들이 너무 많습니다.

소위 가치투자자들 중에는 워렌 버핏의 스승인 벤자민 그레이엄 시대의 기업 분석 지표를 60년이 지난 지금까지도 PER, PBR 등을 따지면서 주가를 예측하고 있습니다. 경험하면 알게 되겠지만 PER, PBR 대로 주가가 움직이는 경우는 그다지 많지 않습니다.

고장나서 멈춘 시계도 하루에 두 번은 맞습니다. PER, PBR대로 맞아들어가는 시기가 간혹 있을 수는 있습니다. 그런 기본적 분석에 의지해서 투자하는 사람들은 여기에 몰두해서 주식을 장기로 가져가고, 또 이렇게 이야기하는 사람들의 말을 맹신합니다.

하지만 저는 생각이 다릅니다. 기본적 분석의 경우 단기적 성향의 투자에서 필요한 핵심 몇 가지만 짚고 넘어 가는 게 현실적입니다. 재무제표에서 봐야 할 구체적인 내용은 다음과 같습니다.

①매출액
②영업이익
③당기순이익

위 세 가지는 기본으로 확인하는 게 좋고, '성장중'인지가 핵심 체크 사항입니다(사실상 단기 매매에서 투자대상 기업이 지속적으로 성장하면 더욱 좋겠지만, 그렇지 않다고 해서 크게 문제가 될 것은 없다. 단 심각하게 자본잠식 상태나 만성적자 기업만을 제외하는 게 리스크 관리 차원에서 좋다고 할 수 있다).

좀더 세밀하게 나머지 사항들까지 확인하고 싶으면 공시시스템 '다트'에 가서 분기보고서를 보시면 됩니다.

영상 **공시시스템 DART**

그림 **삼성전자 재무제표 예시**

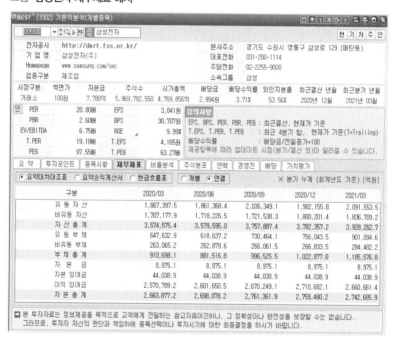

▌▌▌▌ 단기 매매, 스윙 매매에서 기본적 분석 용도

제가 이 책에서 설명하는 단기 매매는 주로 당일 단타나 데이트레이딩 또는 최대 몇주 정도 보유하는 스윙 투자가 주를 이루고 있습니다. 그렇기 때문에 심각하게 곧 망할 것 같은 회사만 아니면 상대적으로 중장기 투자자들처럼 기업을 정밀 분석할 필요는 없습니다.

하지만 그럼에도 불구하고 혹시 모를 만약의 사태에 대비하기 위해 매매 대상 관심종목을 분류할 때 최소한 뭐하는 회사인지, 주력 제품은 어떤 것인지, 어떤 섹터(테마)에 속한 회사인지 정도와, 적자기업인지, 실적이 성장중인지 정도는 사전에 체크하고 매매를 하는 게 심리적으로 안전장치가 될 수도 있습니다.

단타든 스윙이든 매수 후 만약의 사태에 대비하는 리스크 관리는 기본이기에 앞서 말한 체크 사항은 인지하고 투자하는 습관을 들이시면 좋겠습니다.

32

기술적 분석
_차트를 보는 이유

강아지 메뚜기 개구리 주가, 이들의 공통점이 뭔지 아십니까? 모두 어디로 뛸지 모른다는 것입니다. 하나같이 예측이 어렵습니다. 주식 투자자의 최대 바람은 미래 주가를 정확하게 예측하는 비법을 발견하는 것이겠지만 그런 비법은 현재까지는 존재하지 않습니다. 하지만 재테크나 투자를 하는 이유가 현재 어떤 행위나 선택으로 미래에 결실을 맺기 위한 희망과 바람으로 출발하는 것이기 때문에, 투자자 입장에서 내비게이션 역할을 하는 뭔가가 하나라도 있으면 좋겠다는 생각은 인지상정입니다. 주식투자를 하면서 무엇을 기준으로 삼는지 질문하시는 분들이 많습니다. 그 중 차트에 대한 저의 생각을 말씀드리겠습니다.

차트는 주식투자의 만병통치약이 아니고 분명 한계도 많습니다. 상황에 따라 일관성도 부족하고 과거를 나타내는 흔적이기 때문에 과거와 같은 패턴으로 미래가 펼쳐지리라는 보장도 없습니다. 때문에 며칠 전까지 좋아보였던 차트가 순식간에 무너지기도 하고, 무관심 속에 볼 것도 없는 모양이었다가 어느 날 갑자기 폭등하면서 관심주로 바뀌기도 합니다.

제가 차트를 보는 관점은 '보기는 보되, 참고만' 하지 차트를 100% 신뢰하는 차트 신봉자는 아닙니다. 그러나 현실적으로 시장 참여자 대다수가 차트를 보고 매수와 매도를 결정합니다. 제가 차트를 보는 이유가 여기에 있습니다. 대부분의 참여자들이 차트를 보기 때문에 그들의 의도나 생각을 관찰하고 이해하는 도구로써 이용하고 참고하려는 목적입니다.

쉽게 말해 다른 투자자들의 장단에 맞춰 수익을 챙기려면 차트를 어느 정도 해석하고 타인의 생각과 의지가 무엇인지 파악할 필요가 있습니다. 타인의 생각과 의지가 차트 안에 모두 녹아 있지는 않겠지만, 최소한 추세와 거래량을 보면 누군가의 의지를 유의미한 수준으로 읽을 수는 있다고 생각하는 편입니다. 예를 들어 거래량을 동반하면서 급등하는 종목들 중에 큰 시세를 내는 종목은 차트에 표시가 안 날 수가 없으며 오랜 시간 횡보하다가 거래량이 동반되어 큰 장대양봉을 세우는 종목은 의미 있는 매수 신호이기도 하기 때문에 차트를 보기는 봐야 한다고 생각합니다.

주식 초보들은 이슈정리를 하면서 이슈와 함께 해당 종목 차트가 어떻게 움직이는지 공부 차원에서 꼭 봐야 합니다.

최근 많이 상승한 종목 위주로 여러 차트를 뽑아 놓고 상승 초반에 어떻게 흐름이 시작되었는지, 중간에 어떤 식으로 관리되었는지, 고점에서 하락으로 접어들 때 어떤 흐름으로 꺾였는지 많이 접해 보고 관찰하면 큰 도움이 될 것으로 생각합니다.

초보 때 차트를 공부하다 보면 수학적인 기법을 찾기 마련이고, 초보들에게 그런 질문들을 자주 받기도 합니다. 기법에 대한 저의 의견을 말씀드리기 전에 이건 어디까지나 제 개인적인 생각이고 사람마다 같지 않을 수 있다는 점을 먼저 밝힙니다.

초보일수록 주식에는 어떤 수학적인 완벽한 기법이 있다고 믿는 경향이 있습니다. 그런 기법을 알아내기만 한다면, 무한반복 하면서 힘들이지 않고 편하게 수익을 낼 수 있지 않을까라는 행복한 상상을 한번쯤 하게 되는 게 사실입니다. 저 역시 그런 상상을 많이 했었고 실제로 그런 수학적인 비법을 찾아서 오랜 시간 노력했던 적도 있었습니다.

제가 주식하면서 깨달은 결론부터 말하자면, 주식시장에는 분명히 어떤 특정 상황에서 수익 확률이 높은 매수 자리는 있다고 말할 수 있습니다. 그런 매수 포인트에서 수익이 자주 났다면 기법이라는 이름을 붙일 수는 있겠죠. 하지만 어떤 상황에서도 매수하면 무조건 수익이 나는 기법은 없다고 저는 생각합니다. 만약 그런 기법이 있다면 그건 만병통치약 비법이 되겠죠. 저는 기법이라는 말 자체도 뭔가 틀에 맞춰져 있는 느낌이라서, 상황에 따른 유연함이 필요한 주식시장에는 어울리지 않는 단어라고 생각합니다.

╟╫╢ 만병통치약 같은 기법은 없다.
다만 확률 높은 매수 포인트가 있을 뿐이다

어쨌든 기법이라고 가정하고 말을 이어가 보겠습니다. 가령 A라는 기법을 제가 만들었다고 가정합시다. 만들었다는 표현도 좀 그렇지만, 발견하고 적용해서 A기법을 메뉴얼화해서 문서로 만들어 놓았다고 칩시다. 기법이 되려면 A기법을 사용한 모두가 같은 결과 또는 비슷한 결과가 도출되어야 합니다. 주식 경험이 3년이든 3개월이든 누구나 비슷한 수익률이 나와야 정상이겠죠.

이성이 있는 사람이라면 이게 설마 상식적으로 가능하다고 생각하지는 않으실 줄 믿습니다. 같은 A기법을 가지고 매매를 했는데 결과물이 다를 수 있다는 것이 상식적일까요?

기법이 같아도 외부 변수들이 다 다르기 때문에 결과치도 다를 수밖에 없습니다. 주식은 같은 종목, 같은 패턴의 차트, 비슷한 거래량의 모습을 보여도 변덕스럽게 순간순간 변하는 시장 상황이나 분위기, 매매하는 사람 각각의 심리 상태, 종목 자체의 내재가치 또는 종목 자체가 가지고 있는 리스크 등 이루 말하기도 힘들 정도로 많은 변수가 존재합니다. 갑자기 돌발 악재가 발생할 수도 있겠죠.

그렇기 때문에 동시간대에 같은 종목, 같은 가격에 매수를 해도 누구는 수익이 나고 누구는 손실로 마무리 될 수도 있습니다. 제가 평소에 "기법은 없다"고 강조하다 보니 확률 높은 매수 포인트조차 없다라고 받아들이는 분도 있을 수 있겠죠. 그래서 다시 정리하면, "비법 같은 완전무결한 만병통치약 매수 포인트는 있을 수가 없다." 이건 변함이 없습니다. 하지만 "확률 높은 매수 포인트는 분명히 있다. 그러나 확률 높은 매수 포인트라 할지라도 언제나 늘 같은 모습의 자리는 아니다"고 말할 수 있습니다.

왜 그런가 하면, 앞의 설명과 일맥상통하는 부분인데 시장 상황이나 기타 외부 변수에 따라 그 확률 높은 매수 포인트를 유연하게 적용해야 합니다. 매수 포인트라는 것이 정형화되어 있거나 고정되어 있지 않기 때문입니다.

2020년 3월 코로나사태로 주식시장이 폭락했을 때, 그 어떤 확률 높은 매매 기법도 대부분 무용지물이었습니다. 그 상황에서는 모든 기법이 속수무책이었습니다. 폭락장을 온몸으로 경험해 본 투자자라면 저의 이런 말이 쉽게 이해될 것입니다. 그런 폭락장에서 숨죽이며 태풍이 지나가길 바라거나, 혹은 눈치 빠르게 유연하게 대처하는 투자자가 어쩌면 최고의 기법을 보유한 것일 수도 있습니다.

᪥ᅦᆥ 결국 상황에 따른 유연한 대처가 최고

아무리 확률 높은 매수 포인트가 있다 해도 변덕스럽게 순간순간 변하는 시장 상황이나 이슈, 뉴스, 예상치 못한 돌발상황 등에 유연하게 대처하지 못하면 수익 확률은 크게 떨어집니다. 폭락장에 통하지 않으니 또 그게 기법이 될 수도 없겠죠.

초보분들은 너무 복잡하게 생각하지 말고 처음엔 소액으로 이것저

것 여러 매매 방법을 시도해 보고 그 중에 자신과 잘 맞다고 생각되는 방법을 한두 가지 선택해서 그게 정말 자신과 잘 맞는지, 정말 확률 높은 매수 포인트인지 시장 상황과 종목들의 변화를 비교해 가면서 테스트 과정을 충분히 거친 후에 최종 자신의 매매 방법으로 정립하면 좋을 것 같습니다.

소액이기 때문에 실수를 두려워하지 말고 호기심 가득한 마음으로 실험적이고 새로운 방법에 자꾸 도전해 보시기 바랍니다. 그런 테스트 과정 속에서 종목별로 시장 상황에 따라 어떤 다른 결과물이 나오는지, 시장 상황에 따른 어떤 다른 변화들이 일어나는지 경험하고 또 기록하면서 데이터를 많이 쌓아 놓으십시오. 그러면 시간이 지남에 따라 경험치도 쌓이고, 변화하는 시장 상황에 유연하게 대처하는 능력과 감이 생겨날 것이며, 최종적으로 자신의 확률 높은 매매 방법이 만들어지지 않을까 저는 생각합니다.

설명에 요령이 부족해서 잘 이해했을지는 모르겠지만 완전히 이해하지 못 했다 하더라도 너무 걱정 마시기 바랍니다. 길을 잃고 방황하는 것조차도 자꾸 걸어가다 보면 시간이 지남에 따라 하나씩 하나씩 경험으로 쌓이는 게 있고, 남는 게 있을 겁니다. 저도 초보 때는 여러분들과 다르지 않았습니다. 똑같았습니다.

33
첫 번째, 기초적인 캔들
(주린이 초보용)

주식 매매를 하려면 기초적으로 캔들, 이평선, 거래량은 해석할 수 있어야 합니다. 먼저 캔들에 대해 공부해 보겠습니다. 18세기 일본의 '혼마 무네히사'는 쌀 거래를 통해 갑부가 되었습니다. 그는 심하게 요동치는 쌀 가격을 한눈에 보기 위해 캔들차트를 최초로 고안했습니다.

캔들은 양봉(빨간색)과 음봉(파란색)으로 구성됩니다. 양봉과 음봉으로 구별되는 이유를 알기 위해 시가와 종가에 대해 이해할 필요가 있습니다. 주식시장이 열릴 때 시작되는 가격을 시가라고 하고, 마감될 때 마지막 가격을 종가라고 합니다.

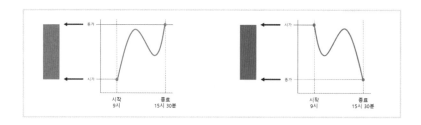

장이 시작되고 끝날 때까지 시가보다 높으면 양봉이라고 하고, 시가보다 종가가 낮게 유지되면 음봉이라고 합니다. 앞의 그림에서 좌측이 양봉, 우측이 음봉입니다.

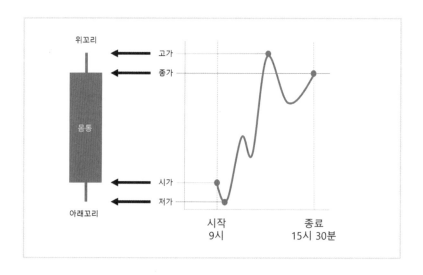

앞의 그림은 장중 최고가, 최저가를 추가했을 때 나타나는 모습입니다. 최저가는 말 그대로 장중에 가장 낮게 거래된 가격으로 캔들에서는 아랫꼬리로 표현합니다. 최고가는 장중에 가장 높게 거래된 가격으로 윗꼬리로 표현합니다.

여기까지는 매우 기초적인 내용이므로 대부분 잘 아실 겁니다. 그렇다면 캔들을 보는 목적은 무엇일까요? 앞서 말했듯이 차트를 통해 우리는 타인의 생각과 의지를 읽을 수 있습니다. 대부분의 참여자가 사고 싶어 한다면 매수세(사는 힘)가 강하고, 반대의 경우라면 매도세(파는 힘)가 강합니다.

위 그림 양봉 캔들을 보면 장 초반에 살짝 빠졌었습니다. 이유는 매수세보다 매도세가 강했기 때문이고 이로 인해 주가가 시가에서 저가까지 밀리게 되었습니다. 그런데 밀리던 와중에 현재 가격이 싸다고 생각한 사람들의 매수세가 들어오게 되고, 시가를 뚫고 상승합니다.

캔들에서 시가는 의미가 있습니다. 그 이유를 말씀드리자면, 보통 주식시장은 장 초반과 장 막판에 거래가 상대적으로 활발한 편입니다. 정말 인기 있는 한정판 세일 물건이 나왔을 때, 사람들이 오픈 시간과 마감 시간에 몰리듯이 시가와 종가는 상대적으로 의미가 있다고 볼 수 있습니다. 종목들의 분봉 거래량을 보면 자세히 파악할 수 있습니다.

장 초반 주가가 다시 시가를 뚫고 상승할 때, 물렸다가 오늘 힘이 약하다고 느껴 매도하는 사람, 더 지켜보며 관망하는 사람, 이제 시작이다 싶어 추가 매수를 하는 사람들의 심리가 혼재되어 나타납니다.

주가가 시가를 뚫고 올라간다는 것은 시가에 매수했다가 물려서 본전 탈출을 희망하는 물량을 어느 정도 소화한다는 의미입니다. 즉 매수세가 약하지는 않다는 증거겠죠(주가의 캔들 해석은 절대적이지 않으며 주관적 경험에 의한 경향이 사람마다 다르게 나타날 수도 있음).

그렇게 쭈욱 올라 장중 최고가를 찍고 조금 밀리면서 종가를 형성했습니다. 이처럼 양봉은 장중 내내 매수세가 우위였다는 사실을 말해줍니다. 그리고 '얼마나 강했는가'를 보여주는 지표는 거래량과 몸통의 길이입니다. 만약 몸통의 중간 가격을 기준으로 주가가 중간 가격 이하로 밀려 마감했다면 매수세는 강했으나, 매수세를 억누르는 매도세도 강했다는 사실을 어느 정도 의미하겠죠. 여기서 제가 주로 관심을 가지는 종목은 '전에 없는 강한 거래량을 동반하면서 윗꼬리가 길지 않은 장대양봉'입니다.

양봉을 통해서 이 부분을 잘 캐치해야 합니다.

①해당 기간 매수세가 강한가?
②강하다면 얼마나 강한가?

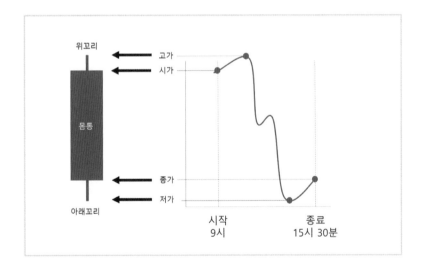

이제 음봉을 한번 봅시다. 개장하고 살짝 상승하며 고가를 형성한 뒤 매도세에 못이겨 시가를 깨며 주가가 장중 내내 밀렸습니다. 시가의 매수세를 짓밟을 만큼 매도세가 강했기에 주가가 장중 내내 밀렸죠. 밀리던 와중 매수세가 살짝 들어오면서 하락하던 매도세를 살짝 들어올리며 종가 마감했습니다. 음봉에서도 캐치해야 할 것은 바로 해당 기간 매도세가 얼마나 강했는가입니다.

그림 **2020년 6월 삼성바이오로직스 일봉 차트**

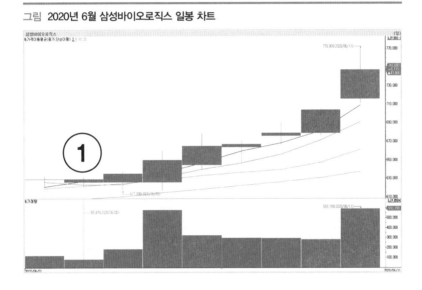

실전을 통해 보다 자세히 분석해 봅시다. 당시의 시장 상황과 종목이 속해 있는 섹터의 전체적 분위기를 제외하고 오직 캔들 하나만 분석하다 보니 단편적인 시각일 수도 있다는 점을 감안하고 보시기 바랍니다.

먼저 ①번 양봉은 몸통의 길이가 짧고, 윗꼬리보다 밑꼬리가 살짝 더 길게 형성되어 있습니다. 몸통의 길이가 짧고, 거래량이 적은 만큼 거래가 활발하지 않았으며 매수세와 매도세의 힘싸움도 크지 않았던 평범한 날이었습니다.

그림 **2020년 6월 삼성바이오로직스 일봉 차트**

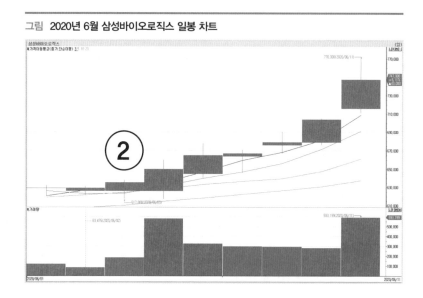

②번 캔들에서는 시가가 전일 고가보다 살짝 높게 시작하며 개장 초기 매수세가 약간의 힘을 보여주었지만 대체적으로 매도세가 매수세를 누르며 마감했습니다. 매도세에 저가를 형성한 밑꼬리만큼 매수세가 들어오며, 전일의 시가를 깨지 않은 선에서 종가 마감을 합니다 (일정 시간에 걸쳐 특정 가격대 라인을 지켜주거나 막히는 부분은 지지와 저항의 의미로 볼 수도 있음—전일의 시가를 지켜준 모습).

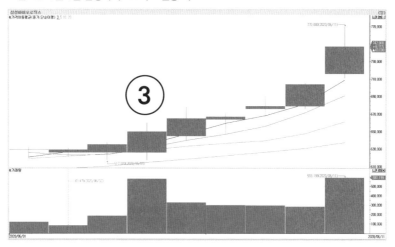

③번에서는 어제 매도세가 강했는데 거래량과 몸통의 길이가 전날보다 상대적으로 긴 강한 양봉으로 마감을 했습니다. 매수세가 전일의 음봉을 잡아먹으며 비교적 강하게 움직였습니다. 개장하고 살짝 밀린 뒤에, 전일 음봉의 매도세를 다 소화하면서 전일의 고가 대비해서도 조금 더 위에서 종가를 마감하며 매수 우위를 보여준 하루였다고 해석할 수 있습니다.

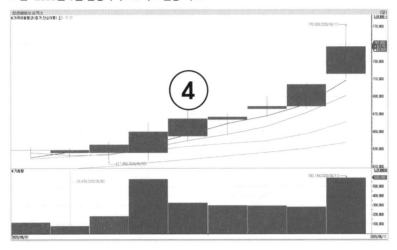

그림 2020년 6월 삼성바이오로직스 일봉 차트

④번째 캔들을 보면, 시가가 전일 종가 조금 아래에서 시작하며 매도세가 살짝 나왔지만, 강한 매수세로 다시 양봉을 그리게 됩니다. 하지만 전일 대비해서 거래량도 적고, 몸통의 길이도 상대적으로 짧으며, 반대로 윗꼬리는 더 길었습니다. 일봉상 상승 흐름을 이어갔지만, 매수세가 전일만큼 강하게 들어온 것은 아니었습니다.

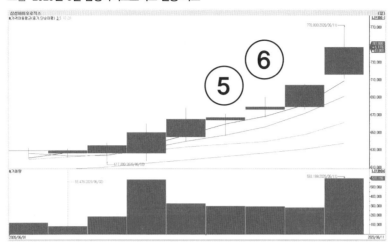

⑤번을 보면, 밑꼬리가 상대적으로 길게 형성된 캔들이죠? 강한 매도세를 받쳐주는 매수세가 존재했지만 시가를 회복시킬 정도까지는 아니었습니다.

⑥번은 갭을 띄우며 올라섰지만 매수세와 매도세가 힘겨루기를 했기 때문에, 윗꼬리와 아랫꼬리가 몸통보다 길고, 몸통은 상대적으로 짧은 캔들이 형성되었습니다.

즉 매수세와 매도세가 거의 비등했다고 볼 수 있습니다. 아마 차익 실현 욕구의 매도세와 그것을 잡아먹는 매수세의 힘겨루기로 이해할 수 있겠죠. ⑤⑥번의 캔들을 보면 2일 동안 가격을 높여가는 매수세가 있지만, 매도세도 어느 정도 나오고 있습니다.

그림 2020년 6월 삼성바이오로직스 일봉 차트

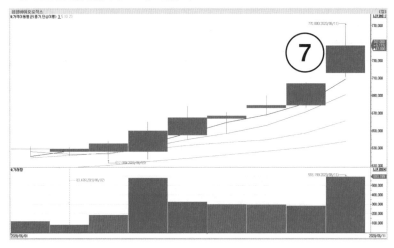

⑦번은 장중 내내 매수세가 강했음을 엿볼 수 있습니다. 꼬리는 거의 없고, 몸통의 길이는 반대로 길고 거래량은 ③번 대비 크게 많지는 않지만, ⑤번, ⑥번처럼 살살 내려오면서 만들었던 위꼬리 매도세를 소화하면서 상승을 시켰습니다. 매도세보다 매수세가 확실히 우위에 있는 차트로 해석이 가능합니다.

이처럼 캔들을 통해 매수세와 매도세의 강도, 그리고 그 힘들이 서로 부딪히는 공방을 느낄 수 있습니다. 이것이 바로 차트 해석입니다.

그림 2020년 6월 4일, 6월 11일 삼성바이오로직스 매매 내역

거래내역(결제기준)	당일매매일지	당일매도실현손익	일자별 실현손익	전일대비예탁자산증감	투자수익률상세추이						
계좌			구분 ● 일 ○ 월	매매일 2020/06/04	~ 2020/06/04	매수수수료 HTS	주의사항 조회				
종목명	추정실현손익	수익률	매도수량	매도단가	매도금액	수수료	제세금	매입단가	매수금액	수수료	
모나미	1,655,027	4.48	7,138	5,420	38,687,960	5,803	96,718	5,173	36,924,874	5,538	
신성통상	1,086,922	2.67	25,084	1,670	41,890,280	6,283	104,725	1,622	40,686,248	6,102	
삼성바이오로직스	3,833,704	1.88	319	654,000	208,626,000	31,293	521,565	640,153	204,208,807	30,631	
합계	6,575,653	2.33			289,204,240	43,379	723,008		281,819,929	42,271	

종목명	추정실현손익	수익률	매도수량	매도단가	매도금액	수수료	제세금	매입단가	매수금액	수수료
LG화학	6,032,685	2.62	515	460,000	236,900,000	35,535	592,250	447,000	230,205,000	34,530
삼성바이오로직스	4,256,068	2.70	218	745,000	162,410,000	24,361	406,025	723,394	157,699,892	23,654
합 계	10,288,753	2.65			399,310,000	59,896	998,275		387,904,892	58,184

주의할 점

차트해석은 언제나 같은 흐름을 보장하는 절대적인 것이 아니라서 각 개인의 경험치와
시장 상황, 종목 상황에 따라 해석이 상이하게 달라질 수 있기 때문에 차트로만 종목의
미래 흐름을 예단하는 것은 굉장히 위험할 수 있습니다.

34
지지와 저항의 해석

그림 LG화학 2020년~2021년 7월 주봉 차트

주식에서 지지의 사전적 의미는 주가가 매입 세력의 방어에 의해 특정 선에서 더 이상 하락하지 않는다는 의미가 있습니다. 무엇을 떠받치고 버티는 의미를 내포하고 있습니다.

2021년 7월 초순 현재 'LG화학' 주봉 차트로 봤을 때 B구간에서 지지 라인이 어느 정도 형성되고 있는 중입니다. B구간은 그전 2020년 'LG화학'이 상승하는 도중에 A라인의 저항 라인으로 볼 수 있는 가격대와 비슷한 위치임을 확인할 수 있습니다.

이렇듯 지지와 저항은 관념적인 라인이지 지지선이 계속 지지되거나, 저항선이 계속 저항선으로 남아 있지는 않는다는 사실을 알 수 있습니다. 쉽게 말해 지지와 저항은 일정 기간 또는 시간 동안만 그 역할을 할 뿐 언제 어디서 어떻게 뚫리거나 붕괴될지 아무도 알 수가 없습니다. 냉정하게 말해서 차트상 지지와 저항은 상황에 따라서는 아무 의미가 없을 수도 있습니다.

재무제표로 무조건 수익을 만들어 낼 수가 없듯이, 차트 분석만으로도 무조건적인 수익은 기대할 수 없습니다. 차트는, 모든 것이 합력해서 하나의 좋은 결과물을 만들어 내는 부분적인 요소는 될 수 있지만, 차트 하나만으로 좋은 결과물을 지속적으로 내는 데는 한계가 명확합니다.

이 책을 보시는 분들은 이론이 아닌 현실을 추구하셔야 합니다. 지지와 저항은 언제 어떻게 붕괴되고 뚫릴지 알 수가 없으므로 수학 법칙처럼 무조건 맹신해서는 안 되며, 참고용으로만 활용해야 합니다.

만약 지지와 저항이 항상 들어맞는다면 지지선에서 사고 저항선에서 팔면 되므로 아무도 주식으로 돈을 잃지 않을 것입니다. 지지와 저항을 알고도 손실을 내는 이유는 불완전한 라인이기 때문이겠죠.

그림에서 보이는 'LG화학'의 C라인은 2021년 7월 초순 현재 저항

라인으로 자리잡고 있습니다. 향후 'LG화학'이 C라인을 도전하러 갈지 아니면 B라인이 붕괴되면서 한 단계 더 밑으로 추락할지는 아무도 알 수 없습니다. 왜냐하면 종목마다 기업의 내부 사정으로 인해 호재와 악재가 항상 나올 수 있고, 더 크게 보면 시장 전체의 흐름도 중요하기 때문에 그 영향 아래에 있는 시장의 모든 종목들은 주가의 향방을 누구도 점칠 수 없습니다.

'그렇기 때문에 모든 것을 참고는 하되 너무 과한 믿음으로 신뢰하다가 스스로 발목을 잡는 우를 범하지는 마시기 바랍니다.'

지지 라인 주의점

무조건 지지가 된다면 그 곳에서 몰빵을 해야겠죠. 그러나 이런 초보 차티스트를 노리는 세력들은 가끔 그곳에서 자기들의 물량을 떠넘기는 라인으로 설정하여 역이용할 수도 있다는 점을 참고하시기 바랍니다.

그렇다면 차트에서
무엇을 가장 중요하게 생각하고 봅니까?

단순화하면 이슈가 되고 있거나 테마가 형성된 종목에서, 일봉상 거래량이 동반되면서 3일선과 5일선을 타고 상승중인 종목에서 매매 시점을 잡습니다. 제가 개인적으로 가장 선호하는 매매 타입입니다.

단기 매매에서는 매수 후 조금이라도 수익 가능성이 높은 자리에서 매매 시점을 잡는 것이 유리하기 때문에 추세(트렌트) 상승중인 종목을 관심종목으로 미리 뽑아 놓고 집중 관찰하는 습관을 들이는 게 중요합니다.

앞 장에서 예시로 들었던 2020년 6월 초순 '삼성바이오로직스'의 흐름처럼 3일선과 5일선을 깔고가거나 포함하면서 추세적으로 상승하는 종목에서, 거래량과 분봉을 보고 매수 타이밍을 잡는 테스트를 해보시면 좋습니다.

35
두 번째, 이동평균선
(초보용 해설)

〽️ 이동평균선이 만들어지는 원리

이동평균선(이하 이평선)은 대부분의 주식책이나 강의에서 빠지지 않고 다뤄질 만큼 기술적 분석을 논할 때 항상 언급되는 대표적인 지표 중 하나입니다. 내가 아니더라도 대부분의 시장 참여자들이 참고를 하기 때문에 무시해서는 안 됩니다. 또한 승리를 위해서는 타인의 생각을 조금이라도 더 캐치해야 할 필요성이 있으므로 이평선이 담고 있는 여러 정보를 잘 이해하고 활용해야 합니다.

이 중 '5일 이평선'은 5일 동안 일봉의 종가를 평균으로 구해 나온 값을 선으로 이은 것입니다.

일	1일	2일	3일	4일	5일	6일	7일
주가	4900	5100	5200	5300	5400	5900	6000
5일 이평선					5,196	5,300	5,560
					1일~5일 이동평균	2일~6일 이동평균	3일~7일 이동평균

이렇듯 이평선은 말 그대로 평균을 이은 선으로, 평균적으로 현재 어떤 흐름인지 추세를 파악하기에 용이한 장점이 있습니다. 5일 이평선이 계속 상승한다면 주가가 5일 동안 평균적으로 올랐다는 의미이므로 상대적으로 매수자들이 많았음을 캐치할 수 있습니다.

호가창에서 하나의 체결을 시작으로 1분봉이든 일봉이든 어떤 캔들의 모양이 만들어집니다. 호가창은 근시안적인 반면, 캔들은 그 호가창의 무수히 많은 날개짓들을 하나로 표현한 것입니다. 그리고 그 캔들의 흐름을 평균으로 나타내는 선이 이평선입니다.

따라서 이평선은 호가창, 캔들의 흔들림에 상대적으로 일희일비하지 않고, 큰 틀에서 현재 주가의 움직임을 조망할 수 있는 장점이 있습니다. 반면, 말 그대로 평균이기 때문에 호가창처럼 세밀한 움직임을 모두 담아내지 못할 때가 많습니다. 저 개인적으로 당일 단타 매매를 할 때, 호가창의 비중은 30% 정도만 참고하고, 시장 상황과 종목의 이슈(재료)와 차트(트렌드)에 집중하는 편입니다.

▮◆▮ 정배열과 역배열

정배열은 단기 이평선이 장기 이평선 위에 배열된 상태를 의미합니다. 예를 들어 5일〉10일〉20일〉60일〉120일 순입니다.

그림 **정배열 일봉 차트**

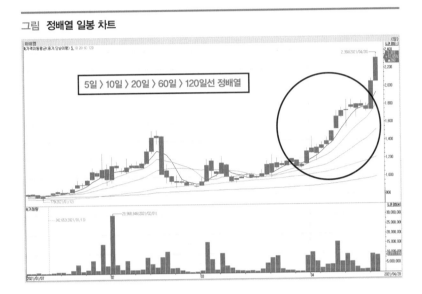

정배열은 중장기적인 이평선부터 단기적인 이평선까지 모두 상승하고 있는 차트이므로, 매수세 유입을 의미합니다.

그림 **역배열 일봉 차트**

5일 〈 10일 〈 20일 〈 60일 〈 120일선 역배열

반대로 역배열은 5일〈10일〈20일〈60일〈120일 순으로 매수세보다 매도세 우위를 의미합니다.

단기 매매에 있어서 특히 조심하고 주의해야 할 차트가 있습니다. 바로 역배열로 우하향하며 주가가 계속 흘러내리는 차트입니다. 이 흐름에서 싸다고 무턱대고 매수하는 투자자들이 많습니다. 오매불망 가격이 올라오기만을 손꼽아 기다리는 본전이 목표인 투자자들, 즉 소위 물린 투자자들이 득실거리는 곳에서 무슨 승산이 있겠습니까? 본전이 오거나 혹은 조금만 올라도 탈출하려고 줄을 서 있는 이런 차트에는 몸을 싣지 말아야 합니다. 수익 가능성을 조금이라도 높이고 싶다면 남들도 다 같이 좋다고 봐주는 우상향 종목에 머물러 있어야 합니다(단, 차트는 어디까지나 참고사항일 뿐 절대적이지 않기 때문에 시장 상황이나 종목 본연의 내외 사정에 의해 언제든지 갑자기 흐름이 깨지거나 돌변할 수도 있다는 사실을 인식하고 접근해야 합니다).

ᵢ╋ᵢᵢᵢ 이격

그림 이동평균선과 가격의 거리(이격)을 나타내는 일봉 차트

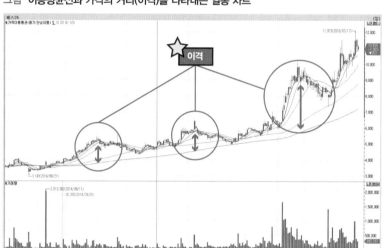

이격이란 주가와 이평선 사이의 떨어진 거리를 뜻합니다. 기준이 되는 이평선에서 이격이 많이 벌어진 경우, 주가는 이평선과 시차를 두고 점점 가까워질 확률이 높아집니다. 일봉에서든 분봉에서든 단기적으로 과하게 상승한 경우 후속 매수세가 들어오지 않은 이상 이평선으로 되돌아올 확률이 70% 이상입니다. 매수한 직후 수익이 난 상태에서 현재 가격과 밑에서 올라오는 이평선의 거리가 많이 벌어진 상태라면 적당히 수익을 챙기고 빠지는 게 단기 매매에서는 바람직합니다(확률적으로 상승한 가격과 밑에서 따라올라오는 이평선의 이격이 많이 벌어지면 점점 시간을 두고 가격과 이평선이 만날 확률이 높아집니다. 아무래도 이평선이 올라오기보다는 가격이 내려와서 만날 가능성이 높습니다).

▐▌▐▌ 이평선에 대한 개인적인 생각

이평선은 주가의 움직임에 따라 평균을 그리는 후행성 지표입니다. 따라서 법칙을 찾듯이 맹신해서는 안 됩니다. 단기 매매를 하시는 분들은 기준이 되는 이평선을 잡은 뒤 이평선의 방향, 이격, 배열 등을 살펴보면서 자신만의 확률 높은 매매 시점을 찾아 기준을 어디에 두면 좋을지 꾸준히 관찰하는 습관이 중요합니다.

36

세 번째, 거래량
(초보용 해설)

거래량은 이미 매매된 주식 수입니다. 예를 들어, 영희가 A주식 10주를 매수하고, 철수가 10주를 매도했다면 거래량은 10주가 됩니다. 거래량은 단기 매매로 확률을 높이는 데 중요한 역할을 합니다. 거래량이 왜 중요한지 예를 들어 설명해 보겠습니다.

영희가 벤치프레스라는 가슴운동을 하고 있습니다. 무거운 봉을 들어올리기 위해서는 강한 힘이 필요합니다. 봉을 들어올리기 위해 드는 힘을 매수세, 봉이 땅으로 떨어지려는 중력을 매도세라고 가정해 봅시다. 무거운 봉과 중력을 이기는 힘이 있어야 비로소 봉을 들어올릴 수 있습니다.

주식시장에 비유를 하자면 중력은 강한 매도세입니다. 만약 이러한 매도 물량들을 다 잡아먹고 주가가 오른다면 봉을 드는 힘, 즉 매수세가 강하다는 것을 의미합니다.

따라서 주가가 상승하는 과정에서는 파는 사람들의 물량을 소화하면서 상승해야 하므로 거래량은 티가 날 수밖에 없습니다. 그래서 '차트는 속일 수 있어도 거래량은 속일 수 없다', '거래량은 주가의 그림자'라는 말이 생긴 것입니다.

그림 **2021년 2월 23일 팜스토리 거래량 표시 일봉 차트**

예시로 거래량을 활용하는 관점을 공유해 보겠습니다. 2021년 2월 23일 '팜스토리' 차트입니다. 곡물가격 상승이라는 이슈(재료)를 명분으로 당시 '팜스토리'가 강세였습니다. 이슈는 갖다 붙이기 나름이지만, 상장 이후 최대 거래량으로 전고점을 돌파하는 장대양봉이 형성되었을 때, 뭔가 있다 싶어서 관심종목으로 관찰하기 시작했습니다. 역대급 거래량이 들어오는 현상이 과연 누군가의 주문 실수나 우연이

었겠습니까? 비유하면 영희가 상상도 못할 무거운 벤치프레스를 들어
올리는 데 성공했다는 것입니다.

그림 **2021년 2월 팜스토리 거래량 표시 일봉 차트**

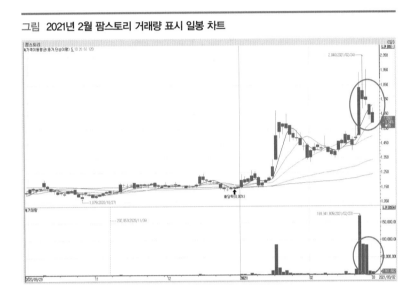

'팜스토리'가 2021년 2월 23일 역대급 대량 거래량이 동반된 장대
양봉을 발산하자, 이후 관심종목에 등록해 놓고 몇일 간 흘러내릴 때
관심있게 관찰했습니다. 당시 N자형 패턴(앵커)으로 재반등이 나올 시
점이 임박했다는 생각은 하고 있었으나, 그 타이밍이 언제인지는 알
수 없기에 지속 관찰하면서 상황만 체크했습니다. 2월 23일 급등 후
몇일 동안 하락하면서 눌릴 때, 거래량을 보면 장대양봉에 비해 줄어
드는 모습을 알 수 있습니다. 즉, 급등 시 들어온 매수 물량이 빠져나
가지 않고 머물러 있다는 느낌이 들었다는 것이죠. 그리고 3월 3일 강
하게 반등할 때 매수에 동참해서 수익을 낼 수 있었습니다.

그림 2021년 3월 3일 팜스토리 매매 시점(빨간색 라인 매수/파란색 라인 매도) 마킹 일봉 차트

종목명	추정실현손익	수익률	매도수량	매도단가	매도금액	수수료	제세금	매입단가	매수금액	수수료
제주은행	2,504,785	6.38	5,433	7,708	41,877,564	6,281	96,318	7,227	39,264,291	5,889
팜스토리	5,637,033	4.49	74,726	1,760	131,517,760	19,727	302,490	1,680	125,539,680	18,830
합 계	8,141,818	4.94			173,395,324	26,008	398,808		164,803,971	24,719

그림 2021년 3월 3일 팜스토리 5분봉 차트로 본 매수 · 매도 시점 마킹 분봉차트

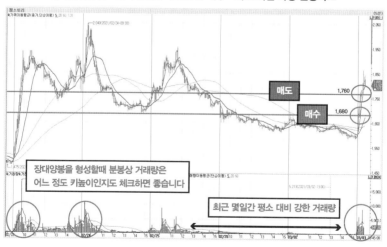

'팜스토리'의 2021년 3월 3일자 5분봉 차트입니다. 장시작과 함께 매수세 거래량이 들어오며 상승할 때, 오늘이 반등하는 날인가 하여 한 템포 빨리 매수했고 판단이 맞아떨어졌습니다. 단타를 하는 데 있어서 매수세 거래량 체크만 잘 해도 수익 확률은 확실히 높아집니다.

하지만 초보의 경우에는 어느 정도의 거래량이 강한 것인지, 평소 대비 강한 거래량 같은데 이게 정말 강한지에 대한 감이 없을 수밖에 없습니다. 그래서 거래량 확인이 어렵게 느껴지고, 특히 앞전 거래량보다 많이 거래되는 것 같다가도 갑자기 매수세 거래량이 실종되거나 줄면서 주가가 힘없이 꺾이면 속수무책으로 당하기 쉽습니다.

단기 매매를 하다 보면 주가가 돌연 힘없이 빠지는 경우는 흔히 일어나는 일입니다. 따라서 언제 어떤 상황에서도 그런 일이 일어날 수 있다는 대비를 해야 합니다. 항상 머릿속에 염두에 둬야만 그 일이 일어났을 때 대처도 할 수 있습니다. 그래서 손절도 매수와 동시에 준비하는 게 맞다고 생각합니다.

저는 분봉 거래량의 키높이와 호가창의 매수, 매도 흐름을 복합적으로 참고하면서 매수세를 판단하는 편입니다. 장 초반에는 5분봉 차트를 띄어놓고, 최근 몇일 동안의 거래량과 비교하면서 현재 매수세의 강도가 어느 정도인지 1차적으로 가늠하고, 동시에 호가창에서 매수매도의 흐름도 참고합니다.

제가 주로 데이트레이딩을 하다 보니 시장 상황과 이슈, 뉴스, 일봉, 분봉, 호가창 등을 복합적으로 참고하면서 이슈가 살아 있고 시장에서 관심이 될 만한 재료가 내포된, 즉 움직일 만한 종목을 미리 관심종목으로 선정하고 관찰하다가 매매를 하는 편입니다. 그래서 매수세가 들어오다가 갑자기 실종되어도 이슈, 재료가 살아 있다고 판단되면 어느 정도 견딜 수 있는 여력이 되기도 하며, 수익도 손실도 조금 더 길게 보는 편입니다. 물론 이는 장점이 될 수도 있고, 단점이 될수도 있습니다.

결국 일정 기간 소액 테스트로 실전 데이터를 모으고 통계를 내어 강하게 급등하는 종목들의 매수세 특징을 직접 경험하고 체험하는 과정이 정말 중요합니다. 이런 일련의 작업들은 남이 대신해 줄 수 없습니다. 시장 상황, 종목 상황마다 매번 그 특징들이 조금씩 다르게 변화하기 때문입니다. 하나의 고정된 법칙이 있다면 좋겠지만, 주식의 세계에서 그런 고정된 방정식은 존재하지 않습니다.

37

차트의 특징 1
_우상향 매매(마운트 매매)

그림 2020년 한국전력 일봉 차트

스스로를 단기 매매자라 가정한 후 위의 차트를 관찰해 보시기 바랍

니다. 차트가 어떻다고 생각이 드나요? 우리나라 사람이라면 누구나 아는 우량기업입니다. 그동안 많이 하락했으니 좋은 종목을 싸게 살 수 있는 기회라고 생각되나요?

같은 그림을 보고도 사람마다 생각이 다릅니다. 어떤 사람은 기회라고 여겨 매수를 하고, 또 어떤 사람은 주가가 시장 대비 약한 모습이므로 손절을 하고 떠나기도 합니다.

일단 저의 생각은 이렇습니다. 저처럼 단기 매매를 주로 하는 사람들은 제 아무리 우량주라 하더라도, 아니 우량주보다 더한 초우량 종목이라도 단기적 추세가 무너져서 하락하거나 빌빌대며 옆으로 기는 종목은 쳐다보지도 않습니다. 우리가 엄청난 자산가라서 배당이나 기업의 가치를 따지면서 장기 투자할 수 있는 여건이 아니라면 이런 종목들은 단기 매매 대상에서는 무조건 제외해야 합니다.

시장에 참여하는 대부분의 투자자들은 거액의 자산가가 아닙니다. 거액의 자산가도 있겠지만 그들도 그들 나름대로의 원칙에 따라 투자하고 있으므로 여기서는 논외입니다. 그렇기에 얼마 안 되는 돈으로 무겁게 움직이는 종목을 단지 우량주라는 이유로 무작정 매수해서 장기간 들고 다니기엔 투자의 실효성이 크게 떨어질 수밖에 없습니다.

차트가 흘러내리고 있는데, 단지 우량주라서 단기 매매 대상으로 보고 매수한다? 생각을 달리 하셔야 합니다. 자산이 많아서 투자를 하는 게 아니라, 적은 투자금을 어떻게 해서든 효율적으로 굴려서 자산을 만들어 가는 것이 개인투자자들의 목표입니다. 그러니 기업 자체가 아무리 좋더라도 꿈쩍도 하지 않는 종목을 붙들고 불확실한 상승에 목매면서 물 떠놓고 기도할 시간이 없습니다.

현실에 맞는 투자란 무엇일까요? 단기 매매를 할 때는 최적의 매매 시점을 잡아서 적은 돈으로 최선의 결과를 이끌어내야 합니다. 그러기 위해서는 반드시 확률을 높이고 실수와 시행착오를 줄여가야 합니다. 이 책의 2장에서 강조한 '매매일지'와 '이슈종목 정리' 작성을 성실히 반복하면서 나의 칼을 잘 드는 칼로 준비시켜야 합니다. 정확히 베고 오차 없이 방어가 가능하도록 연마해야 겠죠.

저의 매매 관점을 다시 강조하자면 장기간 힘없이 흘러내리는 차트는 단기 매매 대상으로 절대 쳐다보지도 않습니다.

그림 2020년 8월 추세우상향 LG화학 일봉 차트

| 거래내역(결제기준) | 당일매매일지 | 당일매도실현손익 | 일자별 실현손익 | 견일대비예탁자산증감 | 투자수익률상세추이 |

| 계좌 | | ▼ | | 구분 ⦿ 일 ○ 월 | 매매일 2020/08/07 ▼ ~ 2020/08/07 ▼ | 매수수수료 HTS | 주의사항 | 조회 |

종목명	추정실현손익	수익률	매도수량	매도단가	매도금액	수수료	제세금	매입단가	매수금액	수수료
LG화학	8,328,015	3.40	347	731,382	253,789,554	38,068	634,473	705,338	244,752,286	36,712
합계	8,328,015	3.40			253,789,554	38,068	634,473		244,752,286	36,712

저의 주요 단기 매매 대상은 대부분 일봉상 트렌드가 우상향 차트입니다. 주식은 추세가 중요한데 한 번 트렌드가 형성되면 일정 기간 지속되는 경향이 있습니다. 흘러내리는 트렌드가 형성되면 좀체 회복이 안 되고, 오히려 경향이 짙어지기만 합니다. 반면 2020년 하반기 'LG화학'처럼 상승 흐름이 만들어지면 이 흐름대로 일정 시간 동안 이어지는 경향이 높습니다.

상승 추세 종목에서 매매를 해야 하락 추세 종목보다 수익 확률이 높아집니다. 저의 주관적인 생각이 아니라 통계적·과학적으로 입증된 결과입니다.

물론 단기간에 너무 급등락하는 가벼운 잡주는 위험성이 높습니다. 그런 종목들은 취사선택하여 매매 대상에서 제외할 수 있습니다. 그러나 종목 자체의 이슈나 재료가 좋고 시장 관심주로 분류되고 매수세가 몰린다면, 매매 시점을 노려볼 수 있습니다. 잡주라 하더라도 일단 추세가 형성되면 조금 더 이어질 가능성이 높기 때문입니다.

여러분이 단기 매매를 추구하고 있다면, 다시 한 번 강조하지만 추세 하락하는 종목에서 매매 시점을 잡으려고 하는 건 잘못된 접근입니다. 종목에 물려서 '어차피 물린 거 장기 투자로 가자' 하고 갑자기

변신하는 투자는 옳지 않습니다.

장기 투자가 마음이 편할 것 같지만 꼭 그렇지만도 않습니다. 장이 좋아 너도나도 수익이 나는 상황에서 몰빵해 있는 내 종목만 소외가 된다면 마음에 화만 가득해지고, 투자에 피멍만 들 수도 있습니다. 물론 자신의 스타일이 장기 투자에 맞다면 쭉 한 우물을 파면서 공부하는 것도 나쁘지 않다고 생각합니다.

하지만 스타일상 단기 투자자라면, 살아도 죽어도 추세 상승하는 종목에 몸을 담구고 있어야 미래 발전 가능성이 있습니다. 안전성 측면에서도 우상향 종목이 유리하니 이 점을 기억하면서 소액 테스트로 경험치를 높여나가시길 권합니다.

38

차트의 특징 2
_추세 반전(앵커 매매)

제가 하는 매매 중에 상승했다가 일정 기간 조정을 주고 난 뒤에 다시 재상승하며 추세 반전할 때 들어가는 매매 방법이 있습니다. 추세 반전 모습이 배의 닻의 모습과 유사해서 앵커 매매라고 이름을 붙였습니다. 흔히 말하는 N자형 패턴과 유사합니다.

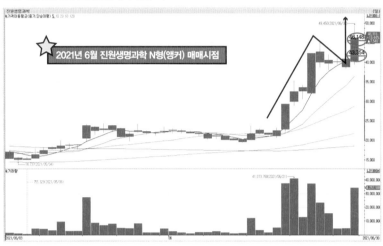

2021년 6월 진원생명과학 N형(앵커) 매매시점

그림 2021년 6월 30일 진원생명화학 매매 내역

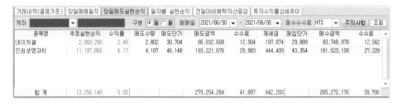

종목명	추정실현손익	수익률	매도수량	매도단가	매도금액	수수료	제세금	매입단가	매수금액	수수료
네이처셀	2,060,290	2.46	2,802	30,704	86,032,608	12,904	197,874	29,889	83,748,978	12,562
진원생명과학	11,197,858	6.17	4,187	46,148	193,221,676	28,983	444,409	43,354	181,523,198	27,228
합 계	13,258,148	5.00			279,254,284	41,887	642,283		265,272,176	39,790

'진원생명과학'으로 예를 들어보겠습니다. 2021년 6월 중순 이후
강하게 추세 상승을 시키며 급등을 합니다. 그러다 6월 24일 고점을
찍고 흘러내리다가 6월 30일 추세 반전하게 되죠. 이런 시점에 매수
하여 수익을 자주 추구합니다. 이전 '한국전력'이 장기하락 차트였던
데 반해 '진원생명과학'은 우상향중이죠. 이처럼 추세적으로 상승하는
차트에서의 '눌림'은 장기 하락 차트와 차원이 다릅니다.

2021년 3월 3일 매매했던 '팜스토리'를 통해 좀더 자세히 설명해

그림 2021년 3월 3일 팜스토리 매매 내역

거래내역(결제기준)	당일매매일지	당일매도실현손익	일자별 실현손익	전일대비예탁자산증감	투자수익률상세추이					
계좌		▼	구분 ⊙일 ○월	매매일 2021/03/03 ▼ ~ 2021/03/03 ▼	매수수수료 HTS		주의사항	조회		
종목명	추정실현손익	수익률	매도수량	매도단가	매도금액	수수료	제세금	매입단가	매수금액	수수료
제주은행	2,504,785	6.38	5,433	7,708	41,877,564	6,281	96,318	7,227	39,264,291	5,889
팜스토리	5,637,033	4.49	74,726	1,760	131,517,760	19,727	302,490	1,680	125,539,680	18,830
합 계	8,141,818	4.94			173,395,324	26,008	398,808		164,803,971	24,719

그림 2021년 3월 3일 팜스토리 매매 시점 마킹 일봉 차트

보겠습니다. '팜스토리'는 2021년 2월 23일 장중에 상한가를 터치하고 22% 장대양봉으로 마감했을 때 관심종목에 등록했습니다. 상한가 또는 20% 전후로 마감하는 종목들은 항상 관심종목으로 편입해 놓고, 며칠 동안 흐름을 살피다가 추세(트렌드) 매매나 앵커 타이밍을 노리는 편입니다. '팜스토리'도 마찬가지 이치로 관심종목 등록 후, 3월 2일까지 하락을 시켰다가 재차 반등하는 앵커 타이밍에 접근하여 수익을 내고 나왔습니다.

▖▗▌▖▖▌▌ 왜 더 비싸보이는 곳에서 매수하는가

흔히 눌림목 음봉에서의 매수는 앞으로의 상승을 예상한 추측 매수라고 할 수 있습니다. 반면 앵커 매매는 눌리고 재반등하는 타이밍에 최종적으로 확인할 사항을 모두 확인하고 매수하는 시간절약형 매매입니다.

"눌리는 음봉에서 사는 게 가장 싸고 안전하지 않나요?"라고 묻는 분들도 있습니다. 그 타이밍이 본인과 잘 맞는다면 그렇게 하면 됩니다. 하지만 제 기준에서 싸다 비싸다는 시간이 지나봐야 결과적으로 아는 정보입니다. 눌리는 종목은 시장 상황이나 종목 내외의 알 수 없는 이유로 더 눌리는 경우도 많고, 추가 급락이 나올 수도 있습니다. 예상과 다르게 오르지 않으면 오버나잇을 하게 되는데 밤사이 악재가 발생할 경우 다음날 추가 하락은 피할 수 없습니다. 그렇기 때문에 상대적으로 높아보이는 가격이더라도, 상승하는 과정을 지켜본 후 상승 확률이 조금이라도 더 높을 때 매수하는 게 단순 추측으로 매수해서 보유하면서 보내게 되는 리스키한 시간을 피하고 결과적으로 그게 가장 안전하고 싸다고 판단되는 시점이라고 개인적으로 생각합니다.

█▄█▌ 오늘이 반등하는 날인지는 어떻게 아는가

그렇다면 '오늘이 앵커로 반등하는 날인지 아닌지 어떻게 아느냐?'가 관건입니다. 오늘이 반등하는 날인지 아닌지 그건 저도 100% 장담할 수 없습니다. 다만, 전체적인 시장 분위기, 해당 종목의 재료, 주가의 위치, 매수세의 강도 등에 근거해서 경험적으로 봤을 때 최대한 확률 높은 곳에서 접근합니다.

따라서 상승을 하기 전에 또는 상승하면서 어느 정도 선까지 상승할 가능성이 높은지도 높은 확률로 티가 나는 편인데, 그 상승 의지와 티를 높은 확률로 읽어내고 눈치를 채면 주식고수의 반열에 들어서는 것이고, 그렇지 못하면 그저 하수에 머물면서 시장에 돈과 시간, 인생을 가져다바치는 조공자 역할만 하는 것입니다.

조공자 역할을 그만하기 위해서 여러분들이 책도 보고 주식 관련 유튜브도 보면서 공부를 하지만, 현실적으로 단기간에 수준 높은 주식 실력을 쌓기란 정말 어렵습니다. 가장 큰 이유가 뭔지 아십니까? 제가 볼 때 여러분 자신이 스스로에 대한 믿음이 부족하기 때문입니다. 주위를 둘러봐도 주식으로 성공한 사람들은 아주 드문 케이스입니다.

█▄█▌ 스스로를 꺾지 마라

그렇다 보니 시간이 가면 갈수록 '과연 내가 정말 주식으로 성공할 수 있을까' 하는 의구심이 마음을 지배하게 되고, '결국 안 될 거야' 하는 자기부정 심리가 뿌리내리면서 믿음도 사라지고 노력도 내려놓고, 길을 잃고 방황하게 됩니다. 대부분 이 과정을 거치며 꿈을 포기합니다.

주식 너무 어렵다고요? 네. 어려운 건 맞습니다. 하지만 어렵기만한 건 절대 아닙니다. 주식이 절대 호락호락하지 않지만, 일반적인 생각처럼 아무나 경지에 도달하지 못할 정도로 감히 넘어설 수 없는 통곡의 벽은 절대 아닙니다. 여러분들이 그 흐름을 잘 몰라서 못할 뿐이고, 어렵다고만 생각하니까 심리적으로 더 어렵게 느껴질 뿐입니다. 누구나 바른 방법으로 공부하고 일정 기간 노력하면 어느 정도 수준의 고수까지는 충분히 도달이 가능합니다. 제 기준으로 보면, 월 1천만 원에서 2천만 원 정도의 수익은 그렇게 도달하기 어려운 목표는 아닙니다.

일단 현재 주식으로 안정적인 수익이 나지 않거나 기복이 좀 있어서 수익이 났다 잃었다 하시는 분들은 안정적인 월 1천만 원 수익을 1차 목표로 잡으면 좋겠습니다. 월 1천만 원 수익이 안정적으로 난다면, 결국 이 사람은 월 2천, 3천 이런 식으로 점진적으로 실력이 늘어날 가능성이 높습니다. 절대 급할 필요가 없으며 지금부터라도 미래를 위해 성실하게 공부하고 경험치를 높이는 노력을 해 나가면 반드시 목표에 도달할 수 있을 것입니다.

5부

주식의 道

고수의 기술

39

폭락장에서 살아남는 노하우

⬛️◻️⬛️ 시장 흐름에 너무 집착해서 우울해지지 않도록

마음에 여유를 가져보자

주식은 차트를 비롯한 기술적인 면이 전부가 아닙니다. 보통의 생각보다 정신적인 부분이 매우 중요합니다. 중심을 잡고 여유를 가지며 소위 '멘탈 관리'가 되어야 합니다.

시장은 주기적으로 요동을 치며, 그 과정 속에서 상승, 하락, 횡보 중 하나의 길을 갑니다. 항상 오르지도 항상 떨어지지도 않으며, 반드시 오르거나 내리지도 않습니다. 대부분의 투자자들이 오르기만을 바라기 때문에 마음이 답답해지는 것입니다. 맑은 날만 바래서는 비 오는 날을 견딜 수 없습니다. 주식시장은 맑은 날과 흐린 날, 비오는 날과 눈 오는 날이 공존하며 반복된다는 사실을 잊지 말아야 합니다.

시장이 흔들릴 때마다 일희일비하면서 멘탈 관리를 하지 못하면, 장기적으로 봤을 때 주식투자가 일상의 행복을 파괴하는 주범이 되고, 정신적으로 매우 피곤한 하루하루를 보내게 됩니다. 시장 전체가 무너져내릴 때는 투자를 긴 호흡으로 보고 '맑은 날이 있듯이 비바람 부는 날도 있구나' 하고 받아들이는 자세가 중요합니다.

말처럼 쉽지 않다는 사실은 저도 잘 알고 있습니다. 쉽지 않기 때문에 강조도 하는 것입니다. 하지만 시장 참여자 모두 힘든 상황에서 여유를 가지고 시장을 바라보는 습관을 들이고, 마음을 다잡기 위해 노력하는 것 자체가 좋은 경험치로 여러분 안에 쌓이고, 훗날 비슷한 위기가 또 닥쳤을 때 멘탈 관리의 밑바탕이 됩니다.

▎▌▎▌ 안 좋은 시장 상황 때문에 내 종목도 덩달아 하락해서 감당하기 힘들 때

갑작스러운 하락은 불시에 찾아오는 손님과 같습니다. 그 누구도 상황을 미리 예견해서 완벽하게 대처할 수 없고, 단칼에 손절을 할 수 있는 사람도 사실 드뭅니다. 하지만 손실이 길어질수록 계좌를 보고 있는 것 자체가 스트레스고 견디기 힘들다 보니 성급하게 판단하다 더 안 좋은 결과로 이어지는 경우가 많습니다.

'시장 상황이 좋지 않다'는 '참여자 대부분이 비를 맞고 있다'로 해석하는 것이 좋습니다. 그 비를 혼자 맞고 있다고 생각하니 화가 나고 참기가 어려운 것입니다. 시장에 복수하고 싶은 마음도 억누를 길이 없기도 합니다.

시장이 좋지 않을 때는 나뿐 아니라 모두가 같이 어렵습니다. 차분하고 신중하게 생각해야 될 일을 스트레스 때문에 충동적으로 쫓기듯 매수, 매도하면 최악의 결과가 나올 수도 있습니다. 시장이 좋지 않을 때는 잠시나마 우유부단하게 있는 것도 나쁘지 않습니다. 성급하게 판단해서 급하게 움직이다가 오히려 일을 더 크게 악화시키는 경우도 많습니다.

경험상 위기 상황에서 판단이 어려울 때 조급하면 엇박자로 죽도밥도 안 되는 경우가 많기에 현상 유지에 초점을 두고 사태가 진정되기를 기다리며 버티기 전략을 구사하는 것도 때에 따라서는 필요한 일입니다. 공포에 사로잡혀 조급하게 잘못된 판단을 내리기보다 다시 한 번 매수와 매도에 신중함을 기할 필요가 있다고 강조해 드리고 싶습니다.

▮▰▮ 안전이 제일이다

장기 투자자는 어차피 상황을 길게 보겠지만, 단기 투자자는 시장이 좋지 않을 때 기대치와 비중도 줄이면서 수익보다는 안전을 최우선으로 생각하면서 매매해 보시기 바랍니다. 좋은 시장 분위기가 돌아왔을 때 수익을 추구해도 늦지 않습니다. 비록 단기 투자를 하고 있지만 그렇다고 인생이 단거리 경주가 되는 것은 아닙니다. 장기 투자이든 단기 투자이든 모두 장거리 경주를 하고 있습니다. 시장이 어려움에 빠지면 모든 투자가 다 어렵기 때문에 신중 모드로 전환하여 시장 분위기가 정상적으로 돌아올 때까지 자중하면서 버텨야 될 때도 있습니다.

하루하루가 짜증나고 지루할 때 성급하게 손실을 한 방에 복구하려는 심리가 장작불처럼 활활 타오를 수도 있지만, 그런 마음일수록 더욱 억누를 필요가 있습니다. 반드시 경계해야 할 충동적 마음입니다. 항상 기회는 참고 기다리는 사람에게 반드시 오게 되어 있습니다. 성급하게 될 대로 되라는 식으로 무리수를 두지 말고 인내하면서 침착함을 잘 유지하다 보면 좋은 시장 분위기는 돌아오기 마련입니다. 겨울이 아무리 추워도 거짓말처럼 꽃피는 봄이 오는 이치와 하나도 다르지 않습니다.

▪▫▪ 현금 비중을 항상 일정 비율로 유지하자

흔히 말하는 물타기를 통해 특정 종목에 몰빵이 된 상태라면, 예기치 않게 증시가 폭락이 나왔을 경우, 더 큰 손실을 맞이하게 되어 슬럼프를 겪게 될 가능성이 높아집니다. 심하면 주식시장에서 퇴출되는 운명에 처할 수도 있습니다. 리스크 관리 차원에서 현금 비중은 평소에 일정하게 유지해 두는 투자 습관을 들이는 게 현명합니다.

그리고 위기는 또 다른 기회라는 말이 있듯이, 주식시장에서 폭락장은 기회인 경우가 많았습니다. 그때 물린 종목의 반등 확률에 대한 통계가 있다면, 그에 근거해 평단가를 낮출 수 있습니다. 또는 좋은 기업이 터무니 없이 많이 하락했을 때 폭락장은 좋은 종목을 싸게 살 수 있는 기회가 됩니다. 이때 현금이 없다면 위기가 고스란히 위기일 뿐이지만, 현금이 있다면 위기를 기회로 바꿀 수 있습니다.

여러 가지 매매 방법을 다양하게 시도해 보았지만, '가치투자는 폭락장에서 극대화하자'는 게 저의 투자가치관입니다. 좋은 기업일수록 폭락 이후 반등의 세기는 매우 빠르고 높기 때문입니다.

실제로 중장기 투자로 2019년 9월부터 '삼성바이로직스'를 분할 매수했었습니다. 그리고 2020년 3월 코로나 폭락장이 왔을 때에도 기회라고 생각했습니다. 최대 2년 동안 보유할 각오로 과감히 추가 매수를 했었습니다. 우리나라 바이오시밀러 회사 중 양대산맥이라면 '셀트리온'과 '삼성바이오로직스'라고 판단했는데, 개인적으로는 '삼성바이오로직스'가 실적과 성장성, 전망 등 모든 면에서 우수하다고 봤습니다. 어쩌면 '삼성바이오로직스'는 제 2의 '삼성전자'가 될 수도 있겠다는 생각까지 들 정도였습니다.

다음 나오는 캡처 속의 멘트는 2020년 4월 17일 네이버카페 '스톡체인저'에 제가 직접 작성한 '삼성바이오로직스'와 국제유가에 대한 의견입니다.

그림 2020년 4월 17일 네이버카페 '스톡체인저'에 올린 국제유가 전망

삼성바이오 로직스는 현재 수익이 꽤 많이 난 상태인데 사실 중장기로 주당 100만원 이상
까지 생각 했었습니다.
그런데 100만원까지 가려면 조금 시간이 걸리지 않을까 생각들고 일단 수익챙긴후
원유쪽으로 종목을 갈아타는게 보다더 효율적이란 생각에 삼바는 매도 예정입니다.

opec+ 와 러시아와의 얼마전 5월~6월 두달간 하루 970만 배럴 원유감산 합의가 시장 기대치에
못미친다는 이유로 유가가 상승하다가 다시 급락을 했습니다.

4/17일 현재 시간외 원유선물은 18달러 초반까지 하락을 하고 있는데...

담주부터 삼바+ 미국S&P500 레버 매도하고 kodex wti 원유선물(H)로 갈아탈려고 생각중입니다.
사실 오늘 첫 분할매수는 시작했습니다.

제가 보는 뷰는 이렇습니다.

기존에 오펙과 러시아를 포함한 전세계적인 산유국들의 원유감산 합의는 정말 이례적이고도
신속한 합의였습니다.

원래 원유감산 합의는 이렇게 신속하게 감산합의가 이뤄진 역사가 없습니다.
그만큼 지금의 코로나 사태의 여파와 유가 하락을 심각하게 보고 있다는 방증이기도 하고,
유가하락에 따른 산유국들의 재정 압박이 심하다는 증거이기도 하다고 저는 봅니다.

시장기대치에 못미치는 감산합의에 실망해서 유가가 다시 하락으로 돌아섰지만,
저는 큰 기회를 다시 한번 받는 중이라고 생각하고 있습니다.

사우디와 러시아가 협상 테이블에 앉아서 감산 의논을 하는것 자체가 쉬운일은 아닙니다.
그런데 지금은 둘다 발등에 불이 떨어졌기 때문에 전화도 막고 하는 모양입니다.

1차로 감산합의를 신속하게 이뤄냈는데
여기서도 유가 반등이 안되면 아마 2차, 3차 유가가 일정부분 반등할때까지
감산 합의는 시차를 두고 계속 이뤄질것으로 봅니다.

그렇게 될수 밖에 없습니다.

왜냐하면 러시아 재정의 30% 이상이 원유에서 나오며, 사우디 재정의 99%가 원유에서 나옵니다.

이번 감산합의를 이끌어 낸 미국의 트럼프 역시 선거를 코앞에 두고 급하기는 마찬가지 입니다.

미국역시 셰일가스 업체들이 유가가 40달러 아래로 장기간 맴돌면 파산하기 시작할겁니다.
그러면 그런 연쇄적인 기업도산이 어쩌면 또다른 미국 경제의 뇌관으로 작용할 가능성도 높습니다.

미국, 러시아, 사우디 어느누구도 지금의 저유가를 원하고 있지않고 느긋하게 방관할수 없는

각자의 사정들이 있습니다.

그렇기 때문에 이번 1차 감산합의가 신속하게 이뤄졌다고 봅니다.

4/17일 오늘 블룸버그 통신에 의하면 사우디의 압둘아지즈 빈살만 에너지장관과
알렉산드르 노박 러시아 에너지부 장관이 통화를 했습니다.

필요하다면 추가 조치를 취할 준비가 돼 있다고 밝혔는데 추가 감산 가능성을 강력하게
시사하는 부분입니다.

저는 최대 미 대선전인 11월까지는 들고 갈 용의가 있으며 어쩌면 생각보다 빠르게
여름휴가전에 30달러대를 볼수 있지 않을까 희망해 봅니다.

매수 추천은 아니고
국제 시장의 흐름이 이렇게 돌아간다는걸 개인적인 관점으로 설명했다고 받아들이시면
좋을것 같습니다.

선택도 본인 몫이고 결과의 책임도 본인 몫인걸 인지하고
판단은 각자 알아서 하시리라 생각합니다.

그림 2020년 4월 삼성바이오로직스 매매 내역

2020년 4월 국제유가가 폭락하는 상황이었습니다. '삼성바이오로직스'에서 7억이 넘는 수익을 취한 후 전량 매도하고 국제유가 WTI원유선물로 종목 교체를 하였습니다.

투자자라면 시장 폭락으로 대중들이 공포에 질려있을 때, 이성적으로 판단해서 기회를 찾는 자세를 평소에 길러놓는 게 중요하지 않나 생각합니다.

40

폭락장 S&P500 실전 투자 사례

그림 **2020년 3월 전세계적인 코로나사태로 미 S&P500지수가 급락하던 모습**

S&P500 과도한 하락에 관심 가졌던 시점

2020년 3월은 코로나 영향으로 세계적인 폭락장이 나타났던 시점이었습니다. 당시 미국시장은 한국시장보다 깊게 폭락중이었습니다. 원인은 코로나 여파만의 문제가 아니라는 의견도 있었습니다. 당시 미국 민주당인 사회주의자 버니 샌더스의 지지율이 강세일 때, 미국 월가는 버니 샌더스를 두려워한다는 말이 있었습니다. 실제로 버니 샌더스는 공공연하게 자기가 집권할 경우, 월가를 비롯해 금융권을 대대적으로 손볼 것이라며 벼르고 있었습니다. 투자자 입장에서 볼 때 정치적인 악재죠. 하지만 민주당 당내 경선에서 버니 샌더스가 이긴다 해도 트럼프와 본선 경쟁에서는 뒤쳐질 것으로 보는 시각이 많았고 저 역시도 크게 걱정하지는 않았습니다.

다만 미래는 아무도 알 수 없기에 약간 우려되는 부분이 있는 정도였습니다. 그리고 당시 조 바이든 전 부통령이 상승세를 타면서 버니 샌더스의 초반 열풍은 점점 힘을 잃어가는 분위기였습니다.

그 시점에 미국이 갑작스럽게 금리인하를 단행하면서 증시에 드러나지 않은 심각한 내부 문제가 있는 것 아니냐는 우려가 있었고, 코로나로 인한 석유 수요 급감으로 원유 감산을 위한 협상에서 러시아와 사우디의 불협화음으로 국제유가까지 폭락했었습니다. 알 수 없는 여러 가지 이유로 증시 분위기는 혼동 그 자체였습니다.

저는 2020년 3월 폭락이 나오기 전, 미국시장이 몇 년간 올라도 너무 올라서 조정을 한 번 크게 줄 것 같은 막연한 불안감이 있었습니다. 소위 양털깎기에 돌입할 가능성이 높다고 생각해 오던 중 코로나 사태 폭락을 맞았습니다. 코로나사태로 인해 미국시장은 어쩌면 필연적이면서 주기적으로 핑계를 만들어 해왔던 양털깎기를 겸사겸사 같이 한 측면도 있다는 생각을 해보았습니다.

어쨌든 폭락 당시 매도 맞을 만큼 맞았고, 양털깎기든 뭐든 할 만큼 했다고 생각될 만큼 너무 과도한 폭락이 나왔습니다. 이런 판단 하에 3월 초부터 매수를 시작했습니다. 당시 제가 매수한 상품은 Tiger 미국S&P500레버리지(합성H) ETF였습니다(ETF로 수익을 내기 힘들다는 사람들이 간혹 있는데, 몇 년에 한 번씩, 몇 달에 한 번씩 기회 봐서 신중하게 노리는 ETF는 웬만한 중장기 주식보다 어렵지 않게 수익을 안겨줍니다).

2008년 리먼사태 때도 단기간에 미국시장이 급락한 후 기술적 반등이 나왔었는데, 코로나 급락장은 심해도 너무 심하다는 생각이 들었습니다. 어디가 저점인지 개인투자자 입장에서 알 수 없는 게 당연하지만, 경험상 미국지수도 마냥 계속 하락만 할 수는 없고, 단기적으로 하락이 추가로 더 깊게 나와도 어느 시점에서는 단기 저점을 잡고 일정 부분 기술적 반등이라도 나올 가능성이 높다고 판단했습니다.

이러한 급락을 기회로 접근할 때는 절대 한 번에 왕창 매수하는 것이 아니라, 천천히 수일에 걸쳐서 분할 매수하는 전략이 중요합니다. 왜냐하면 시장 충격으로 하락할 때는 급한 마음에 단순 추측으로 매수하면 만약의 사태로 추가 급락이 한두 번 더 나오면서 기회로 여겼던 상황이 오히려 위기로 전환될 가능성도 존재하기 때문입니다. 따라서 반드시 분할 매수로 접근해야 수익 가능성이 높아집니다. 실제로 당시 2020년 3월 초부터 3월 말까지 분할 매수를 했고 수익 매도 역시 5월 7일부터 6월 8일까지 조금씩 매도 수익 실현하고 나올 수 있었습니다.

그림 타이거 미국 S&P500 레버리지(합성H) ETF 매매 내역

위기를 기회로 바꾸려면 때로는 위험을 조금 감수할 줄도 알아야 합니다. 세상에 완전무결하게 안전한 투자는 없고 만약 있다면 수익이 극히 적은 은행금리 정도일 것입니다. 누군가에게는 공포스러운 시장이 또 다른 누군가에게는 10년에 한 번 올까말까한 절호의 기회이기도 합니다.

ETF(Exchange Traded Fund)

말 그대로 인덱스펀드를 거래소에 상장시켜 투자자들이 주식처럼 편리하게 거래할 수 있도록 만든 금융상품입니다. 투자자들이 개별 주식을 고르는 데 수고를 하지 않아도 되는 펀드투자의 장점과, 언제든지 시장에서 원하는 가격에 매매할 수 있는 주식투자의 장점을 동시에 가지고 있는 상품으로 인덱스펀드와 주식을 합쳐놓은 것이라고 생각하면 됩니다.

① 국내 주식형 ETF

: 국내 상장주식에 투자하는 것과 마찬가지로 매매차익에 대해 **세금이 부과되지 않습니다.**

② 국내 기타 ETF

: 채권, 해외지수, 파생형, 원자재 ETF 등이 해당되는데 **매매차익에 대해 15.4%의 배당소득세율이 적용됩니다.** 단, 매매차익과 과세가격 상승분 중 작은 금액으로 과세됩니다.

③ 해외 상장 ETF

: 해외 상장주식에 투자하는 것과 마찬가지로 매매차익에 대해 **22%의 양도소득세가 부과됩니다.**

그리고 모든 ETF에 동일하게 적용되는 내용은 분배금에 대한 과세입니다. 분배금은 ETF가 보유하고 있는 주식의 배당금, 채권이자 등의 기타 수익을 말합니다. 이 부분에 대해 15.4%의 배당소득세가 부과됩니다.

41
원유 ETF 실전 투자 사례

원유의 폭락을 활용해서 수익을 낸 사례를 공유해 보겠습니다. 2020년 3월, 국제유가가 폭락했을 때 중장기 투자로 4월 중순부터 WTI원유선물 ETF를 분할 매수하기 시작했습니다. 아래의 글은 2020년 3월 국제유가 폭락 당시 네이버카페 '스톡체인저' 회원들에게 공유한 내용입니다.

기본적으로 이번 국제유가 폭락은 코로나사태로 인한 수요 감소도 있지만 사우디의 감산 제의에 러시아가 거부하면서 사우디의 극단적 벼랑끝 전술이 한몫했습니다.

사우디가 처음 러시아에 감산 제의를 한 속내는 원유 수요가 줄었으니 감산을 통해 국제유가를 어느 정도 선에서 지탱하기 위함이었습니다.

뜻대로 되지 않자 극단적인 처방으로 러시아를 협상테이블로 불러내기 위한 조치라고 해석됩니다. 사우디의 행동에서 국제유가의 향후 움직임이 예측가능하다고 저는 판단합니다.

사우디도 러시아도 유가의 폭락은 원하지 않는다는 게 그들의 진심입니다. 단지 러시아는 미국의 셰일가스를 죽이고 싶어하고, 사우디는 러시아를 협상테이블로 나오게 하고 싶어하고, 미국의 트럼프는 선거를 앞두고 셰일가스 업계의 파산을 그냥 놔둘 수 없는 상황이죠. 제가 볼 때 국제유가의 해결책은 트럼프가 쥐고 있다고 봅니다.

근거로는,

트럼프가 예전에 오바마가 맺은 이란과의 핵협정을 파기하고 대이란 경제제재를 통해 이란산 원유가 국제시장에 나오지 못하게 하면서 아랍의 두 세력인 수니파와 시아파의 대표주자인 사우디와 이란의 오랜 갈등에 미국은 이란을 더욱 고립시키며 사우디를 옹호했습니다. 사우디가 미국의 입김에 더욱 따르게 만드는 요인으로 작용했다고 보고 앞으로도 사우디는 미국의 정책에 호응할 수밖에 없다고 생각합니다.

이번 러시아의 감산합의 거부도 미국의 경제제재에 대한 반발이기 때문에 트럼프가 러시아의 대유럽 송유관에 대한 경제제재를 일부 완화해 주고, 러시아는 그에 대한 화답으로 사우디와 감산합의에 조금 응하면 서로가 원하는 유가의 일정 부분 지탱은 가능하리라 봅니다.

여러 가지 계산법이 서로 간에 얽혀있다 보니 현재와 같은 초유의 국제유가 폭락사태가 벌어지고 있지 않나 생각합니다.

그럼 수 년 만에 온 이런 기회를 노리려면 어떤 상품에 투자를 해야 하는지 아시는 분들은 벌써 저보다 더 상세히 알고 계실 겁니다. 초보분들을 위한 상품소개를 하자면 아래와 같습니다. 현재 상장된 원유선물 ETF는 대표적으로,

①TIGER 원유선물Enhanced(H) - 매수 후 국제유가 상승하면 수익
②TIGER 원유선물인버스(H) - 매수 후 국제유가 하락하면 수익

원유선물 ETF에 투자하고 싶은 분은 최근 국제유가가 많이 떨어졌으니 이제 상승 가능성이 높다고 보시는 분은 1번 상품에 시기를 잘봐서 투자하면 되고, 아직도 더 하락할 것이라고 보시는 분은 2번 상품에 투자하면 됩니다.

위 두 ETF는 기본적으로 수익이 나면 수익분에 대해 15.4% 배당소득세를 원천징수하게 됩니다. 100만 원 투자해서 10만 원 수익이 나면 15,400원의 세금이 부과되며 자세한 세율은 ETF마다 과표구간이있는데 대충 15.4로 보시면 됩니다(투자금이 아니라 수익금에 대한 과세입니다).

세금을 제외하고도 수익 가능성이 높다고 판단되면 매수하시고, 운용보수는 미미하기에 신경쓰지 않으셔도 될 것 같습니다.

 ## 롤오버 비용문제

선물에 주로 투자하는 원자재 ETF의 경우 상품마다 만기가 정해져 있고 시간이 지나면 만기가 도래합니다. 따라서 투자한 상품의 만기 이전에 다음 만기 종목으로 교체하는 롤오버를 하게 되며 계속 그 상품에 투자를 이어가는 데 드는 비용이 발생할 수도 있습니다.

선물투자 시에 만기 시점에 매도해야 하는 기존 상품종목보다 새로 매수해서 교체해야 할 종목가격이 비싼경우를 콘탱고라고 합니다. 콘탱고 상황에서 같은 수량의 선물을 매수하게 되는데 더 많은 돈이 필요한 콘탱고 상황일 때 추가비용인 롤오버비용이 발생하면서 ETF에 투자한 투자자는 그 가격차만큼 손실을 보는 경우가 생깁니다.

반대로 매수할 선물가격이 낮은 경우도 있습니다. 이를 백워데이션이라고 하며 이럴 때는 롤오버 이익이 발생해서 수익으로 잡히기도 합니다.

따라서 인터넷, 유튜브에 나오는 경험 없는 입고수들의 롤오버 비용문제로 ETF는 장기 투자하면 안 된다는 논리는 그냥 가볍에 무시하면 됩니다.

롤오버 손실이 발생할 수도 있지만, 반대로 롤오버 수익이 발생할 수도 있기 때문에 실제로 롤오버 비용을 걱정해야 할 만큼 심각한 경우는 제가 본 적이 없습니다. 롤오버 비용이 걱정되면 초보거나 ETF 매매를 해본 적 없는 사람이라고 보면 됩니다.

원자재 ETF의 경우 지수추종 ETF에 비해 평균적으로 롤오비 비용이 조금 더 발생하는 경우가 있는데 이 역시 크게 걱정할 필요는 없는 것 같습니다. 지수추종 ETF는 상대적으로 롤오버 비용에 대해 걱정하지 않으셔도 됩니다.

아무튼 롤오버 비용문제보다는 매수 후 기초자산의 움직임이 생각대로 가느냐가 중요하고 따라서 ETF의 흘러가는 방향성이 중요합니다.

ETN

ETF와 거의 비슷하나, 제비용이 (연)0.75%,~1% 내외, 중도상환수수료 0.75~1.5%가 있으며 만기가 정해져 있습니다. ETN도 ETF와 마찬가지로 수익금에 대한 15.4% 세금은 원천 강탈 당합니다

대표적인 WTI원유선물 레버리지 ETN 두 가지를 말하자면.

①삼성 레버리지 WTI원유 선물 ETN
제비용 : (연)0.75%, 중도상환 2%, 만기 2027년 2월

②신한 레버리지 WTI원유 선물 ETN
제비용 : (연)1.05%, 중도상환 1%, 만기 2026년 2월

만기 시에는 청산해서 몇일 뒤 현금 자동 입금됩니다.

* 원유선물 레버리지는 이론적으로 유가가 10% 상승하면 보유 ETN은 20% 상승, 반대로 유가가 −10% 하락하면 보유 ETN은 −20% 하락하게 되는 구조입니다.

제가 지금 노리는 상품은 신한 레버리지 WTI원유 선물 ETN 입니다. 국제유가가 어느 시점에서는 반등할 것으로 보기 때문에 "묻고 더블로 가" 하려고 유가의 흐름을 체크하고 있습니다.

국제유가의 비관적인 전망이 많이 나오고 있는데 정말 10달러대까지 갈지 안갈지는 아무도 알 수가 없다고 생각합니다(2016년 유가 폭락 때도 비관적인 뉴스가 도배되었는데 아이러니 하게도 극단적인 비관전망이 나오고 곧바로 반대로 상승하기 시작하던군요). 기자들이나 경제학자들이 투자로는 수익 못 내는 이유가 그냥 입만 고수라서 그런 게 아닐까 추측합니다.

일단 저는 기다려 보고 20달러 아래로 가면 감사하게 생각하고 3분할로 매수하려고 대기중입니다. 관심있는 분들은 기타 매수 시점의 각 상품마다 기초자산과의 괴리율도 잘 체크해서 신중하게 접근하시길 바랍니다.

얼마 전 국제유가가 폭락할 때 기초자산과의 괴리율 같은 거 묻지도 따지지도 않고 ETN에 덤벼드신 초보분들 지금 가만히 앉아서 손실을 고등어 반토막 넘게 났습니다. 매수 시점도 중요하지만, 각 상품마다 추적 기초자산과의 괴리율도 체크해서 신중하게 매수해야 되는 거 잊지 마시기 바랍니다. 각 상품의 괴리율 차이는 KRX한국거래소에 가면 보실 수 있습니다(종가 기준의 괴리율 제공이므로 장중의 WTI선물의 움직임을 괴리율로 계산해서 실시간 제공은 하지 않고 오직 종가기준으로만). 그러니 어느 정도 기초자산(WTI선물)과 LP(유동성 공급자)의 물량조절을 실시간으로 확인하고 오차율을 봐서 매수 시점을 잡는 게 괴리율에서 사기 당하지 않는 방법이겠죠?

긴글 읽어주셔서 감사합니다.

그림 KRX한국거래소 – 투자하는 사람들이 자주 들어가보고 꼭 친해져야 하는 사이트

그림 2020년 7월 원유선물 ETF 13억 4천만 원 수익 내역

종목명	추정실현손익	수익률	매도수량	매도단가	매도금액	수수료	제세금	매입단가	매수금액	수수료
KODEX WTI원유선물(H	1,343,360,889	44.10	686,658	6,394	4,390,491,252	658,573	0	4,436	3,046,014,888	456,902
합 계	1,343,360,889	44.10			4,390,491,252	658,573	0		3,046,014,888	456,902

당시 원유가 폭락한 이유는 크게 2가지 정도입니다. 첫 번째 코로나사태로 인한 원유 수요 급감, 두 번째 사우디와 러시아의 치킨게임이었습니다.

코로나사태로 인한 원유 수요 급감

코로나가 세계적으로 일파만파로 퍼지면서 사람들의 이동이 제한되고, 이동수단으로 이용되던 비행기와 자동차 등 유류제품이 들어가

던 수요가 급감했습니다. 모든 경제활동이 멈추다시피 하면서 산업용으로 사용되던 석유 수요도 급감하게 되었습니다. 그러니 자연스럽게 수요와 공급의 불균형이 나타나면서 국제유가가 폭락할 수밖에 없었습니다.

﹟•﹟ 사우디와 러시아의 치킨게임

사우디와 러시아의 치킨게임에는 오랜 배경이 있습니다. 2014년만 해도 배럴당 100달러가 넘던 유가가 WTI 기준 2016년 2월엔 26달러까지 폭락한 적이 있습니다. 이 당시 유가 폭락의 가장 큰 원인은 미국의 셰일가스 혁명으로 무지막지한 원유 생산량으로 공급량이 크게 늘어나자 가격이 폭락했었습니다. 이에 대해, 거대 산유국인 러시아와 사우디는 미국을 고운 시선으로 보기는 힘든 상황이었습니다.

2016년 당시에도, 사우디와 러시아가 원유 가격 방어를 위해 감산 합의를 놓고 갈등하다 협상이 잘 되지 않자 국제유가가 20달러대 초반까지 추가 폭락을 연출하기도 했었습니다. 2016년 초 스위스 다보스포럼에서 결국 유가는 10달러까지 갈 것이라는 어두운 전망도 나오기 시작했었습니다(당시 CNN에서 영국 여자 앵커 니나 도스 산토스가 리포팅하는 걸 TV로 직접 본 기억이 생생합니다).

그때나 지금이나 아이러니 했던 부분은 미국의 셰일가스 혁명으로 원유 공급량이 급증해서 국제유가가 폭락이 나왔는데, 왜 미국은 쏙 빠지고 산유국 2, 3위가 협상을 통해 감산을 하며 허리띠를 졸라매야 하는지였습니다.

어쨌든 2016년 유가 폭락 때에도, 사우디와 러시아 양측 모두 국가 경제가 망가지게 생겼으니 먼저 증산하지 않기로 하고 동결 이후 좀 지나서 감산 합의에 이르게 됩니다.

6개월 단위로 감산 합의 연장+3년 간 합의 유지를 골자로 합의하며 국제유가는 2018년 가을 배럴당 75달러선까지 반등했습니다(보통 40달러 대를 넘으면 미국 셰일가스 업계에서는 시설을 풀가동하며 생산하기 시작합니다).

저는 2016년 초 당시 주위 사람들에게도 원유 ETF에 1년 정도 보고 투자하면 괜찮다고 말했었고, 저 역시도 찔끔찔끔 매수해서 40% 정도 수익을 내고 나왔던 기억이 있습니다.

아무튼 2019년 12월까지만 해도 사우디는 115만 배럴, 러시아는 55만 배럴 감산을 유지하기로 하면서 2020년 3월까지 합의를 유지하기로 한 상황이었습니다.

하지만 코로나사태로 세계 경제가 침체되면서 사우디를 필두로 한 OPEC에서 러시아에 추가로 150만 배럴 더 감산하자고 제안합니다. 그러자 러시아가 추가 감산 제의를 거절하면서 기존 감산합의도 3월 말로 끝내고 자기 갈 길을 가겠다고 선언했었습니다.

여기에 화가 난 사우디의 실권자 무함마드 빈 살만 왕세자는 4월부터 생산시설을 풀가동하여 원유를 증산해서 풀겠다고 선언하게 됩니다. 추가로 사우디 국영기업체 '아람코'의 원유는 배럴당 6~8달러 할인해서 공급하겠다고까지 선언하며 본격적으로 러시아와 사우디의 치킨게임이 시작됩니다.

코로나와 원유 생산국의 치킨게임으로 사상 유래 없는 유가 대폭락을 맞이하게 되었습니다. 러시아의 불만은 국제유가 유지를 위해 감산을 하면서 허리띠를 졸라매는 건 사우디와 러시아가 하는데, 정작 유가 대폭락의 가해자인 미국은 전혀 감산과는 상관없이 셰일가스를 펑펑 생산하면서 수출까지 하게 되고, 2018년에는 사우디와 러시아를 제치고 최대 산유국 지위까지 오르자 불만이 쌓일대로 쌓인 것 같아 보였습니다.

그 외에도 우크라이나 사태로 인한 러시아의 대유럽 에너지 공급 파이프라인의 건설 기업체에 대한 미국의 경제제재 등 러시아 입장에서는 미국에 대한 불만 요소는 많았습니다.

사실 러시아는 자원에 의존해서 국가 경제를 지탱하는 나라 중 하나입니다. 그 중에서도 원유에 의존한 재정 비율이 30% 정도 된다고 하니 마냥 저유가 시대를 길게 원하지는 않을 것으로 보였습니다. 사우디는 그보다 더 심하게 원유에 의존하는 나라라서 저유가가 지속되면 러시아와 사우디 둘 다 국가 경제가 큰 타격을 받을 가능성이 높은 것은 사실이었습니다.

2016년에도 협상에서 지금과 비슷한 패턴으로 흐르다 결국 생산량 동결->감산으로 합의를 볼 수밖에 없었습니다. 2016년이나 2020년이나 두 나라 모두 배럴당 20달러 아래도 편안하다고 허세를 부렸지만, 실상은 국가 경제가 견디는 데는 한계가 있어보였습니다.

코로나 폭락 당시 뉴스에 미국도 원유 생산량 감산에 응할 수 있다는 뉘앙스가 하나둘씩 나왔었고, 길어야 2020년 안으로 구체적인 감산 합의안이 나올 가능성이 매우 높다고 개인적으로 판단했었습니다.

아무리 국제유가가 폭락을 해도 유가가 공짜가 될 리는 없고, 자원에 의존하는 두 나라가 마주보고 달리는 기차처럼 끝까지 양보 없이 정면충돌하는 자살행위를 할 가능성은 희박해 보였습니다. 코로나도 영원할 순 없고, 치킨게임도 영원할 수는 없기에 유가 하락 속에서 큰 기회라고 판단되어 분할 매수를 했었습니다. 얼마 지나지 않아, 2020년 4월 중순에 트럼프가 발빠르게 감산 합의를 이끌어냈고 시장도 유동성이 풀리면서 유가도 반등을 시작했습니다.

개인적으로 트럼프가 원하는 가격은 45~60달러라고 생각했었습니다. 너무 떨어지는 것도 자국의 석유 생산 업체에게 피해이며, 너무 오르는 것도 미국 입장에서 소비하기 껄끄럽기 때문에 위 가격이 적정하다고 판단되어 매도 전략을 세울 수 있었습니다.

2020년 6월 23일 네이버카페 '스톡체인저'에 제가 올린 글을 통해 어떤 결과가 나왔는지 확인해 보겠습니다.

어제 WTI 8월물이 종가 기준으로 40달러를 넘어섰습니다. 5월물이 한때 −37.63달러까지 떨어진 지난 2020년 4월 20일 이후 원유선물 ETF에 대해 말도 많고 탈도 많았는데 결과는 해피엔딩으로 끝날 것 같습니다.

4월 20일 이전 원유선물 ETF에 투자한 왠만한 투자자들은 −40% 정도 핸디캡을 안고 투자하는거나 마찬가지가 되었습니다. 제가 WTI 유가 19달러대부터 분할 매수 시작해서 최종 평단 17달러대 이하인 것 같은데 지금쯤 100% 넘는 수익이 나야 정상입니다.

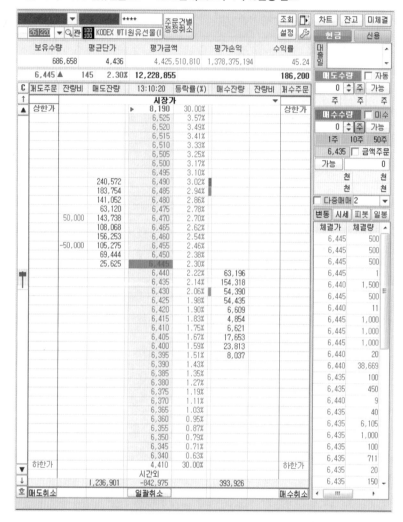

어쩌겠습니까 운동경기에서 오심도 경기결과의 일부분이듯이 투자 역시 결과는

그냥 결과로 받아들여야 되니 억울하지만 수용하고 잊어야 되겠죠.

제 생각으론 WTI 유가는 가격정상화 과정을 향해가는 것 같습니다. 아직 코로나사태가 깔끔하게 해결되지 않아 변수가 일부 있겠지만, 결국 유가는 미국이 원하는 가격밴드 배럴당 50~60달러까지는 시간을 두고 점진적으로 상승할 가능성이 높아 보입니다. 물론 시간은 걸리겠죠.

저는 이번 원유선물 ETF에 투자하면서 많은 것을 느꼈습니다. 사람들이 공포에 질리면 어떤 식으로 투매를 하는지 세삼 깨닫게 되었고, 매스컴 역시 거의 몰빵하다시피 하면서 국제유가의 폭락을 부각시키며 공포심을 자극하면서 사람들의 이성을 마비시키는지 볼 수 있었습니다(사실 이때가 기회일 가능성이 높습니다).

개인적으로 원유선물 ETF 목표치는 원래 42달러대였는데 내일부터라도 조금씩 분할 매도 준비해야 될 것 같습니다. 유가상승이 좀더 이어질 가능성은 충분하지만 시간이 걸릴 것 같기도 하고, 이 정도에서 적정한 분할 매도를 하면서 흐름을 지켜보는 것이 합리적이지 않을까 생각합니다.

날씨가 점점 더워지는것 같습니다. 야외에서 일하시는 분들은 정말 힘든 계절이 온 것 같아 기운 내시라고 전하고 싶네요. 모두 건강유의하면서 하루 마무리 잘 해나가시길 바랍니다.

앞서 말한 미국 S&P500 선물 ETF와 원유 선물 ETF는 다음에 언제 올지 모를 폭락장에서 활용할 수 있는 종목이니 투자에 앞서 역사를 학습하고 잘 공부해 두시면 좋을 듯합니다.

42

폭락장 단기 매매

시장이 폭락하는 시점에 낙주 개념으로 활용할 수 있는 단기 매매법을 소개해 드리도록 하겠습니다. 폭락장일 때는 종목 선정이 몹시 중요합니다. 가치투자를 할 만큼 좋은 기업이며 성장성이 있는 기업이어야 합니다. 예를 들어, 반도체로는 '삼성전자', 'SK하이닉스' 등, 전기차섹터는 '삼성SDI', 'LG화학'이 있죠. 종목 자체의 개별 악재가 아닌 전체 시장의 영향으로 종목들이 덩달아 하락이 나올 때를 노려야합니다.

이런 종목들이 시장 대비 터무니 없을 정도로 깊게 하락이 나왔을 때, 반발 매수세도 강한 편입니다. 증시가 패닉 상태일수록 시장이 살짝 반등이 나오면 우량한 종목들은 급등하는 성질을 가집니다.

방법으로 ①시초가 ②장중 ③장마감 3가지 공략법이 있습니다.

ᰔᰔ 시초가 공략

글로벌 시장 폭락 속에서 장 전에 미선물 지수를 꼭 참고해야 합니다
(S&P500이든 나스닥이든 상관없음). 장 전에 미선물 지수가 하락을 멈추거
나 반등의 기미가 보인다면, 국내시장이 갭하락으로 시작하더라도 미
선물 지수를 따라 오를 가능성이 있기 때문입니다.

시초가 갭하락이 깊어보여도, 매도 호가가 상대적으로 얇고 가격
공백이 있을 때, 매도 욕구보다는 보유 심리가 강하다고 보고 매수를
하는 전략입니다.

①우리금융지주

그림 **2020년 3월 23일 장 시작 전 호가창 상황**

예상 체결수량이 94,671이고, 예상 시초가는 6,690원(−10.08%)인데, 한 호가 위는 −9.95%로 형성되고 있습니다. 이럴 때는 예상 시초가와 한 호가의 갭이 거의 없기 때문에 공략 대상이 아닙니다.

②SK하이닉스

그림 2020년 3월 23일 장 시작 전 호가창 상황

'우리금융지주'와 마찬가지로 호가창이 틈이 없이 빽빽하고 갭이 없죠? 종목은 좋지만 공략 사례가 안 됩니다.

③메가엠디

그림 2020년 3월 23일 장 시작 전 호가창 상황

예상 시초가는 2,000원으로 −21.57%인데, 한 호가 위는 −3.53%
로 갭이 확실히 넓죠? 개장이 가까워질수록 갭은 줄어들게 되어, 저
런 호가창 그대로 체결되는 경우는 드물지만, 이런 호가창이 공략 가
능합니다.

개장 전 2100원에 미리 매수를 걸어놔야 합니다. 그리고 예상 체결
수량이 너무 많아도 좋지는 않은데, 갭을 보고 매수에 달려드는 사람
도 많기 때문에, 그런 사람들이 많다면 바로 매수 후 짧게 수익을 내
고 매도하는 물량도 그만큼 많습니다. 그래서 물량이 너무 많아도 좋
진 않습니다. 실제로 '메가엠디'는 이날 −4.7%로 시작했습니다.

④삼성전자

그림 2020년 3월 23일 장 시작 전 호가창 상황

천하의 '삼성전자'라고 해도 호가창이 촘촘하다면 비추입니다.

⑤아이마켓코리아

그림 2020년 3월 23일 장 시작 전 호가창 상황

일자	종가	대비	등락율	거래량
2020/03/23	7,830	0	0.00	400
2020/03/20	7,830 ▲	1,500	23.70	249,965
2020/03/19	6,330 ▼	650	9.31	202,884
2020/03/18	6,980 ▼	260	3.59	62,932
2020/03/17	7,240 ▼	10	0.14	56,160
2020/03/16	7,250 ▼	290	3.85	90,800
2020/03/13	7,540 ▼	390	4.92	189,754
2020/03/12	7,930 ▼	400	4.80	65,990
2020/03/11	8,330 ▼	280	3.25	51,506
2020/03/10	8,610 ▼	130	1.49	50,148
2020/03/09	8,740 ▼	670	7.12	78,661
2020/03/06	9,410 ▲	330	3.63	53,553

이런 호가 공백 상태에서 매수만 된다면 수익이 날 수 있는 예시입니다.

⑥조아제약

개장에 가까워질수록 갭이 급격히 좁아지겠지만 공략하기 좋은 종

목으로써 2,200원에 미리 매수주문을 걸어 놓습니다.

⑦한국항공우주

그림 2020년 3월 23일 장 시작 전 호가창 상황

047810 ▼ ⬍ Q ▶ 관 한국항공우주	KOSPI200 🖳 ◻			종 일자 기업 주문 🔧

18,000	0	0.00%	150	0.00%

	시세	상세	Signal	업종	섹터	차트	일정	뉴스

기 준 가 ◢	18,000	가중평균 ◢	18,000
상 한 가	23,400	하한가	12,600
전일거래	872,172	-872,022	0.03%
시가		0.00%	
고가		0.00%	
저가		0.00%	
연중최고 ◢	34,700	-48.12%	2020/01/06
연중최저 ◢	16,300	10.44%	2020/03/19
목표가	38,750	자본금	4,874(억)
상장주식	97,475(천)	유동주식	71,729(천)

증감 매도잔량 08:54:02 전일대비 매수잔량 증감

예 상 체 결
예상가 16,200
대비 ▼ 1,800
(%) -10.00%
수량 13,833

	1,000	16,350	-9.17%
	1,000	16,300	-9.44%
	1,000	16,250	-9.72%
체결가	체결량	16,200	-10.00%	3,457
18,000	100	16,150	-10.28%	1,464
18,000	50	16,100	-10.56%	1,489

4,710 시간외

	체결	일별	투자자	외국인	매물	의견	예상

일자	종가	대비	등락률	거래량
2020/03/23	18,000	0	0.00	150
2020/03/20	18,000 ▲	1,600	9.76	872,172
2020/03/19	16,400 ▼	2,200	11.83	1,294,787
2020/03/18	18,600 ▼	1,100	5.58	645,476
2020/03/17	19,700 ▼	700	3.43	677,517
2020/03/16	20,400 ▼	650	3.09	570,800
2020/03/13	21,050 ▼	1,450	6.44	1,151,590
2020/03/12	22,500 ▼	1,400	5.86	854,536
2020/03/11	23,900 ▼	750	3.04	436,473
2020/03/10	24,650 ▼	50	0.20	516,032
2020/03/09	24,700 ▼	1,250	4.82	475,175
2020/03/06	25,950 ▼	700	2.63	317,879

들어가면 안 되는 호가창입니다. 이제 이해하시겠죠? 되는 사례와 되지 않는 사례의 차이는 예상 시초가와 한 호가 위의 갭을 보고 구분을 짓습니다. 그 갭의 폭이 크게 나타난다면, 매도 호가의 잔량과 예상 체결수량을 비교 분석하면서 그 중에서 선정합니다.

이런 매매는 폭락하는 당일 첫 날에 확률이 가장 높고, 이후에는 확률이 점차적으로 줄어듭니다. 왜냐하면 시장에서 내성이 생기고, 관리자들이 관리를 하기 때문입니다.

개인적인 판단으로 폭락 첫 날에는 확률 95%, 그 다음 연결된 폭락장은 확률이 70~80% 정도로 갈수록 줄어들게 돼있습니다. 1년 기준

으로 매매하면, 이런 갑작스런 폭락을 하는 기간 열흘 내외 정도 사용 가능한 매매 방법입니다(전체 시장 상황에 따라 가감이 있을 수 있습니다).

⑧2020년 3월 13일 실전 투자 사례 – 엔씨소프트

그림 2020년 3월 13일 엔씨소프트 매매 내역

그림 2020년 3월 13일 엔씨소프트 일봉 차트

간밤 코로나발 미국시장 폭락으로 2020년 3월 13일 우리나라 시장의 갭폭락 출발을 예상했습니다. 시초가 형성을 보고 있으니 몇몇 종

목들은 시초가 예상체결가와 바로 위 매도 호가의 공백 폭이 상당히 큰 종목들이 많이 보였습니다.

시장 전체의 큰 공포로 인한 패닉셀로 시초가에 큰 폭의 갭이 발생한 경우, 시초가와 바로 위 매도로 걸어놓은 가격과의 갭 사이의 간격이 크면 클수록 체결된 후 곧장 반등해서 그 갭을 메우는 과정에서 짧은 수익 구간이 생기는 경우가 확률적으로 굉장히 높습니다.

'엔씨소프트'는 시초가에 매수했고, 곧장 수익구간 반등이 나왔지만, 제가 매도 대기하는 가격까지는 올 듯 말 듯 애를 좀 먹이다가 수익 매도 체결되었습니다.

⑨2020년 6월 12일 실전 투자 사례 – NAVER

그림 2020년 6월 12일 네이버 매매 내역

이 당시 밤 사이에 미 연준의 경기 전망 발표로 투자 심리가 급격하게 악화되었습니다. 그로 인해 미국 3대지수 5~6% 급락이 나오면서 한국시장도 고스란히 장 초반에 큰 폭의 하락으로 출발했습니다.

주말을 앞둔 금요일이라서 더욱 조심해야 되는 상황이었는데 장 전 먼저 시작하는 미국선물 흐름이 어떠냐에 따라서 한국시장이 진짜 심각

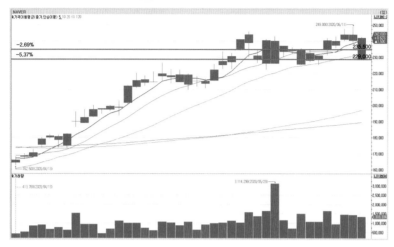

그림 2020년 6월 12일 네이버 일봉 차트

한 상태로 가느냐 선방할 가능성이 있느냐 결정나는 경우가 많습니다.

다행히 장전 미선물이 추가 하락 없이 버텨준 덕분에 한국시장도 비교적 선방한 것이 아닌가 생각했던 하루였습니다.

대부분 전일 밤 미국시장의 갑작스런 큰 폭락의 영향으로 한국시장이 동반 큰 폭의 갭하락으로 시작할 때 장 전 미선물이 추가 하락을 보이지 않거나 반등의 기미가 보인다면 대형주 위주의 호가 공백 있는 갭하락 시초가 공략이 의외로 수익 확률이 높은 경우가 많습니다.

전일 미증시까지 큰폭의 급락이 나온 상태라서 오랜만에 장 전에 'LG화학', '삼성바이로로직스', '셀트리온', '네이버', '카카오', '삼성SDI' 이 정도로 종목을 압축해서 시초가 형성을 집중관찰했었습니다.

이전 3월 폭락장과는 달리 위에 언급한 종목들의 호가 공백은 별로 없었지만, 미선물의 선방으로 종목당 시초가 이후 하락 폭을 어느 정도는 반등을 줄 가능성이 높다고 판단되어 시초가에 '네이버'를 매수한 후 수익을 내고 나올 수 있었습니다.

╢╫╫╟ 장중 공략

시장의 하락이 일시적으로 멈추고 미선물, 코스피, 코스닥 지수가 반등이 나올 때 시장 분위기에 맞춰서 매매하는 방법입니다.

①2020년 3월 13일 실전 투자 사례 – SK하이닉스

그림 2020년 3월 13일 SK하이닉스 일봉 차트

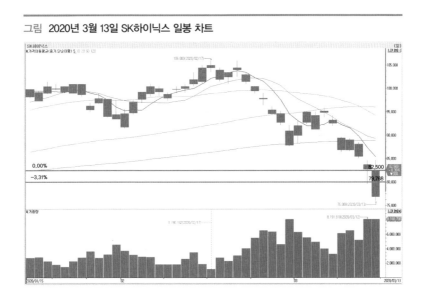

당시 미국 선물지수가 서서히 상승으로 턴을 하자 코스피지수도 반등을 시작했고, 이때 지수를 따라 움직이는 대형주들이 서서히 위쪽

그림 2020년 3월 13일 SK하이닉스 매매 내역

거래내역(결제기준)	당일매매일지	당일매도실현손익	일자별 실현손익	견일대비예탁자산증감	투자수익률상세추이

| 계좌 | ▼ | | 구분 ⊙일 ○월 | 매매일 2020/03/13 ▼ | ~ 2020/03/13 ▼ | 매수수료 HTS ▼ | 주의사항 | 조회 |

종목명	추정실현손익	수익률	매도수량	매도단가	매도금액	수수료	제세금	매입단가	매수금액	수수료
SK하이닉스	9,017,585	3.14	3,605	82,500	297,412,500	44,611	743,530	79,768	287,563,640	43,134
엔씨소프트	10,702,599	4.35	423	608,000	257,184,000	38,577	642,960	581,000	245,763,000	36,864
합 계	19,720,184	3.70			554,596,500	83,188	1,386,490		533,326,640	79,998

으로 반등을 시작했습니다. 많은 종목들이 하락을 멈추고 반등을 시작할 때 이 종목 저 종목 노리다가는 죽도 밥도 안 된다는 사실을 잘 알기에 비교적 흐름이 익숙한 '삼성SDI', 'SK하이닉스' 딱 두 종목에 집중하며 매수 대기했었습니다. 'SK하이닉스'를 매수해서 수익 매도 했고, '삼성SDI'는 매수해서 홀딩으로 넘어가 수익보고 나왔습니다.

폭락장에서는 누구나 다 힘든 건 사실입니다. 폭락장에 대비해서 다음의 말을 기억해 주셨으면 합니다. 폭락장에서는 신용이나 미수, 남의 돈으로 주식하는 사람 아니면 조금 공포스럽더라도 참고 견디면서 향후 흐름을 지켜보는 게 좋은데 대부분 놀라서 어쩔 줄 몰라합니다. 정상적인 상황이 아닌 공포에 질려서 매도에 동참하기보다 평정심을 가지고 폭풍우가 지나길 잠시 기다려 보는 마음의 여유도 가지면 좋습니다.

경험상 남의 돈으로 주식하는 사람들이 아니라면 폭락장에서도 죽으라는 법만 있는 것은 아닙니다. 깡통은 빚(미수)을 내서 혹은 남의 돈으로 성급하게 움직이는 사람들의 몫입니다. 그게 아니라면 잠시 예민한 상황이 어떻게 정리되고 흘러가는지 관망하면서 한숨 돌리고 기다려 보는 것도 때에 따라서는 필요합니다.

▮▯▮ 종가 베팅

시장 대비해서 종목이 과하다 싶을 정도로 하락했을 때, 종가 때 매수
하는 전략입니다.

①2020년 3월 17일 실전 투자 사례 – 네패스

그림 2020년 3월 17일 매매 내역

거래내역(결제기준)	당일매매일지	당일매도실현손익	일자별 실현손익	전일대비예탁자산증감	투자수익률상세추이				
계좌			구분 ⊙일 ○월	매매일 2020/03/17 ▾	- 2020/03/17 ▾	매수수수료 HTS ▾	주의사항	조회
종목명	추정실현손익	수익률	매도수량	매도단가	매도금액	수수료	제세금	매입단가	매수금액	수수료
네패스	6,580,758	5.72	3,845	31,700	121,886,500	18,282	304,716	29,900	114,965,000	17,244
LG화학	1,991,028	1.75	386	301,000	116,186,000	17,427	290,465	295,000	113,870,000	17,080
합 계	8,571,786	3.75			238,072,500	35,709	595,181		228,835,500	34,324

그림 2020년 3월 17일 네패스 일봉 차트

전날 미선물이 급락한 가운데 '네패스'는 3월 16일 오전과 장중 내내 시장 대비 선방했습니다. 하지만 장마감을 앞두고 과하다 싶을 정도로 급락하면서 마감이 예상되길래 종가에 매수했고 다음날 3월 17일 반등나올 때 매도하고 나왔습니다.

그림 **2020년 3월 16일 네이버카페 '스톡체인저'에 올린 네패스 종가 매수 관련 글**

삼성SDI 지난 금욜 오후 반등할때 매수했으며

3/13일 금욜 장마감후 삼성SDI 시간외에서도 상승했지만, 오늘 장전부터 미국 선물지수들이 큰폭으로 하락해서 또 분위기가 심상찮구나 느꼈습니다.
그래서 욕심 안부리고 시초가에 매도하고 나왔습니다.

막상 장이 열리고 우리나라 시장이 생각보다 선방한다고 잠시 생각했었는데...
시간이 가면 갈수록 우하향 하면서 장마감 다가와서는 또...

내일이 어떻게 될지 모르겠지만,
장마감에 조금 과하다 싶은 하락을 보인 네패스 종가에 매수해서 넘어가 봅니다.

지난주에 이어 이번주 시작부터 분위기 안좋은 시장상황에 모두들 지치실텐데
그래도 어떻게 해서든 잘 견디시고 조금 길게 보면서 인내하시길 바랍니다.

모두들 고생많으셨습니다.

아마 초보자 분들은 시장 대비해서 과하게 빠졌다는 기준을 어떻게 잡아야 할지 모호할 수 있습니다. 그럴 때는 코스피지수가 급락했을 때, 우량한 종목들은 얼마나 빠졌는지 데이터가 있다면, 시장이 빠졌을 때 이 정도는 과하다, 과하지 않다는 기준이 세워지게 됩니다.

주식시장에서만큼은 수학적인 비법을 찾으려고 해서는 안 됩니다. 시장 자체가 살아 있는 생명체이고, 세상의 이슈를 반영하는 공간입

니다. 앞날도 모르는 인간이 수학적인 기준으로 주식시장을 해석한다는 것 자체가 말이 되지 않습니다.

그러니 코스피지수와 우량한 종목 10개 정도를 선별해서 과거 수 년치 차트를 돌려보며 시장이 갑자기 많이 하락했을 때 그런 우량주들이 얼마나 같이 하락했으며 시장이 회복될 때 어떤식으로 같이 반등했는지 살펴보아서 수익 가능성을 체크하고 공부해 보시기 바랍니다.

폭락장이 아니라 단기 하락장에서도 종가베팅 스윙 전략도 나쁘지 않습니다.

②2020년 10월, 11월 실전 투자 사례 – 오리온

그림 **2020년 11월 4일 오리온 일봉 차트**

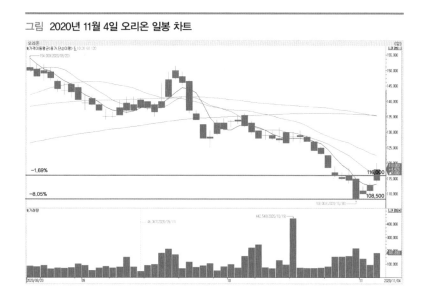

그림 2020년 10월 30일 오리온 매수 시점 일봉 차트

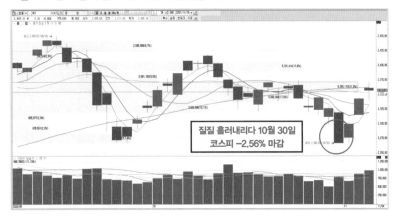

그림 2020년 10월 30일~11월 4일 오리온 매매 내역

　　'오리온'은 회사 실적이 나쁘지 않은 우량한 종목입니다. 2020년
10월 30일 코스피가 −2.56% 정도 과하게 하락했고 대형주는 당시
시장에 의해 −4~−5% 정도 하락했었습니다.

　　'오리온'은 10월 내내 반등 없이 흘러내렸고, 10월 30일에는 과하
다 싶은 −6.47%(전일 대비) 정도로 하락하길래 매수 동참했습니다. 더
떨어진다면 회사도 괜찮고 가격도 과하게 하락했다 싶은 가격이니 기
분 좋게 추가 매수할 각오를 했었습니다. 다음날부터 반등을 시작해
서 몇일 내로 수익 매도하고 나올 수 있었습니다.

③2021년 2월, 3월 실전 투자 사례 – LG화학

그림 **2021년 3월 2일 LG화학 매매 내역**

거래내역(결제기준)	당일매매일지	당일매도실현손익	일자별 실현손익	전일대비예탁자산증감	투자수익률상세추이				

계좌 ____ 구분 ⦿일 ○월 매매일 2021/03/02 ▼ ~ 2021/03/02 ▼ 매수수수료 HTS ▼ 주의사항 조회

종목명	추정실현손익	수익률	매도수량	매도단가	매도금액	수수료	제세금	매입단가	매수금액	수수료
LG화학	7,348,770	4.42	200	870,000	174,000,000	26,100	400,200	831,000	166,200,000	24,930
보라티알	59,164	1.73	247	14,150	3,495,050	524	8,038	13,873	3,426,810	514
합 계	7,407,934	4.37			177,495,050	26,624	408,238		169,626,810	25,444

시장하락과 겹치면서 나오는 과도한 하락은 매수 기회일 수도 있습니다. 2021년 2월 26일 코스피지수는 장중 −3.59%까지 급락하며 분위기가 흉흉했습니다. 마감은 전일 대비 −2.80% 하락이었고 시장 영향에 '테슬라' 하락까지 고스란히 전달받은 'LG화학'은 장중에 전일 대비 −7.30%까지 폭락하다가 −6.63% 마감했습니다. 과한 하락이라 판단하여 'LG화학'을 종가(마감)에 200주 매수해서 낙주 스윙으로 보유해서 넘어가게 되었고, 다음 거래일 3월 2일에 기술적 반등을 이용

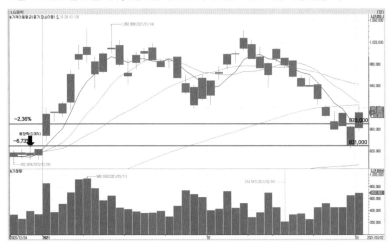

그림 2021년 2월 26일 매수, 3월 2일 매도 LG화학 매수 · 매도 시점 마킹 일봉 차트

해 수익 매도하고 나올 수 있었습니다.

네이버카페 '스톡체인저'에 3월 1일 올린 필자의 LG화학 견해

미국 장기국채 급등-미증시 하락-한국시장 급락 영향으로 LG화학도 꽤 깊은 하락을 했는데 2차전지 관련종목인 LG화학은 테슬라의 급락 영향까지 겹치면서 시장 대비 과한 하락을 한 것으로 보입니다.

과하다 싶은 하락에 일정 부분 반등이 나올 타이밍이 되었다 싶어 낙주스윙으로 들고 가려고 매수했고, 최악의 경우 내일부터 열리는 시장에 추가 하락이 더 나온다면 한 번 더 추가 매수할 마음으로 1차 200주 정도 매수해서 넘어왔습니다.

다음주 크게 빠지지 않으면서 기술적 반등 구간이 나온다면 매수한 200주를 전량매도하고 빠져나올 생각이며 추가 하락이 나온다면 상황봐서 2차매수해서 추후 결과를 지켜볼 예정입니다.

요즘 시장이 자꾸 하락하니까 낙주스윙을 하게 되네요."

43

낙폭 과대에 따른
기술적 반등을 노린 스켈핑 매매

그림 2021년 3월 24일 LG화학 매매 내역

종목명	추정실현손익	수익률	매도수량	매도단가	매도금액	수수료	제세금	매입단가	매수금액	수수료
LG화학	11,302,733	0.96	1,507	789,000	1,189,023,000	178,353	2,734,720	779,449	1,174,631,000	176,194
합 계	11,302,733	0.96			1,189,023,000	178,353	2,734,720		1,174,631,000	176,194

당시 폭스바겐그룹의 2차전지 독립 선언으로 국내 대형 2차전지 업체들의 주가가 지속적으로 약세를 보였으며 전체 시장 역시 횡보하면서 상승 모멘텀 부재로 'LG화학' 주가는 과하다 싶은 하락을 연일 지속하고 있었습니다. 매매 시점인 3월 24일 하루 전까지만 해도 'LG화학'은 2주간에 걸쳐 약 −20% 가까이 폭락중이었습니다.

단기간에 과도한 하락은 기술적 반등을 불러 일으키는데 'LG화학'

그림 2021년 3월 24일 LG화학 매수·매도 시점 마킹 일봉 차트

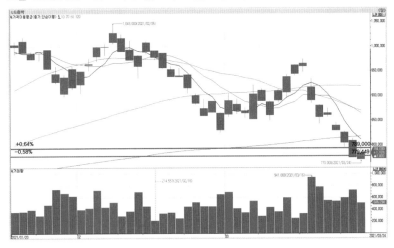

역시 기술적 반등이 임박했다고 판단되어 집중 관찰하다가 3월 24일 장 초반 반등할 때 스켈핑으로 매매하고 나올 수 있었습니다. 스켈핑 매매라서 비록 수익률 자체는 낮지만, 대신 투자금이 많았기에 수익금은 작지 않았습니다.

영상 LG화학 스켈핑 실매매 영상 보러가기

44

우량주 낙폭 과대 스윙 매매

그림 2021년 2월 17일 동아쏘시오홀딩스 매매 내역

'동아쏘시오홀딩스'는 2021년 1월 하순경 비교적 큰 폭의 하락을 보이면서 횡보 구간에 접어든 상태였습니다. 외부적으로 봤을 때 뚜렷한 악재가 없었고 종목 자체도 우량주에 속했습니다. 낙폭 과대에 따른 기술적 반등이 충분히 가능하다고 판단해서 수일에 걸쳐 조금씩 분할 매수했고, 2월 17일 반등할 때 수익 매도하고 나올 수 있었습니다.

그림 2021년 2월 17일 동아쏘시오홀딩스 매수 · 매도 시점 마킹 일봉 차트

영상 동아쏘시오홀딩스 실매매 영상 보러가기

그림 2021년 4월 1일 F&F 매매 내역

	종목명	추정실현손익	수익률	매도수량	매도단가	매도금액	수수료	제세금	매입단가	매수금액	수수료
F&F		8,380,740	2.89	2,238	133,470	298,708,000	44,806	687,022	129,379	289,552,000	43,432
	합계	8,380,740	2.89			298,708,000	44,806	687,022		289,552,000	43,432

실적이 받쳐주는 우량주인 'F&F'가 2021년 3월 하순 미국, 유럽연합(EU), 영국이 중국 신장 위구르 자치구의 인권 탄압을 비판하면서 중국 내에서 글로벌 브랜드에 대한 불매운동이 확산되고 있다는 이슈가 나오면서 영향을 받아 깊은 하락을 보였습니다.

이때를 매수 기회로 보고 수일에 걸쳐 분할 매수했고, 스윙으로 보유했다가 4월 1일 반등 때 수익 매도한 케이스입니다.

2021년 5월 21일 현재 F&F와 F&F홀딩스로 회사분할이 이뤄지고 F&F홀딩스는 -50% 권리락이 발생한 상태이니 참고하시기 바랍니다.

영상 F&F 실매매 영상 보러가기

45
추세 하락중 반등 시도 후 눌림

그림 2021년 6월 17일 LG화학 매매 내역

| 계좌 | | | 구분 • 일 ○ 월 | 매매일 | 2021/06/17 ▼ | ~ | 2021/06/17 ▼ | 매수수수료 HTS | ▼ | 주의사항 | 조회 |

종목명	추정실현손익	수익률	매도수량	매도단가	매도금액	수수료	제세금	매입단가	매수금액	수수료
LG화학	12,774,998	1.59	993	822,000	816,246,000	122,436	1,877,364	807,000	801,351,000	120,202
합계	12,774,998	1.59			816,246,000	122,436	1,877,364		801,351,000	120,202

'LG화학'은 2021년 6월 11일 추세 전환을 시도하는 양봉이 나온 후 3
거래일 연속 음봉이 나오면서 눌림이라 판단할 수 있었습니다. 판단
이유는 5월 이후 줄곧 하락하는 과정에서 몇 번의 큰 장대음봉 출연
으로 계단식 하락을 했는데. 6월 11일의 경우 거래량은 조금 아쉽지
만 근 한 달 보름만에 처음 장대양봉을 만들어내는 모습에 조만간 추
세 전환 반등이 가능하겠다 싶었습니다.

그림 2021년 6월 17일 LG화학 일봉 차트

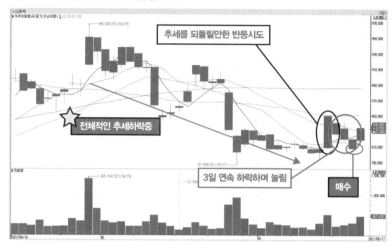

반등 과정인 6월 16일 오후에 매수 가담했고, 6월 17일 반등이 나오자 짧은 스윙으로 수익 매도 하고 나올 수 있었습니다.

영상 LG화학 실매매 영상 보러가기

주의

반등을 준비하는 눌림도 획일적이고 정형화된 패턴이 있는 것은 아니며 수학적인 법칙으로 접근하면 위험할 수 있습니다.

46

기타 매매
_흡수합병

그림 2021년 4월 19일 한국앤컴퍼니 매매 내역

2021년 3월 하순경 며칠에 걸쳐서 '한국아트라스비엑스'라는 종목을 매수평단 58,136원에 3,174주 매수했습니다. 매수한 이유는 '한국앤컴퍼니'에 흡수합병되는 '한국아트라스비엑스'라는 종목이 개인적으로 계산하고 생각해 봤을 때 3.392 교환 비율로 합병되는데 3월 하순 당시 가격이 '한국앤컴퍼니'와 '아트라스비엑스'를 비교해 봤을 때 싸보이는 겁니다.

3월 29일부터 4월 16일까지 거래가 정지되는 동안 '한국앤컴퍼니'의 가격 변동폭을 감안한 리스크는 있지만 스윙으로 홀딩해 볼 만하다 판단되어 +1,238만 원 수익 매도할 수 있는 기회가 있었지만 참았고 4월 19일 흡수합병되어 들고온 '한국아트라스비엑스'는 상폐되고 대신 '한국앤컴퍼니' 주식을 3.392 비율로 받아서 +2,049만원 수익 매도하고 나왔습니다.

영상 **한국앤컴퍼니 실매매 영상 보러가기**

47

미증시 커플링 매매법

미증시 커플링 매매란, 미국증시에 영향을 많이 받는 국내증시의 특성을 활용한 매매법입니다. 국내증시는 북한발 악재(핵실험, 천안한 폭침, 연평도 포격 등)에는 늘 단기 악재였지만, 미증시의 큰 움직임에는 상대적으로 영향을 자주 많이 받는 편입니다.

2020년 3월 코로나사태 이후 미국시장과 한국시장의 동조현상은 과거에 비해 강해졌고, 투자자들은 장 전 미선물, 미국시장의 장마감 움직임에 더 신경쓰게 되었습니다. 2019년만 해도 미국시장이 사상 최고가를 연일 갱신할 때, 상대적으로 국내증시는 미국시장과 디커플링 되면서 주가가 미국시장 상승을 따라가지 못하는 경향이 있어 별로 상승하지 못했습니다.

미증시뿐만 아니라 업종 또한 영향을 받습니다. 미국 내 주도업종이 상승하면 국내증시 관련 업종이 상승합니다. 예를들어, 미국 필라델피아반도체지수(미 증시 내 반도체 산업을 대표하는 기업들을 선별해서 지수화, 대만 TMSC, 네덜란드 ASML도 함께 편입)가 상승 또는 하락하면 시차를 두고 '삼성전자'나 'SK하이닉스'에 분위기가 전달되는 특성이 있습니다. 필라델피아반도체지수를 참고한다면 '삼성전자'나 'SK하이닉스' 등 반도체 종목의 단기 매매를 할 때 확률을 높여줍니다. 그리고 제가 반도체 종목을 매매하기 전에 체크하는 항목은 '디램익스체인지' 사이트에서 반도체 가격이 어떤 흐름을 보이는지입니다.

사이트 **디램익스체인지 사이트 주소**

전체적인 반도체 경기흐름을 먼저 살핍니다. 예를 들면, 2019년 초반이나 여름까지만 해도 D램가격이 재고 과잉과 경기 침체에 따른 수요 부진으로 내림세를 걷다가 8월 이후 낸드플래시부터 점차적으로 가격 반등이 나타나면서 전반적인 반도체 업황 회복이 점쳐지기 시작했습니다.

전체적인 큰 그림에서 반도체 종목의 흐름을 머리에 숙지해 두고 실제로 업황 회복의 영향으로 국내 반도체 종목군들이 상승을 시작하는지 체크를 한 번 해봤다가 눈에 뜨게 본격적으로 움직이기 시작하면 매매에 동참해 보는 겁니다.

다른 예지만 같은 논리의 매매 아이디어 하나를 제시합니다. 미국시장에서 '테슬라'가 폭등을 하면, 국내 전기차 배터리 관련 종목들이 개장부터 크게 반응하는 경우가 많았습니다(삼성SDI, LG화학, SKC 등).

미국시장에서의 눈에 띄는 이슈가 한국시장의 관련 종목에 영향을 미치고, 이런 흐름을 따르는 투자 아이디어가 의외로 잘 통합니다. 반도체 종목 역시 미국시장에서 큰 파도가 치면 곧바로 우리시장도 반응을 합니다. 마찬가지로 전기차나 다른 업종도 미국시장에서 시작된 파도의 흐름을 따라가는 경향이 짙게 나타납니다. 미국시장에서 어떤 파도가 시작되는지 눈여겨봐야겠죠. 몇 년 전 바이오헬스케어 관련 종목들이 미국의 영향으로 급등을 했던 역사도 있습니다.

*필라델피아반도체지수 급등 = 국내 반도체 주가 움직일 가능성 높다.
*테슬라 주가 급등 = 국내 전기차, 2차전지업체 주가 움직일 가능성 높다.
*애플 주가 급등 = 국내 애플 부품 관련 종목들 주가 움직일 가능성 높다.
*미 바이오종목 급등 = 한국 바이오종목도 움직일 가능성 높다.

이런 등식은 거의 80~90% 확률로 수익 구간을 만들어 주는데 몰라서 혹은 주의를 기울이지 않아서 기회를 놓치는 경우가 많습니다.

경험이 필요하겠지만, 주식하는 사람들은 이런 흐름의 시차를 이용해서 수익을 만들어 내는 노력이 필요합니다. 1년에 수차례 기회를 주곤 하는데 그냥 넘어가거나 태만하게 생각해서는 좋은 기회를 살리지 못합니다.

미증시 커플링 매매가 직장인들에게도 유용한 이유는 바로 '시차'를 활용해서 관련주를 공략하면 높은 확률로 짧게라도 수익을 낼 수 있기 때문입니다. 장 전 미국시장 마감, 뉴스, 급등락 종목을 수시로 체크하고, 급등한 업종 및 종목이 있다면 국내 증시에는 어떤 연관 종목이 있는지 살펴보는 습관이 필요합니다. 미국장 폐장과 우리장 개장 사이 충분한 시간이 있기 때문에 이때를 이용해 준비하면 됩니다다. 세계 증시의 움직임을 잘 알려주는 사이트로는 인베스팅닷컴(https://kr.investing.com)이 있습니다.

사이트 인베스팅닷컴

48

미증시 커플링 매매 사례

그림 2020년 4월 17일 삼성SDI 매매 내역

거래내역(결제기준)	당일매매일지	당일매도실현손익	일자별 실현손익	전일대비예탁자산증감	투자수익율상세추이						
계좌		▼		구분 ⊙ 일 ○ 월	매매일 2020/04/17 ▼ ~ 2020/04/17 ▼	매수수료 HTS ▼	주의사항	조회
종목명	추정실현손익	수익률	매도수량	매도단가	매도금액	수수료	제세금	매입단가	매수금액	수수료
삼성SDI	19,931,113	9.38	816	285,500	232,968,000	34,945	582,420	260,279	212,387,664	31,858
아진산업	832,384	4.48	8,609	2,260	19,456,340	2,918	48,640	2,157	18,569,613	2,785
합 계	20,763,497	8.99			252,424,340	37,863	631,060		230,957,277	34,643

2020년 4월 13일(현지시간) 뉴욕시장에서 '테슬라' 주가가 전일 대비 13.60% 상승하며 3월 폭락장을 딛고 강세로 움직였습니다. 4월 16일 기준 1주일 간 62% 급등했었습니다. 반면 내연기관 완성차 '포드', 'GM'은 주가가 힘을 못쓰고 있는 데 반해 전기차업체 '테슬라'의 주가는 가파르게 반등중이었습니다. 국내증시에서는 '삼성SDI'가 동조화 현상으로 반등이 나와 4월 16일 매수 후 4월 17일 수익 매도했었습니다.

그림 2020년 4월 테슬라 일봉 차트

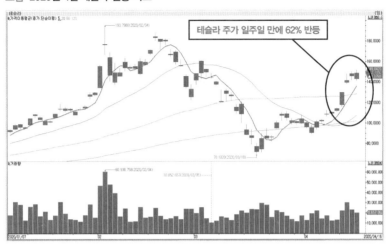

테슬라 주가 일주일 만에 62% 반등

그림 2020년 4월 삼성SDI 매수·매도 라인 마킹 일봉 차트

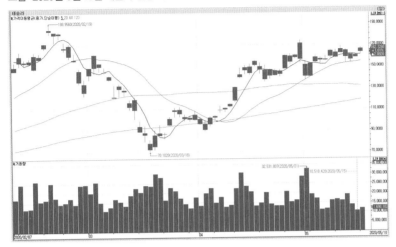

3월 폭락장 이후 '테슬라'가 전고점 돌파를 앞두고 있었던 5월 18일 '테슬라' 일봉 차트입니다. 당시 네이버카페 '스톡체인저'와 '투자의리더' 어플에 다음과 같은 얘기를 했었습니다.

"코로나사태로 그간 두 달 동안 문을 닫았던 테슬라 프리몬트 미국공장도 24시간 풀가동하며 밀린 주문을 소화하는 중에 있습니다. 미국 50개 주 가운데 32개 주가 현재 경제활동 정상화에 착수했고, 전세계적인 경제활동도 시간을 두고 정상화를 향해 갈 것이기 때문에 전기차업체의 성장세도 다시 상승세를 탈 것으로 전망됩니다. 따라서 2차전지 및 전기차시장에 대한 긍정적인 전망도 여전히 유효하며 관련 핵심종목들은 중장기 관점으로 봤을 때도 시장 대비 초과수익률을 거둘 가능성이 높고 테슬라의 신고가 돌파도 늦어도 2020년 안으로 가능할 것으로 판단합니다."

'테슬라'는 예상보다 빠르게 신고가를 갱신했고, 마침 '애플'도 신고가를 갱신했었습니다. '애플', '테슬라'와 공통으로 연관되는 우리나라 종목 중 'LG화학'이 있었고 개장 후 상승할 확률이 굉장히 높다고 판단해서 시초가에 매수했습니다.

그림 2020년 6월 11일 LG화학 매매 내역

그림 2020년 6월 11일 LG화학 매수·매도 시점 마킹 일봉 차트

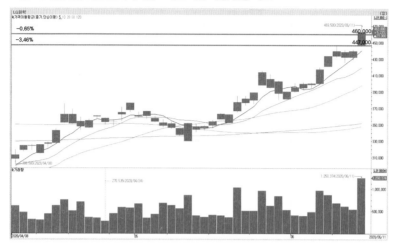

　　이런 식으로 2020년 한 해 동안 미증시 커플링을 활용해서 '삼성 SDI', 'LG화학' 각각 14번 총 28번 매매했습니다. 두 종목에서 거둔 총 수익금은 약 1억 4천 3백만 원이었고, '삼성SDI'는 14전 13승 1패, 'LG화학'은 14전 10승 4패였습니다. 확률이 낮은 매매 아이디어는 아니니, 미증시에서 또 다시 바람이 불면 국내 투자에 활용해 보시기 바랍니다.

49
손절은 어디서 어떻게 할 것인가

먼저 이 말씀을 드리고 싶습니다. 기본적으로 손절도 중요하지만, 그에 앞서 매수부터 정말 신중하게 판단해서 결정해야 합니다.

손절은 사람마다 시장 상황마다 종목의 흐름마다 모두 다를 수밖에 없습니다. 차트나 거래량에서 손절라인을 정하는 사람도 있으며, 뉴스나 이슈에서 손절의 기준을 정하는 사람도 있습니다. 개인적으로는 손절 역시 획일적이고 수학법칙적인 손절 원칙이 있지는 않으며 상황에 따른 경험적 감각으로 손절을 하는 편입니다. 수학적인 법칙이 있다면 알려드리겠지만, 현실적으로 다른 대안을 드릴 수는 없습니다.

대신 제가 손절한 종목들의 사례를 통해 손절에 대한 개념을 간접적으로나마 정리해 보시면 좋겠습니다.

❚◆❙❚ 손절 기준: 뉴스에 의한 손절,

차트에 의한 손절(이평선 또는 특정 기준선)

두 가지 예시를 들어 손절 기준을 말씀드리겠습니다.

뉴스에 의한 손절

그림 2019년 12월 24일 에스텍파마 손절 매매 내역

그림 2019년 12월 24일 에스텍파마 일봉 차트

2019년 12월 11일 '에스텍파마'가 상한가 마감하였고, 이후에도 비마약성 진통제 임상 결과 발표를 앞두고 기대감으로 주가 급등이 지속되었습니다. 12월 16일 단기 매매로 600만 원 정도 수익을 내고 매도하였습니다.

그림 2019년 12월 16일 에스텍파마 매매 내역

종목명	추정실현손익	수익률	매도수량	매도단가	매도금액	수수료	제세금	매입단가	매수금액	수수료
에스텍파마	6,667,621	10.10	4,154	17,550	72,902,700	10,935	182,256	15,896	66,031,984	9,904
코리아에셋투자증권	3,078,403	4.47	6,419	11,250	72,213,750	10,832	180,534	10,739	68,933,641	10,340
데이타솔루션	581,797	1.61	7,697	4,795	36,907,115	5,536	92,267	4,706	36,222,082	5,433
합계	10,327,821	6.03			182,023,565	27,303	455,057		171,187,707	25,677

추세 흐름이 괜찮아서 임상 결과를 앞둔 12월 23일 분할 매수 후 스윙으로 넘어왔는데 다음날 장 전에 임상 실패 뉴스가 나오면서 12월 24일 큰 폭의 갭하락 출발하였습니다. 임상 결과에 대한 기대로 인해 그동안 주가가 급등했기 때문에 임상 결과 실패는 악재 중에 악재라고 판단하여 뒤도 돌아보지 않고 시장가로 시가에 매도하고 탈출했습니다. '에스텍파마'의 경우 시장의 기대치를 반영한 한동안의 상승폭을 임상 실패 결과 하나만으로도 충분히 상승 전 원상태로 돌리고도 남을 정도로 폭락이 예상되는 악재였습니다.

주식은 기대치로 오르는 경향이 있는데 그 기대치에 반하는 악재가 나올 경우 기대치로 올랐던 상승분을 모두 반납하는 경우가 허다합니다. 당시 '에스텍파마'는 12월 24일 −30% 하한가 마감 후 그 다음 거래일인 12월 26일에도 폭락을 이어가 −13.8% 하락 마감하게 됩니다.

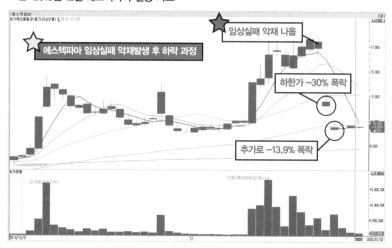

그림 2019년 12월 에스텍파마 일봉 차트

제가 만약 임상 실패 뉴스를 접하고도 손실이 두려워 혹은 미련 때문에 매도를 하지 않았다면 더큰 손실로 고통을 받았을 게 확실합니다. 이렇듯 어떤 기대감으로 상승하는 주식을 매수했는데 기대치에 찬물을 끼얹는 악재가 나오면 손실로 인한 고통은 있겠지만, 일단은 손절하고 나오는 게 단기 매매에서는 현명한 선택일 가능성이 높습니다.

보유하고 있는 종목에서 갑작스럽게 나오는 뉴스를 해석하고 객관적으로 판단하기 위해서는 평소에 이슈종목 정리를 하면서 종목들이 어떤 이슈에 어떤 식으로 반응하고 움직이는지 학습해 놓을 필요가 있습니다.

차트에 의한 손절

그림 2021년 4월 27일 넥스트사이언스 손절매매 내역

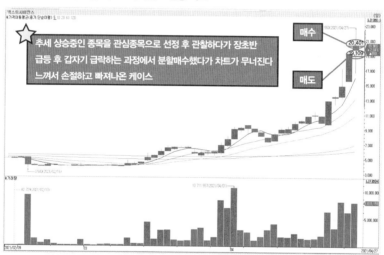

종목명	추정실현손익	수익률	매도수량	매도단가	매도금액	수수료	제세금	매입단가	매수금액	수수료
넥스트사이언스	-7,168,307	-6.58	5,342	19,109	102,080,278	15,312	234,784	20,401	108,982,142	16,347
포스코강판	3,854,650	4.03	1,773	56,256	99,741,888	14,961	229,405	53,936	95,628,528	14,344
합 계	-3,313,657	-1.62			201,822,166	30,273	464,189		204,610,670	30,691

그림 2021년 4월 27일 넥스트사이언스 일봉 차트

추세 상승중인 종목을 관심종목으로 선정 후 관찰하다가 장초반 급등 후 갑자기 급락하는 과정에서 분할매수했다가 차트가 무너진다 느껴서 손절하고 빠져나온 케이스

'넥스트사이언스'는 당시 과거에 투자했던 '나노젠'이란 회사에서 신종코로나 바이러스 예방 백신 임상2상이 완료되었다는 이슈로 급등하던 중이었습니다. 시장에서 주목받을 만한 호재는 있었지만, 단기간 급등에 따른 후유증으로 4월 27일 장 초반 급등하다가 급락으로 돌변했습니다. 이 과정에서 매수했다가 차트가 심하게 하락 쪽으로

기울어서 차트에 의한 손절을 하고 나온 케이스입니다.

차트에 의한 손절의 경우, 특히 단기간에 초급등한 케이스의 종목에서는 분봉 라인을 손절 기준으로 삼을 수도 있고, 초급등한 종목이 아니라더라도 일봉상 추세 우상향하면서 3일과 5일선 위에서 상승한 종목에서는 이평선 기준으로 5일선 이탈을 손절선의 마지노선으로 또는 10일선을 손절 라인으로 설정할 수도 있습니다(개인마다 상황마다 다양함).

스윙 매매를 주로하는 경우는 마지노선을 20일선 이탈로 정하기도 합니다. 그리고 일봉 기준으로 전저점이나 전일 저점 이탈을 손절 기준선으로 정하는 사람도 있습니다. 이처럼 손절 라인은 정말 다양합니다.

자신의 매매가 분봉 위주의 단기 매매이면 손절도 같은 특정 분봉 라인 이탈을 기준으로 잡는 게 맞고, 일봉 기준으로 약간 여유 있게 보는 매매라면 같은 일봉의 이평선이나 전저점 같은 특정 지점 이탈을 손절선으로 정하는 게 맞습니다.

호가창 매매를 하는 스켈퍼라면 매수가 대비 얼마 이하는 무조건 매도하고 빠져나온다는 시나리오를 미리 정하고 매매를 하거나, 특정 매물대를 붕괴하는 매도가 나오면 손절하고 나오는 게 합리적입니다.

손절의 원리는 사람마다 다르겠지만, 저의 경우는 같은 비율의 수익과 손실을 따졌을 때 무엇을 보고 매수를 했느냐에 따라 같은 비율로 손실과 수익을 맞춰줄 수 있는 라인이 자기의 손절 기준선이 되어야 된다고 생각합니다.

달리 말하면 조금 빠르게 움직이는 분봉을 보고 매수했다면 같은 분봉으로 손절 라인을 설정하는게 맞고, 조금 느리게 움직이는 일봉 기준으로 매수를 했다면 일봉 기준으로 정해서 손절하는 게 맞다고 생각합니다.

물론 경험이 쌓이게 되면 분봉으로 매수했더라도 상황에 따라 일봉이 계속 살아 있다면 설령 분봉상 손절선에 도달했어도 일봉에 의지해서 조금 융통성 있는 매매가 가능할 수는 있습니다. 중요한 것은 자신만의 기준을 정하고, 기준에 따라 원칙적인 손절을 하는 게 가장 필요합니다.

저는 현재 딱 정해진 손실 폭은 없습니다. 정확하게 얘기하면 경험에 의해 융통성 있게 손절을 하는 편입니다.

이전 예시 종목 설명에서도 보셨다시피, 대형 악재가 나온 '에스텍마파' 같은 종목은 손실 폭에 상관없이 큰 손실을 각오하고서라도 일단 매도부터 하고 빠져나오는 게 원칙이며, 급등한 종목의 경우 차트가 하락 쪽으로 급격하게 기울면서 매도세가 강해지면 그 역시 폭탄 손실을 각오하고 일단 빠져나오는 게 맞다고 생각합니다.

추가 하락이 뻔히 보이는 상황이나 자리에서 손절하지 않고 미련이 남아 버티는 것은 더 큰 위험을 초래할 수 있다는 사실을 경험을 통해 충분히 깨달으시기 바랍니다. 그러니 반드시 소액 테스트로 값진 경험을 얻어놔야 합니다. 이보다 좋은 공부법이 없습니다. 초보의 경우 일단 일괄적인 매수가 대비 −% 손절선을 정한 후 실천을 통해 작은 아픔을 겪고 내성을 키우셨으면 합니다.

어차피 손절도 시간과 경험을 거치면서 진화하게 되어 있습니다. 백지 상태의 초보분들은 획일적인 손절 라인을 먼저 실천해 보시고 점점 다양한 손절선의 필요성을 느끼면서 시장 경험, 종목 경험을 해 나가면서 획일적인 손절 라인을 벗어나서 상황에 맞는 손절을 하게 되는 진화 과정을 자연스럽게 겪게 될 것입니다.

경험이 부족한 초보 투자자들에게 제가 경험에 의한 감각적인 손절을 아무리 강조한들 제대로 알아듣기가 어렵습니다. 말로 설명하기 힘든 감각, 그 실체가 무엇인지 느낌이 오지 않을테니까요.

일단 처음에는 소액으로 획일적인 손절 폭을 설정해 보면서 자신만의 데이터를 쌓아나가시길 바랍니다. 그러면 그것대로 문제점과 취약점이 드러나면서 개선 방향이 보일 것입니다.

실력은 문제점을 보완하고 해결해 가는 과정에서 혹은 고민하는 과정에서 조금씩 쌓여가기 마련입니다. 이런 개선 작업 하나하나가 조각조각 연결되면서 내공으로 쌓이고, 최종적으로 손절이 자유로운 주식고수로 거듭날 수 있게 됩니다.

실수와 실패를 두려워하지 말고 자신의 매매 방법을 정하고 앞서간 선배들의 매매 방법이나 손절 방법 기타 모든 것을 벤치마킹해서 모방하려고 노력하시기 바랍니다.

50
손절에 관한 Q&A

공격도 중요하지만 방어도 못지않게 중요합니다. 공격만 생각하고 방어를 소홀히 했다가는 적의 날카로운 공격에 회복할 수 없는 상처를 입게 됩니다. 아래의 Q&A를 통해 손절이 왜 중요한 문제인지 깊이 생각해 보셨으면 합니다.

Q1. 스윙과 당일 단타 매매를 미리 생각하고 종목을 선정하고 매매하시는지요? 개인적으로 매수 후 −2~3% 내에서 손절하려고 합니다. x라인 지지 확인까지 하려면 손실이 커지는 경우가 많아서 부담스러울 때가 있습니다. 아니면 x라인이나 일봉이 괜찮다면 스윙으로 들고가야 하는지 판단하기가 어렵고 손절 기준 라인을 이탈하여 손절하고 나오면 이후에 상승이 나오는 경우가 종종 있습니다. 어떻게 하는 게 좋을까요?

A. 대부분의 경우 단타와 스윙을 미리 염두에 두고 매수를 하는 편입니다. 하지만 매수 후 장중에 시장이 급변하는 경우나, 매수하고 보니 종목 자체에 악재나 호재가 있을 시에는 대응을 달리하는 편입니다.

예를 들면, 매수할 때는 당일 단타로 매수를 했지만 시장 흐름과 종목 흐름(해당 종목 테마군) 등이 괜찮다면 스윙으로 조금 더 길게 보유해서 들고 갈 수도 있고, 스윙으로 보고 매수를 했지만 당일 시장이 점점 안 좋아지는 경우나, 해당 종목의 흐름과 테마군들의 전체적인 흐름이 좋지 못할 경우는 단타로 끊고 나올 때도 있습니다.

어느 정도 매수할 때부터 단타와 스윙을 정해서 출발은 하지만, 미리 정한 생각을 100% 고집하지는 않으며 시장이나 종목 상황에 따라서 조금 더 길게 들고갈 수도 있고, 흐름이 좋지 못하거나 생각과 다르게 움직이면 단타로 매매하고 나오는 경우도 있습니다.

제가 자주 강조하는 소액 테스트가 꼭 필요한 이유가 여기에 있습니다. 흐름을 파악하고 느끼려면 경험이 뒷받침 되어야 합니다. 그래야만 확률 높은 매매를 지속할 수 있습니다. 주식 경험이 없는 상태에서 아무리 확률 높은 매매를 학습해도 실제 돈을 넣어서 매매하는 실경험(연습)이 없으면 제대로된 자신만의 매수·매도 관점이 생기기가 힘들기 때문에 필연적으로 일정 기간 동안 소액 연습 매매를 해서 경험을 쌓은 후 실전 매매에 들어가는 게 올바른 순서가 아닐까 생각합니다.

빠르게 움직이는 테마주가 아닌 비교적 천천히 움직이는 종목에서 단타로 들어갔다 곧바로 상승이 나오지 않고 하락이 나왔다면 그 하락 범위나 위치, 그 종목의 이슈 여부, 시장 상황 등을 참고해서 홀딩이냐, 손절하고 나오느냐를 결정해야 하는데 이 역시 획일적으로 '이렇게 하는 게 정답이다'고 말하기는 어려운 점이 있습니다.

상황상황마다 종목의 전개되는 양상이 모두 다르기에 100% 이렇게 하는 게 맞다고 말할 수는 없습니다. 같은 종목이라도 매번 같은 상황이 연출되지 않기 때문에도 그렇습니다.

기본적으로 저는 매수 가격이 x라인과 큰 이격이 없는 선에서 매수했는데 매수 후 살짝 x라인을 깨고 하락을 했지만, x라인 방향이 아직도 상승 쪽으로 흐르고 있고 매도량이 크게 쏟아지지 않는다면 홀딩 관점으로 조금 더 지켜보는 게 맞다고 생각합니다(이때 시장 상황도 같이 살펴봐야 하며, 종목이 속해 있는 동일 테마군의 움직임도 체크해야 합니다).

매수한 가격이 밑에 있는 라인과 큰 이격이 없는 상태에서(평균 2~3% 내외) 조용하게 움직이는 곳에서 매수를 했는데 매수 후 가격이 하락해서 x라인을 뚫고 내려가는 경우, 그것도 최근 며칠 내에 가장 큰 매도량이 갑자기 쏟아지는 상황이라면 손절 관점으로 보는 게 맞습니다. 물론 시장 급락의 영향은 아닌지 체크해야 합니다. 시장 영향이라면 모를까 시장은 평온한데 갑자기 종목 혼자 그렇다면 더 명확한 손절 이유가 되겠죠.

하지만 대량 거래량이 동반된 하락이 아니라면 일시적으로 라인을 이탈해서 몇 시간 정도 라인을 밑도는 경우도 많고 다시 라인 위로 올라서서 상승 쪽으로 방향 전환을 하는 경우도 있기 때문에 앞서 말한 시장 상황, 해당 종목 테마군, 매도량 등을 체크해서 최종 결정을 해야될 것 같습니다.

다시 말해서 X라인과 X봉을 기준으로 매수매도를 하는데 매도 관점은 X봉이 X라인을 깨고 내려가면서 누군가 작정하고 매도를 하거나(최근 몇일간 동일 X분 기준 매도량 체크로 확인), 상승하던 라인이 꺾일 정도로 단시간에 심각하게 하락하는지가 포인트입니다.

획일적으로 매수 후 −2%~−3%대로 손절 라인을 잡는 건 그렇게 좋은 손절 방법이 아닌 것 같습니다(물론 저의 매매 기준으로 봤을 때입니다).

매수부터 정말 신중하게 하는 게 우선이지만, 매수 후 무조건 −2%, −3%대에서 손절하게 된다면 아주 확률 높은 매매를 하지 않는 이상 손절을 너무 자주 할 수밖에 없는 구조입니다.

이론적으로 매수할 때 매번 3% 내의 정확성을 갖추지 않으면 무조건 −3% 이탈 시에 손절이 나가야 되는데, 글쎄요 빠르게 움직이는 종목은 순간적으로 3% 이상 아래위로 흔들릴 때도 자주 있는데 그럴 때마다 정말 손절이 매번 마음처럼 자유롭게 될까라는 의구심이 듭니다.

현재 저는 손절 라인을 획일적으로 정해 놓고 하지는 않습니다. 예전엔 획일적으로도 많이 해봤고 별별 방법으로 시행착오도 많이 겪어보았습니다만 손절은 상황에 맞게 해야 된다고 생각하며, 저는 그렇게 하려고 하는 편입니다.

그래서 상황에 따라 −5% 이상 넘어가도 손절하지 않고 견딜 때도 있고, −2%만 넘어도 손절을 단행하는 경우도 있습니다. 이처럼 저는 경험이 주는 신호에 따르는 편입니다.

아무튼 저의 답변은 참고사항일 뿐이며 주식이든 인생이든 경험보다 좋은 스승은 없다라는 말을 한번 생각해 보셨으면 합니다.

Q2. 단타로 거의 3주 동안 손실 없이 매매를 잘해 오다가 며칠 전부터 매매가 꼬이면서 이번 달 손실로 전환했습니다. 기운 빠지고 의욕도 많이 떨어져서 매매에 대한 자신감도 완전 상실되었습니다. 이 좋은 장에 단 며칠만에 앞전 수익을 손실로 만들었다는 생각에 앞으로 희망이 없다는 생각도 들고 마음이 많이 무거운데 어떻게 해야할지 잘 모르겠습니다.

A. 단기 매매나 데이트레이딩을 주로 하는 사람이라면, 수익이냐 손실이냐가 당일 결정나기 때문에 결과에 따라서 심리적인 변동 폭이 장중이나 장마감 후에 상당히 크게 다가올 수 있습니다. 그만큼 스트레스도 많이 받고, 멘탈이 흔들리거나 손상을 입을 때도 많습니다.

3주의 수고를 며칠만에 날려버렸다면 이성적으로 판단하고 침착함을 유지하려고 해도 쉽지 않다는 사실, 저도 잘 알고 있습니다. 사람의 마음이 다 그렇죠.

문제는 지금의 손실 전환이 아프기는 하겠지만, 그동안 잘해 오다가 며칠 삐걱되면서 희망마저 사라지게 해서는 안 됩니다. 사라지는 희망이 가장 아프니까요.

저 역시도 그런 희망-절망-또 희망-또 절망. 이런 시행착오와 반복되는 손실에 오랫동안 힘들기도 했습니다. 그 심정은 저도 겪어봤기에 충분히 이해합니다. 하지만 제가 여기서 해주고 싶은 말은, 질문자의 현재 고민과 고통스런 마음이 주식고수로 가는 길에 모두 포함되어 있고, 누구나 그런 절망스런 상황을 겪지 않고 내공이 바위처럼 쌓일 수는 없다는 걸 말해주고 싶습니다.

사람에 따라 개인차가 있을 뿐 주식으로 자유를 얻은 고수들은 모두 질문자의 경험을 최소 수차례 이상 반복해서 겪어본 선배들입니다. 며칠 쉬면서 마음을 가라앉히시고 다시 기운내어 새출발하시기 바랍니다.

질문자가 거의 3주 동안 연속 수익이 난 것은 절대 우연이 아닙니다. 나름의 매매 기준이 있고, 확률적인 매매를 해왔다는 증거입니다. 그러니 지금 멘탈이 무너져서 미래에 대한 희망이 사그라드는 것처럼 느껴지겠지만, 제가 볼 때 잠시 매매를 쉬면서 그동안 잘되었던 부분과, 한 방에 무너진 원인을 천천히 되돌아보고 다시 마음 재정비를 하시면 좋겠습니다.

자세히는 모르겠지만 단 며칠만에 손실 전환되었다는 것은 기술적인 문제라기보다 심리적인 문제가 아닐까 싶네요.

얼마 전 시장이 크게 상승 후 며칠 간 크게 흔들렸다가 다시 조금씩 안정을 찾아가는 중인 것 같습니다. 지금은 중장기, 장기, 스윙, 단타 어떤 매매를 해도 확률적으로 수익 가능성이 낮지는 않습니다.

이럴 때 위의 질문자처럼 단타 실패로 의기소침하여 헤메고 있다고 느끼시는 분들도 계실 것 같습니다. 단기 매매를 하는 사람이 단타를 하는 이유가 뭐라 생각하십니까. 단타는 주식 자체를 믿을 수가 없다고 보기 때문에 그 변동성과 불확실성을 회피하고 기회있을 때 수익을 챙기고 또 다른 기회를 포착해서 투자금의 기회비용적인 측면을 효율적으로 사용, 이용하기 위해서가 아닐까 생각합니다.

지금처럼 시장이 나쁘지 않을 때는 단타하는 사람들이 상대적으로 소외되고, 스트레스 때문에 회의감이 밀려들기도 합니다. 종목을 들고만 있어도 좋은 중장기, 장기 투자 하는 사람들이 계속 승리할 것 같아 보이기도 합니다. 하지만 꼭 그렇지만은 않다고 생각합니다, 시장은 항상 돌고도는 경향이 있습니다. 시장의 역사를 되돌아보건데 누구한테나 계속 그저 떠먹여 주는 장은 없었습니다.

일시적으로 일정 기간 동안은 장기 투자자, 단기 투자자, 초보나 중수나 고수나 누구한테나 떠먹여 주는 것처럼 보여지는 시기는 있었지만, 지속적으로 모두에게 수익을 한없이 주지는 않습니다.

그리고 일방적으로 장기 투자, 단기 투자 어느 한 쪽에 유리한 장세가 지속되지도 않습니다. 누구나 안전하고 평안하다고 느낄 때 갑작스런 변동 폭이 발생하며 돌연 양털갈이 시즌에 돌입될 수도 있기에 장기 투자이든 단기 투자이든 잘될 때 더욱 조심하고, 안 될 때도 침착함과 평정심을 유지할 수 있어야 합니다.

51

손실 확정 후 어떻게 행동할 것인가?

주식은 손실 자체보다 손실 후 어떻게 행동하느냐가 더욱 중요합니다. 대부분의 투자자들이 수익을 내다가도 한 번에 무너지기 시작하는 시점이 언제인지 아십니까? 뜻하지 않게 손실을 본 후 다음 종목에 투자하면서부터입니다. 이때 어떻게 하느냐에 따라 주식인생이 달라집니다. 초보자라면 최초의 갈림길이 되겠죠.

특히 단기 매매에서는 손실을 본 후, 그것도 연속적인 손실이 났을 경우에는 손실을 빨리 만회하고 싶은 심리가 마음에 가득 차오릅니다. 하지만 그럴 때일수록 정신 바짝 차리고, 정말 신중하게 다음 종목 선정부터 매수, 매도까지 이뤄져야 합니다. 자신이 갈림길에 서 있다는 생각으로, 섣불리 덤벼들기보다는 확실히 승리할 수 있는 게임에 손을 대야 합니다. 그래야만 손실로 급해진 마음을 다시 진정시키고 원래의 자기 페이스로 돌아갈 수 있습니다. 그렇지 않고 공격적인 마음을 억누르지 못하면, 조급한 마음 그대로 투자에 임하게 되고, 손실이 났던 그 종목에 다시 들어가거나 혹은 다른 종목에서 한 번에 손실을 만회하려는 욕심에 큰 손실을 입고 무너지기 시작합니다.

손실 이후의 투자도 습관이 되어야 합니다. 평소보다 오히려 더 침착하게 정신을 집중해서 매매에 임해야 합니다.

만약 손실이 나든 수익이 나든 마음에 아무런 동요가 없다면 목적지에 거의 다 왔다고 해도 과언이 아닙니다. 고수로 갈 수 있는 마음 상태가 준비되었다고 할 수 있겠죠. 굳게 다짐을 해도 막상 손실이 나는 상황에 맞닥뜨리면 다시 마음이 흔들리기 마련입니다. 계속해서 절제 훈련을 해야만 정중동의 경지에 오를 수 있습니다.

따라서 주식에서 이슈 해석 등 기술적인 분석 능력도 물론 중요하지만, 여러분이 다가가려고 해야 하는 정말 중요한 지향점은 그런 분석 능력을 잘 컨트롤 할 수 있는 안정적인 심리 상태 유지입니다. 기술보다 심리가 중요하다는 뜻입니다.

일반적으로 손실을 보면 손실 만회를 급하게 노리면서 다음 종목을 찾아나서게 됩니다. 뇌동 매매의 도화선에 불이 붙은 사람처럼 닥치는 대로 눈에 보이는대로 매매에 나서는 경우가 많습니다. 본인 생각에 수익날 만한 종목을 찾아헤멘다고 해서 급한 마음에 막상 매수해보면 내뜻대로 종목이 움직여주지 않습니다. 경험이 많은 투자자일수록 이 말에 깊이 공감할 것입니다.

그동안 입었던 손실금과 잃어버린 시간을 생각하면 점점 더 수익에 대한 갈증이 심해지고, 참을성이 무너지고 맙니다. 종목에 대한 충분한 분석 없이 매수 버튼부터 클릭하게 되고, 작은 수익은 간에 기별도 안 가니까 일단 몰빵 매수부터 하고 보는 악순환에 빠집니다. 그러면서 필패의 길에 들어서게 됩니다.

그러나 저를 포함 많은 투자자들이 경험했던 것처럼 복구라는 게 쉽게 되지도 않고, 서두르면 서두를수록 복구까지의 시간은 더욱 더 늦어질 뿐이고, 고통은 배가 됩니다. 지름길로 보이는 그 길이 오히려 더 먼 길이거나 돌아올 수 없는 잘못된 길이었을 뿐이죠.

주식에서 가장 좋지 않은 습관이 급하게 매수부터 하고 보는 조급증입니다. 손실 이후 강하게 발동되기 쉬우니 특히 조심하시기 바랍니다. 혹시 뜻하지 않는 손실이 났을 때 다음 사항을 꼭 실천해 보시면 좋겠습니다.

① 마음이 급해진 자신을 내려놓고 일정 시간 동안 매매를 하지 않고 마음이 차분해질 때까지 기다린다.

② 손실 만회 심리가 발동되거나 무의식적으로 손실난 상태를 스트레스로 여겨 돌발적인 충동매수를 하게 될 수도 있으니, 그럴 때 일수록 더욱 차분한 마음 상태를 유지하려고 노력한다. 스스로 충동매수 심리가 발동되었음을 인지하려고 노력한다.

③ 작은 수익이라도 안정적으로 낼 수 있다면 손실 만회는 시간을

두고 자연스럽게 해결된다는 사실을 이해하고 절대 급하게 마음 먹지 않겠다고 다짐한다.

④ 초심을 다시 상기시키면서 침착하게 종목을 선정하고 자신만의 매수 포인트가 왔을 때 차분하게 소액 분할 매수하면서 대응한다.

⑤ 매수한 종목이 수익이든 손실이든 일희일비하지 않고 원칙대로 처리한다.

자제력을 잃고 본능이 이끄는대로 투자한 사람 중에 성공한 케이스가 있을까요? 저는 아직 그런 사람을 만나지 못했습니다. 저도 마찬가지였습니다. 급하게 뛰어들어가면 아니나 다를까 크게 당하거나, 손실을 만회하려고 서두르다 더 크게 깨지는 경우가 90% 이상이었습니다.

종목이 눈에 들어오지 않을 때는 그냥 쉬면서 때를 기다리는 게 돈 버는 길입니다. 수익만이 돈 버는 길이 아닙니다. 섣불리 행동하다가 잃지 않는 것도 똑 같은 수익입니다. 이 사실을 깨달은 이후 저의 급한 마음도 대부분 사라졌습니다.

먹이감을 노려보는 맹수들을 떠올려 보십시오. 인내하고 참고 기다리다가 기회가 오면 최선을 다해 뛰어나가 먹이를 잡습니다. 아무리 맹수라도 먹이감이 보이자마자 섣불리 달려간다면 굶어죽고 말 것입니다. 투자에도 그대로 적용되는 자연의 이치이니 습관이 되도록 노력해 보시기 바랍니다.

52

수익은 찔끔,
손실은 왕창인 투자자들에게

수익과 손실 비율이 맞지 않아서 결과가 늘 손실이라면 투자자에게 큰 고통을 안겨줍니다. 일한 보람이 없다고 할까요. 시간과 에너지가 아까울 만합니다.

매매 방법이 어느 정도 정립된 분들 중 종목당 승률은 상당히 높은데 의외로 비중 조절 실패로 분명 확률 높게 자주 수익이 나지만 사실은 작게 찔끔찔끔 수익이 나고, 손실이 날 땐 물량을 덩어리로 손절하면서 결국 계좌가 마이너스가 되시는 분들이 꽤 많습니다.

지속적이고 안정적인 수익을 내기 위한 과정에서 대다수의 투자자들이 이런 경험을 한다고 해도 과언이 아닙니다. 비중 조절의 핵심은 다음과 같다고 생각합니다.

①첫째, 명확한 매수·매도 관점이 있어야 한다.

매수·매도에 관한 자신만의 명확한 관점이 존재하지 않는다면 애매한 포지션에서 매수를 하거나, 분할 매수라는 명목하에 짤라야 되는 상황인데도 불구하고 물타기를 반복하다가 한 종목에 과도한 비중이 실리고, 애초 계획에도 없던 몰빵 상태로 몰렸을 때 사태가 심각해질 가능성이 높습니다.

명확한 매수·매도 관점이란, 원하는 종목을 원하는 자리에서 침착하게 기다려서 매수하고, 이후 상황에 맞게 매도하며 결론을 맺는 일이 아닐까 생각해 봅니다(성급하게 뛰어들 듯이 매수하는 행위는 절대 피해야 할 나쁜 습관입니다).

②둘째, 매수 시 정률적인 물량의 초기 매수가 심리적인 안정을 줍니다.

고수들이야 어떤 상황에서도 자유롭게 비중 조절을 잘할 수 있지만, 경험이 부족하거나 초보라면 충분한 경험이 쌓이기 전까지는 일정한 비율로 매수·매도 하시기를 추천합니다.

작게 자주 먹고, 한 방에 뱉어내는 매매 패턴은 표면적으로 승률은 높아보여도 결과는 매번 누적 손실 금액이 커지는 구조일 수밖에 없습니다. 특히 초보일수록 수익과 손실이 같은 비율이 되도록 체득을 해야 합니다. 그 후 승률을 높여가는 전략이 좋습니다. 많은 투자자들이 이 늪에 빠져 헤어나오지 못하고 있으니 차근차근 해결해 나가시길 바랍니다.

③셋째, 매수 후 편안하게 지켜볼 수 있는 물량이 자신의 그릇입니다.

흔히들 사람마다 그릇의 크기가 정해져 있다고 합니다. 제 생각은 조금 다른데, 그릇 크기가 고정되어 있다고 생각하지는 않습니다.

저의 경우 주식을 처음 접했을 때만 해도 소액 매수에도 심장이 널뛰었지만, 지금은 수익이 나도 손실이 나도 아무 느낌이 없습니다. 상황에 따라 성장하고 변화해 가는 게 사람이라고 생각합니다. 다만 현재 나에게 맞는 그릇은 있습니다. 경력이 짧을수록 종목당 매수한 금액이 신경쓰이고 부담스러울 수 있습니다. 부담이 된다면 비중 조절 실패라고 보시면 됩니다.

매수 금액이 클수록 수익도 커질 것이라 생각하기 쉽지만 주식은 그렇지가 않습니다. 많이 매수해서 중간에 흔들리기라도 하면 견딜수가 없습니다. 냉정한 상황 판단이 되지 않기 때문에 휩쓸릴 수밖에 없는 것이죠.

적정한 비중 조절, 편안하게 지켜볼 수 있는 물량 매수가 기본적으로 비중 조절의 핵심입니다. 실력이 갖춰지기 전이라면 과한 욕심을 버리고, 부담 없는 선에서 매수하여 적정한 수익률을 추구하는 편이 확률적으로 수익 가능성을 가장 높여주는 핵심입니다.

계좌는 매매 스타일에 따라 나누어 관리하면 정신적 피로감을 줄일 수 있습니다. 예를 들어 단타 매매를 주로하는 계좌에 중기 또는 중장기 종목이 함께 들어 있다면, 많은 종목을 관리하느라 피로감이 쌓입니다.

단타계좌에서는 단타만, 스윙계좌에서는 스윙만, 장기계좌에서는 장기 투자만 해야 여러 종목을 관리하는 데서 오는 혼잡함과 피로도를 낮출 수 있고, 계좌 관리의 효율성도 높아집니다.

저 역시 단타 위주 계좌와 스윙, 중장기 등으로 계좌를 몇 개로 나누어 운용합니다.

Q 직장인이라서 회사에서 주식을 하는 데 어려움이 많습니다. 시간 내기도 어렵고 눈치도 보여서 당일 단타는 거의 하지 못하고 주로 스윙을 합니다. 전날까지 잘 상승하던 주식이 갑자기 다음날 아침부터 갭하락 후 하락 전환해 버리는 경우에는 모니터 보기도 힘든 상황이라 대처가 되지 않습니다. 예를 들어 회의를 마치고 돌아오면 이미 손쓸 수 있는 시기가 지나버린 후입니다. 이 문제를 어떻게 해결할 수 있을지 조언을 구합니다.

A 직장인이 아니더라도 스윙 매매자들이 느끼는 공통의 어려움이 아닐까 생각됩니다. 들고 넘어온 종목이 갑자기 하락 전환하면서 밑으로 쭉쭉 빠지면 대처가 쉽지 않습니다.

완전무결한 매매법은 존재하지 않기 때문에 각각의 매매법마다 장단점이 있습니다. 당일 단타나 데이트레이딩의 경우 일반 직장인들은 대응이 쉽지 않습니다. 그러다 보니 어쩔수 없이 스윙 매매나 매수 후 일정 기간 보유하는 투자만 가능합니다.

이때 변덕스러운 시장의 영향을 받거나 종목의 개별 악재가 발생하여, 또는 특별한 악재 없이도 보유한 종목이 밑도 끝도 없이 하락할 때가 종종 있습니다.

현실적으로 이 문제의 해결법은 수익과 손실 비율 조절뿐입니다. 가령 100번의 매매에서 수익이 90번, 손실이 10번이라면 승률은 90%인데, 여기서 승률이 아무리 높아도 손익비가 맞지 않아 손실인 10% 매매에서 폭탄 손실로 마감한다면 아무리 승률이 높아도 결국 손실 계좌가 됩니다.

이를 감안해 스윙 매매를 할 때는 본인이 모니터를 못 보는 사이 예상치 못한 한 방 손실이 나올 가능성을 대비해 종목 선정이나 매수 위치, 최근 시장 흐름을 좀더 꼼꼼하게 생각해서 비중 조절을 해야 합니다. 특히 수익 가능성이 높은 종목에 좀더 많은 비중을 담아 예상 손실을 상쇄해 나가는 노력이 필요하지 않나 생각됩니다.

아니면 종목당 승률이 80% 이상 나오는 매매자라면 정률적인 비중 조절로 위험을 분산하는 방법도 하나의 아이디어가 될 수 있습니다. 그리고 시장이 좋지 않을 때는 매수를 줄이고 위험을 대비하는 완급 조절도 필요합니다.

저의 이 말도 막상 현실에서는 완벽한 해결책이 될 수 없기 때문에 우선은 본인 환경에 맞게 스윙 매매 승률을 높이는 노력이 가장 우선인 것 같습니다. 같은 조건으로 보면 업무중 대처하기 힘든 상황에서 보유 종목이 갑자기 하락하는 경우도 있겠지만, 반대로 행운처럼 뜻하지 않게 급등하는 경우도 있으니 단타에 비해 스윙 매매가 무조건적으로 불리한 매매는 아니라는 생각도 듭니다.

53

전업투자자를 꿈꾸는 분들에게 드리는 현실적인 조언_케이스 1

제가 늘 강조하는 말이 있습니다. "주식의 가장 큰 적은 조급함과 방심이다." 아래 소개하는 두 사람의 실제 사례를 통해 여러분도 경각심을 가지고 반면교사로 삼으시길 바랍니다.

▌▐▐ 케이스 1

이 분은 2020년 5월부터 7월까지 제가 하는 주식 강의를 수강한 분이며 현재 전업투자자입니다.

당일실현손익상세	종목별당일손익	종목별실현손익	일별실현손익

계좌번호 ****-**24 ▼   ⦿ 일별   ◯ 월별   [조회] [다음]
조회기간 2020/03/01 📅 ~ 2020/03/31 📅   * 수익률의 경우 2016년 3월부터 제공됩니다.
* 실현손익, 수수료, 세금은 추정치이며, 수수료는 체결시 수수료률로 적용됩니다.
* 매입금액, 매도금액, 수수료, 세금은 당일매매일지 화면의 내용과 동일합니다.

총매수	1,141,694,691	총매도	1,083,749,031	실현손익		-161,670,812
수수료	333,720	세금합		2,391,176	총수익률	-13.01%

매매일	매수금액	매도금액	실현손익	수익률	수수료	세금
2020/03/31	197,420,725	148,468,960	-19,618,235	-11.70%	51,880	371,160
2020/03/30	43,860,610	58,706,944	-469,331	-0.80%	15,380	146,755
2020/03/27	216,292,910	200,061,465	-2,492,526	-1.23%	62,450	389,076
2020/03/26	137,578,301	135,230,580	-25,467,941	-15.89%	40,920	328,712
2020/03/25	97,586,225	80,107,854	-19,852,924	-19.90%	26,650	174,694
2020/03/24	79,995,820	82,881,090	1,394,317	1.72%	24,430	176,565
2020/03/23	41,423,035	58,288,900	-32,863,509	-36.12%	14,950	145,721
2020/03/20	0	41,147,760	-981,917	-2.34%	6,170	60,896
2020/03/19	46,941,880	14,150,566	385,221	2.81%	9,160	35,367
2020/03/18	25,114,670	59,346,603	-54,156,100	-47.79%	12,660	148,359
2020/03/16	13,039,135	2,298,640	208,558	9.98%	2,300	0
2020/03/13	39,418,830	49,870,990	-2,518,516	-4.81%	13,390	43,358
2020/03/12	5,051,200	4,258,800	179,213	4.41%	1,390	10,647
2020/03/10	14,886,650	5,940,625	-5,193,931	-46.72%	3,120	14,849
2020/03/09	44,363,958	25,464,664	-19,012	-0.07%	10,470	51,270
2020/03/06	29,120,752	12,872,259	-12,153	-0.09%	6,290	32,178
2020/03/05	83,156,080	73,440,145	81,228	0.11%	23,480	183,545
2020/03/04	6,170,200	15,913,655	-343,645	-2.12%	3,310	39,780
2020/03/03	10,080,850	5,170,410	64,596	1.27%	2,280	12,924
2020/03/02	10,192,860	10,128,121	5,795	0.06%	3,040	25,320

2020년 3월 코로나사태로 인해 전세계 증시가 폭락하면서 이 분도 속수무책으로 1억 6천만 원의 손실을 입었습니다.

그림 2020년 4월 매매 내역

| 당일실현손익상세 | 종목별당일손익 | 종목별실현손익 | **일별실현손익** |

| 계좌번호 | ****-**24 | ▼ | | ⊙일별 ○월별 | 조회 | 다음 |

조회기간 2020/04/01 📅 ~ 2020/04/30 📅 * 수익률의 경우 2016년 3월부터 제공됩니다.
* 실현손익, 수수료, 세금은 추정치이며, 수수료는 체결시 수수료률로 적용됩니다.
* 매입금액, 매도금액, 수수료, 세금은 당일매매일지 화면의 내용과 동일합니다.

| 총매수 | 1,617,252,660 | 총매도 | 1,727,872,900 | 실현손익 | 8,499,029 |
| 수수료 | 501,670 | 세금합 | 4,052,333 | 총수익률 | 0.50% |

매매일	매수금액	매도금액	실현손익	수익률	수수료	세금	^
2020/04/29	42,361,480	79,593,875	-232,575	-0.29%	18,290	198,924	
2020/04/28	43,551,395	35,148,365	324,056	0.93%	11,800	87,862	
2020/04/27	58,216,435	32,122,465	2,093,301	6.98%	13,550	40,853	
2020/04/24	67,625,600	112,243,385	7,392,228	7.07%	26,980	280,578	
2020/04/23	54,827,490	87,607,270	460,829	0.53%	21,360	205,511	
2020/04/22	48,448,075	136,856,825	-308,556	-0.23%	27,790	319,972	
2020/04/21	47,616,875	45,260,120	190,234	0.42%	13,930	102,766	
2020/04/20	76,106,590	17,081,970	378,702	2.27%	13,970	30,018	
2020/04/17	97,238,870	71,342,270	182,326	0.26%	25,280	178,231	
2020/04/16	53,587,170	136,236,365	-167,841	-0.12%	28,470	340,571	
2020/04/14	95,800,390	45,655,190	669,941	1.49%	21,210	114,117	
2020/04/13	143,583,290	155,428,965	-1,086,726	-0.70%	44,850	388,566	
2020/04/10	141,044,760	106,669,200	-449,268	-0.42%	37,150	266,655	
2020/04/09	140,117,890	91,056,910	880,093	0.98%	34,670	227,624	
2020/04/08	198,773,050	188,123,980	1,820,595	0.98%	58,030	470,268	
2020/04/07	24,637,330	79,301,195	1,736,974	2.25%	15,590	198,244	
2020/04/06	37,426,750	115,814,165	3,188,899	2.84%	22,980	169,673	
2020/04/03	35,935,875	5,195,800	83,831	1.64%	6,160	12,989	
2020/04/02	17,765,150	24,999,285	839,973	3.48%	6,410	13,597	
2020/04/01	192,588,195	162,135,300	-9,497,987	-5.55%	53,200	405,314	˅

2020년 4월 시장이 반등하면서 계좌가 조금씩 회복되기 시작합니다.

그림 2020년 5월 매매 내역

| 당일실현손익상세 | 종목별당일손익 | 종목별실현손익 | **일별실현손익** |

계좌번호 ****-**24 ▼ [　　　　] ◉일별 ○월별 [조회] [다음]
조회기간 2020/05/01 📅 ~ 2020/05/31 📅 * 수익률의 경우 2016년 3월부터 제공됩니다.
* 실현손익, 수수료, 세금은 추정치이며, 수수료는 체결시 수수료률로 적용됩니다.
* 매입금액, 매도금액, 수수료, 세금은 당일매매일지 화면의 내용과 동일합니다.

| 총매수 | 2,491,752,500 | 총매도 | 2,536,750,252 | 실현손익 | | 17,962,464 |
| 수수료 | 754,170 | 세금합 | | 6,138,201 | 총수익률 | 0.72% |

매매일	매수금액	매도금액	실현손익	수익률	수수료	세금
2020/05/29	212,037,590	296,936,430	3,592,738	1.23%	76,340	742,268
2020/05/28	365,891,564	192,020,667	-207,000	-0.11%	83,680	480,014
2020/05/27	211,793,615	347,333,838	-3,209,729	-0.92%	83,860	868,302
2020/05/26	88,755,160	127,162,875	1,817,319	1.45%	32,380	317,833
2020/05/25	90,755,320	51,717,290	288,996	0.56%	21,370	129,204
2020/05/22	76,123,768	78,645,173	-658,991	-0.83%	23,210	196,599
2020/05/21	136,773,390	50,569,270	148,761	0.30%	28,100	126,410
2020/05/20	39,582,288	179,501,875	31,628	0.02%	32,860	448,677
2020/05/19	15,295,640	53,403,800	-3,266,024	-5.78%	10,300	125,551
2020/05/18	355,961,275	318,322,905	7,924,785	2.56%	101,140	773,234
2020/05/15	66,182,290	138,378,742	1,629,725	1.19%	30,680	238,636
2020/05/14	188,305,530	119,957,940	288,933	0.24%	46,230	299,856
2020/05/13	88,165,370	163,537,550	3,052,631	1.91%	37,750	408,835
2020/05/12	138,139,355	181,687,149	4,303,299	2.43%	47,970	454,199
2020/05/11	78,873,040	32,059,890	-460,285	-1.42%	16,630	80,131
2020/05/08	125,692,126	76,475,018	594,026	0.79%	30,320	191,163
2020/05/07	61,003,409	59,873,705	704,971	1.19%	18,130	149,674
2020/05/06	39,818,775	45,511,520	1,531,733	3.49%	12,790	48,597
2020/05/04	112,602,995	23,654,615	-145,052	-0.61%	20,430	59,018

시장도 반등하고 주식 강의도 들으면서 매매를 좀더 신중히 하면서 조금씩 수익이 나기 시작합니다.

그림 2020년 6월 매매 내역

당일실현손익상세	종목별당일손익	종목별실현손익	**일별실현손익**

계좌번호 ****-**24 ▼ [　　　] ◉ 일별 ○ 월별 [조회] [다음]
조회기간 2020/06/01 🗓 ~ 2020/06/30 🗓 ★ 수익률의 경우 2016년 3월부터 제공됩니다.
★ 실현손익, 수수료, 세금은 추정치이며, 수수료는 체결시 수수료율로 적용됩니다.
★ 매입금액, 매도금액, 수수료, 세금은 당일매매일지 화면의 내용과 동일합니다.

총매수	6,160,890,755	총매도	6,040,300,262	실현손익		13,968,353
수수료	1,830,060	세금합		15,086,393	총수익률	0.23%

매매일	매수금액	매도금액	실현손익	수익률	수수료	세금
2020/06/30	457,205,045	479,719,955	-10,810,262	-2.21%	140,530	1,199,176
2020/06/29	307,626,890	286,785,550	-8,836,758	-3.00%	89,160	716,912
2020/06/26	220,479,885	188,867,110	-3,478,503	-1.81%	61,400	472,090
2020/06/25	83,057,330	106,197,400	-3,648,014	-3.33%	28,380	265,459
2020/06/24	128,957,085	88,463,855	2,031,093	2.36%	32,610	221,132
2020/06/23	196,690,370	200,541,940	-71,882	-0.04%	59,580	501,321
2020/06/22	161,214,950	159,378,035	-1,158,280	-0.72%	48,080	398,391
2020/06/19	215,892,145	209,418,525	4,994,155	2.45%	63,790	523,343
2020/06/18	187,069,210	196,388,340	-990,118	-0.50%	57,510	490,898
2020/06/17	396,888,680	376,574,110	1,325,666	0.35%	116,010	941,333
2020/06/16	201,462,960	441,290,705	4,827,233	1.11%	96,410	1,103,170
2020/06/15	393,910,165	352,421,270	-50,654	-0.01%	111,940	880,973
2020/06/12	165,666,460	287,104,125	5,210,763	1.85%	67,910	717,720
2020/06/11	646,564,625	399,658,180	3,705,822	0.94%	156,930	999,078
2020/06/10	534,015,985	520,394,547	4,172,994	0.81%	158,160	1,300,857
2020/06/09	407,508,415	313,272,970	1,751,176	0.56%	108,110	783,087
2020/06/08	279,682,215	245,348,380	2,363,679	0.98%	78,750	613,250
2020/06/05	177,689,595	244,781,185	6,701,432	2.82%	63,370	599,199
2020/06/04	280,255,745	290,739,355	2,137,498	0.74%	85,640	726,751
2020/06/03	236,116,925	200,757,685	1,673,569	0.84%	65,530	501,817
2020/06/02	123,549,790	168,796,495	322,619	0.19%	43,850	421,969
2020/06/01	359,386,285	283,400,545	1,795,126	0.64%	96,410	708,467

조회가 완료되었습니다.

2020년 6월 중순까지는 침착했으나 월말로 가면서 며칠 연속 손실을 보면서 수익금이 많이 줄어들었습니다. 그래도 월별 수익으로 마감하며 선방했습니다.

당일실현손익상세	종목별당일손익	종목별실현손익	**일별실현손익**

계좌번호 ****-**24 ▼ ☐ ◉ 일별 ○ 월별   [조회] [다음]

조회기간 2020/07/01 📅 ~ 2020/07/31 📅 * 수익률의 경우 2016년 3월부터 제공됩니다.

* 실현손익, 수수료, 세금은 추정치이며, 수수료는 체결시 수수료율로 적용됩니다.
* 매입금액, 매도금액, 수수료, 세금은 당일매매일지 화면의 내용과 동일합니다.

총매수	11,865,202,746	총매도	11,787,390,736	실현손익		10,557,016
수수료	3,547,760	세금합		29,440,359	총수익률	0.09%

매매일	매수금액	매도금액	실현손익	수익률	수수료	세금	^
2020/07/31	674,942,315	808,843,480	-7,585,769	-0.93%	222,560	2,021,926	
2020/07/30	480,721,435	526,701,074	-1,077,787	-0.20%	151,110	1,316,637	
2020/07/29	861,428,007	956,111,490	-9,149,691	-0.95%	272,630	2,389,914	
2020/07/28	1,415,430,765	1,587,305,090	-6,810,573	-0.43%	450,410	3,960,867	
2020/07/27	1,337,039,184	1,071,629,600	5,097,620	0.48%	361,300	2,678,744	
2020/07/24	1,061,248,550	1,129,066,720	4,677,955	0.42%	328,540	2,822,308	
2020/07/23	817,307,165	778,143,000	3,796,504	0.49%	239,310	1,939,238	
2020/07/22	629,330,469	614,171,431	5,187,000	0.85%	186,520	1,529,640	
2020/07/21	400,577,315	408,063,765	3,860,915	0.96%	121,290	1,020,054	
2020/07/20	468,397,960	350,184,500	3,827,208	1.11%	122,780	875,334	
2020/07/17	317,347,150	261,003,780	665,134	0.26%	86,750	652,450	
2020/07/16	385,854,030	323,692,020	-1,604,348	-0.49%	106,430	809,078	
2020/07/15	309,089,940	286,897,790	1,464,917	0.51%	89,390	717,167	
2020/07/14	401,529,630	422,168,520	964,116	0.23%	123,550	1,055,194	
2020/07/13	345,399,670	344,976,720	6,890,619	2.04%	103,550	862,384	
2020/07/10	204,985,670	172,341,386	561,216	0.33%	56,590	430,807	
2020/07/09	269,812,635	282,765,650	1,382,667	0.49%	82,880	700,841	
2020/07/08	190,322,304	178,986,239	-632,636	-0.35%	55,390	447,409	
2020/07/07	292,209,529	285,387,338	-1,100,142	-0.39%	86,630	713,290	
2020/07/06	229,296,765	218,665,068	2,478,214	1.15%	67,190	546,609	
2020/07/03	246,125,415	225,200,470	-1,472,528	-0.65%	70,690	562,936	
2020/07/02	253,059,905	287,325,587	-377,226	-0.13%	81,050	718,218	
2020/07/01	273,746,938	267,760,018	-486,368	-0.18%	81,220	669,314	v

7월 중반부터 하순까지는 차분하게 매매하였으나 월말로 갈수록 일별 매매 대금이 늘어나면서 계좌 관리가 되지 않았고, 연속 손실을 보면서 수익금이 많이 줄었습니다.

그림 2020년 8월 매매 내역

당일실현손익상세	종목별당일손익	종목별실현손익	**일별실현손익**

계좌번호	****-**24	▼			◉일별 ○월별		조회	다음
조회기간	2020/08/01 📅	~	2020/08/31 📅		＊ 수익률의 경우 2016년 3월부터 제공됩니다.			

＊ 실현손익, 수수료, 세금은 추정치이며, 수수료는 체결시 수수료율로 적용됩니다.
＊ 매입금액, 매도금액, 수수료, 세금은 당일매매일지 화면의 내용과 동일합니다.

총매수	17,506,526,017	총매도	17,270,518,417	실현손익		70,533,125
수수료	5,216,440	세금합	43,171,182	총수익률		0.41%

매매일	매수금액	매도금액	실현손익	수익률	수수료	세금	^
2020/08/31	788,637,711	802,394,655	-1,148,051	-0.14%	238,650	2,005,801	
2020/08/28	945,516,960	931,143,410	16,068,603	1.76%	281,490	2,327,592	
2020/08/27	576,307,045	512,094,565	20,617,092	4.21%	163,260	1,280,106	
2020/08/26	797,776,625	734,466,030	6,784,719	0.94%	229,830	1,835,693	
2020/08/25	557,319,290	680,539,512	15,014,198	2.26%	185,670	1,701,160	
2020/08/24	691,933,870	559,763,890	5,083,253	0.92%	187,750	1,399,238	
2020/08/21	551,703,051	540,012,162	8,727,139	1.65%	163,750	1,349,838	
2020/08/20	505,871,780	613,712,750	5,356,757	0.88%	167,930	1,534,101	
2020/08/19	526,088,265	667,429,040	-2,163,888	-0.32%	179,020	1,668,471	
2020/08/18	940,293,365	629,071,065	7,325,800	1.18%	235,400	1,572,556	
2020/08/14	676,744,470	704,201,510	1,708,444	0.24%	207,140	1,760,269	
2020/08/13	606,486,060	746,291,570	-2,190,154	-0.29%	202,910	1,865,477	
2020/08/12	1,107,756,740	1,093,365,235	-9,090,682	-0.83%	330,160	2,732,974	
2020/08/11	1,285,454,945	1,235,846,995	-5,520,578	-0.45%	378,190	3,089,306	
2020/08/10	1,336,236,043	1,316,490,933	-3,544,101	-0.27%	397,900	3,290,873	
2020/08/07	1,216,409,640	1,222,990,075	-5,724,670	-0.47%	365,900	3,057,183	
2020/08/06	1,127,040,240	1,138,258,755	-5,239,327	-0.46%	339,790	2,845,389	
2020/08/05	1,249,493,295	1,216,314,610	5,562,641	0.46%	369,870	3,040,375	
2020/08/04	1,140,388,350	1,119,463,770	11,428,729	1.03%	338,970	2,798,342	
2020/08/03	879,068,272	806,667,885	1,477,200	0.18%	252,860	2,016,438	⌄

중간중간 손실과 연승이 이어지면서 기복이 좀 있기는 했지만, 월 결산 7천만 원의 수익을 내면서 나름 매매에 자신감이 붙었습니다.

그림 2020년 9월 매매 내역

| 당일실현손익상세 | 종목별당일손익 | 종목별실현손익 | 일별실현손익 |

계좌번호 ****-**24 ▼ [   ] ⦿ 일별 ○ 월별 [조회] [다음]

조회기간 2020/09/01 📅 ~ 2020/09/30 📅 * 수익률의 경우 2016년 3월부터 제공됩니다.

* 실현손익, 수수료, 세금은 추정치이며, 수수료는 체결시 수수료율로 적용됩니다.

* 매입금액, 매도금액, 수수료, 세금은 당일매매일지 화면의 내용과 동일합니다.

총매수	13,024,623,625	총매도	13,373,954,931	실현손익			-71,066,771
수수료	3,569,400	세금합		33,431,109	총수익률		-0.53%
매매일	매수금액	매도금액	실현손익	수익률	수수료	세금	^
2020/09/29	545,859,155	545,638,770	-1,708,318	-0.31%	123,990	1,363,943	
2020/09/28	410,416,840	417,933,390	-3,761,853	-0.89%	94,100	1,044,719	
2020/09/25	641,413,385	662,837,465	-2,262,060	-0.34%	148,160	1,656,941	
2020/09/24	498,880,080	523,212,505	-18,709,708	-3.46%	116,110	1,307,866	
2020/09/23	609,140,470	625,851,995	-10,640,619	-1.68%	140,300	1,564,448	
2020/09/22	356,278,930	346,747,860	-7,397,414	-2.09%	79,860	866,804	
2020/09/21	643,107,275	622,834,745	-15,388,145	-2.42%	143,810	1,556,983	
2020/09/18	544,271,795	689,836,150	-668,045	-0.10%	140,190	1,724,419	
2020/09/17	475,420,690	467,096,085	-10,930,608	-2.29%	107,070	1,167,573	
2020/09/16	533,309,350	562,904,460	-7,503,514	-1.32%	124,530	1,407,163	
2020/09/15	708,116,555	671,538,665	-8,132,947	-1.20%	206,940	1,678,753	
2020/09/14	888,266,295	823,432,315	2,733,092	0.33%	256,750	2,058,286	
2020/09/11	632,557,465	860,273,685	-9,957,420	-1.15%	223,920	2,150,250	
2020/09/10	887,726,575	897,123,500	1,328,711	0.15%	267,720	2,242,565	
2020/09/09	894,061,960	941,750,430	-1,857,223	-0.20%	275,370	2,354,120	
2020/09/08	888,945,250	804,194,080	6,767,134	0.85%	253,970	2,010,310	
2020/09/07	787,247,810	746,342,435	7,246,074	0.98%	230,030	1,865,685	
2020/09/04	503,668,010	476,362,101	2,632,887	0.56%	147,000	1,190,776	
2020/09/03	669,275,815	644,560,220	7,901,986	1.24%	197,070	1,611,204	
2020/09/02	484,715,500	471,206,925	3,236,009	0.69%	143,380	1,177,885	
2020/09/01	421,944,420	572,277,150	-3,994,791	-0.70%	149,130	1,430,416	

  9월도 중순까지는 매매가 잘되었습니다. 그러나 중순 이후 급격하게 연속 손실을 내면서 계좌가 빠르게 무너집니다.

  나중에 이 분을 만나 어떻게 해서 이렇게 매매가 꼬이게 되었는지 얘기를 들어보니, 몇달 연속 수익을 내면서 매매에 자신감도 생겨났고, 8월달에 본계좌와 서브계좌를 합쳐 1억 5천 정도의 수익이 나게 되니까, 이제는 됐다 싶어 거래대금을 늘리면서 그동안 손실 본 것을 빠르게 찾아오고 주식으로 확실히 자리잡고 싶은 욕구가 강하게 올라왔다고 합니다.

그림 2020년 10월 매매 내역

| | 당일실현손익상세 | 종목별당일손익 | 종목별실현손익 | **일별실현손익** |

계좌번호 ****-**24 ▼ [   ] ◉일별 ○월별 [조회] [다음]
조회기간 2020/10/01 □ ~ 2020/10/31 □ * 수익률의 경우 2016년 3월부터 제공됩니다.
* 실현손익, 수수료, 세금은 추정치이며, 수수료는 체결시 수수료율로 적용됩니다.
* 매입금액, 매도금액, 수수료, 세금은 당일매매일 화면의 내용과 동일합니다.

| 총매수 | 8,022,498,431 | 총매도 | 8,109,749,073 | 실현손익 | -77,274,887 |
| 수수료 | 1,832,580 | 세금합 | 20,271,661 | 총수익률 | -0.95% |

매매일	매수금액	매도금액	실현손익	수익률	수수료	세금
2020/10/30	397,706,375	398,842,455	48,642	0.01%	90,490	996,948
2020/10/29	262,838,560	270,639,925	60,944	0.02%	60,600	676,509
2020/10/28	180,492,135	188,418,470	-2,768,679	-1.45%	41,900	470,998
2020/10/27	264,452,370	262,367,840	-2,800,164	-1.06%	59,840	655,794
2020/10/26	506,633,740	507,850,030	-10,865,153	-2.10%	115,240	1,269,412
2020/10/23	493,465,945	492,017,185	-2,790,605	-0.57%	111,950	1,229,905
2020/10/22	401,326,020	398,283,585	-4,128,871	-1.03%	90,830	995,606
2020/10/21	587,398,381	593,090,624	-4,887,548	-0.82%	134,100	1,482,430
2020/10/20	313,505,885	314,861,135	496,795	0.16%	71,380	787,085
2020/10/19	321,383,775	332,084,155	-8,930,058	-2.63%	74,230	830,065
2020/10/16	367,700,405	374,095,161	-15,028,380	-3.87%	84,270	935,065
2020/10/15	348,034,385	345,058,015	-6,222,370	-1.78%	78,730	862,515
2020/10/14	490,934,585	479,586,813	-1,658,342	-0.35%	110,250	1,198,810
2020/10/13	407,853,890	400,285,370	-3,182,765	-0.79%	91,800	1,000,615
2020/10/12	439,277,025	501,561,075	-10,976,015	-2.15%	106,880	1,253,777
2020/10/08	525,280,785	517,731,380	-3,434,537	-0.66%	118,490	1,294,082
2020/10/07	529,795,360	517,232,435	-737,143	-0.14%	118,940	1,293,008
2020/10/06	635,730,055	634,304,275	-1,526,504	-0.24%	144,280	1,585,589
2020/10/05	548,688,755	581,439,145	2,055,868	0.36%	128,380	1,453,448

한 번 흔들리기 시작한 심리는 안정을 찾지 못하고 연속된 손실에 마음이 더욱 급해지기만 합니다.

그림 2020년 11월 매매 내역

당일실현손익상세	종목별당일손익	종목별실현손익	일별실현손익

계좌번호 ****-**24 ▼ [ ] ◉일별 ○월별   [조회] [다음]
조회기간 2020/11/01 📅 ~ 2020/11/30 📅 * 수익률의 경우 2016년 3월부터 제공됩니다.
* 실현손익, 수수료, 세금은 추정치이며, 수수료는 체결시 수수료율로 적용됩니다.
* 매입금액, 매도금액, 수수료, 세금은 당일매매일지 화면의 내용과 동일합니다.

총매수	8,158,475,095	총매도	8,196,618,130	실현손익		-72,670,521
수수료	1,857,910	세금합	20,488,554	총수익률		-0.88%

매매일	매수금액	매도금액	실현손익	수익률	수수료	세금
2020/11/30	419,355,612	401,887,979	2,155,934	0.54%	93,290	1,004,513
2020/11/27	522,844,110	535,268,595	3,200,749	0.60%	120,200	1,338,116
2020/11/26	380,818,855	397,180,485	-3,224,627	-0.81%	88,380	992,827
2020/11/25	303,488,135	257,133,480	-6,045,558	-2.30%	63,680	642,683
2020/11/24	352,473,882	350,505,904	-5,726,561	-1.61%	79,860	876,063
2020/11/23	425,973,805	416,187,345	3,402,136	0.83%	95,670	1,040,384
2020/11/20	327,351,785	362,692,940	974,167	0.27%	78,390	906,578
2020/11/19	443,670,830	415,554,085	-1,751,115	-0.42%	97,610	1,038,791
2020/11/18	323,181,887	327,942,163	2,897,880	0.89%	73,970	819,639
2020/11/17	220,302,665	192,581,925	-1,377,718	-0.71%	46,900	481,434
2020/11/16	447,289,753	447,623,070	-887,281	-0.20%	101,660	1,118,938
2020/11/13	327,319,310	322,685,875	-5,513,865	-1.68%	73,840	806,600
2020/11/12	474,191,765	471,300,550	-4,176,763	-0.88%	107,410	1,178,138
2020/11/11	99,092,787	106,159,717	6,778,235	6.84%	23,310	265,385
2020/11/10	332,476,610	397,588,750	-7,466,504	-1.85%	82,930	993,772
2020/11/09	742,689,099	728,319,807	-921,316	-0.13%	167,110	1,820,448
2020/11/06	599,544,550	578,718,560	-1,013,156	-0.18%	133,850	1,446,442
2020/11/05	437,200,620	438,515,155	118,912	0.03%	99,480	1,096,153
2020/11/04	311,871,005	309,884,130	-8,327,144	-2.62%	70,630	774,619
2020/11/03	294,505,640	285,731,105	-4,059,653	-1.40%	65,910	714,228
2020/11/02	372,832,390	453,156,510	-41,707,273	-8.45%	93,830	1,132,803

급해진 마음과 빠른 손실 복구 심리 때문에 계좌는 더욱 처참한 상황으로 빠져듭니다. 손실도 눈덩이처럼 불어나기만 합니다.

그림 2020년 12월 매매 내역

| 당일실현손익상세 | 종목별당일손익 | 종목별실현손익 | **일별실현손익** |

| 계좌번호 | ****-**24 ▼ | | ◉ 일별 ○ 월별 | | 조회 | 다음 |

조회기간 2020/12/01 📅 ~ 2020/12/31 📅 * 수익률의 경우 2016년 3월부터 제공됩니다.

* 실현손익, 수수료, 세금은 추정치이며, 수수료는 체결시 수수료율로 적용됩니다.
* 매입금액, 매도금액, 수수료, 세금은 당일매매일지 화면의 내용과 동일합니다.

| 총매수 | 4,446,892,600 | 총매도 | 4,480,975,680 | 실현손익 | | -4,233,351 |
| 수수료 | 1,014,110 | 세금합 | 11,169,351 | 총수익률 | | -0.09% |

매매일	매수금액	매도금액	실현손익	수익률	수수료	세금	^
2020/12/30	11,967,620	12,034,290	36,263	0.30%	2,720	27,677	
2020/12/29	25,230,750	86,445,065	337,549	0.39%	12,680	198,797	
2020/12/28	23,541,110	24,248,190	521,206	2.20%	5,420	60,613	
2020/12/24	235,178,420	170,294,830	1,652,446	0.98%	46,060	425,718	
2020/12/23	371,808,390	352,879,555	-8,498,678	-2.36%	82,320	882,113	
2020/12/22	219,461,010	224,332,075	816,468	0.37%	50,410	549,289	
2020/12/21	250,480,395	293,771,170	-331,950	-0.11%	61,820	734,355	
2020/12/18	311,741,980	335,325,750	308,655	0.09%	73,500	838,238	
2020/12/17	187,865,765	161,213,190	-1,385,979	-0.85%	39,650	402,994	
2020/12/16	222,878,465	234,096,070	-49,473	-0.02%	51,910	585,184	
2020/12/15	111,408,225	93,619,845	357,039	0.38%	23,290	234,027	
2020/12/14	57,851,100	68,182,870	-4,804	-0.01%	14,310	170,436	
2020/12/11	157,599,210	175,198,005	-4,018,755	-2.25%	37,800	437,950	
2020/12/10	229,247,675	227,532,985	804,636	0.36%	51,890	568,787	
2020/12/09	274,235,300	244,437,465	2,860,988	1.19%	58,920	611,007	
2020/12/08	160,748,045	158,826,655	-2,354,716	-1.46%	36,300	397,026	
2020/12/07	152,452,650	161,081,905	77,740	0.05%	35,610	402,695	
2020/12/04	187,600,685	201,440,455	-522,896	-0.26%	44,190	502,886	
2020/12/03	247,588,610	239,787,830	2,662,643	1.13%	55,360	599,409	
2020/12/02	524,304,250	540,762,160	2,251,958	0.42%	120,990	1,351,746	
2020/12/01	483,702,945	475,465,320	246,289	0.05%	108,960	1,188,404	

| 당일실현손익상세 | 종목별당일손익 | 종목별실현손익 | **일별실현손익** |

계좌번호 ****-**24 ▼   ○일별 ◉월별   [조회] [다음]
조회월 2020/01 📅 ~ 2020/12 📅 * 수익률의 경우 2016년 3월부터 제공됩니다.
* 실현손익, 수수료, 세금은 추정치이며, 수수료는 체결시 수수료률로 적용됩니다.
* 매입금액, 매도금액, 수수료, 세금은 당일매매일지 화면의 내용과 동일합니다.

| 총매수 | 75,139,197,105 | 총매도 | 75,304,116,596 | 실현손익 | -260,880,781 |
| 수수료 | 20,667,600 | 세금합 | 187,380,719 | 총수익률 | -0.35% |

매매월	매수금액	매도금액	실현손익	수익률	수수료	세금	^
2020/12	4,446,892,600	4,480,975,680	-4,233,351	-0.09%	1,014,110	11,169,351	
2020/11	8,158,475,095	8,196,618,130	-72,670,521	-0.88%	1,857,910	20,488,554	
2020/10	8,022,498,431	8,109,749,073	-77,274,887	-0.95%	1,832,580	20,271,661	
2020/09	13,024,623,625	13,373,954,931	-71,066,771	-0.53%	3,569,400	33,431,109	
2020/08	17,506,526,017	17,270,518,417	70,533,125	0.41%	5,216,440	43,171,182	
2020/07	11,865,202,746	11,787,390,736	10,557,016	0.09%	3,547,760	29,440,359	
2020/06	6,160,890,755	6,040,300,262	13,968,353	0.23%	1,830,060	15,086,393	
2020/05	2,491,752,500	2,536,750,252	17,962,464	0.72%	754,170	6,138,201	
2020/04	1,617,252,660	1,727,872,900	8,499,029	0.50%	501,670	4,052,333	
2020/03	1,141,694,691	1,083,749,031	-161,670,812	-13.01%	333,720	2,391,176	
2020/02	419,769,674	492,639,959	4,293,114	0.88%	136,770	1,231,469	
2020/01	283,618,311	203,597,225	222,460	0.11%	73,010	508,931	

2020년 3월 코로나사태로 인한 시장 폭락으로 -1억 6천 손실이 발생했고, 이후 시장 반등과 함께 공부도 열심히 하고 강의도 듣고 하면서 9월 중순까지 매매 결과가 좋았습니다. 그러나 그동안의 손실을 만회하려는 심리와 주식으로 빨리 자리잡고 싶은 마음에 추가로 자금을 투입하면서 속도를 인위적으로 높였습니다. 급한 마음에서 비롯된 결과는 처참했습니다. 계좌가 빠르게 녹아내렸습니다.

주식을 해본 분이라면 제가 반복해서 조급한 마음을 항상 경계하라고 말하는 이유를 잘 아실 겁니다. 저 역시 주식이 일시적으로 잘될 때 손실을 빠르게 회복하고 싶어 더욱 속도를 높여 매매를 하다가 깡통까지 다시 간 적이 있었습니다. 실제 투자대회 1위를 연속으로 한

초고수 한 분도 깡통까지 다시 갔다가 재기해서 안정적으로 자리 잡은 케이스도 있습니다.

주식이 조금 되는 것 같고, 안정을 찾아갈 때 방심이 찾아옵니다. 그리고 자만심이 마음을 뒤덮게 됩니다. 잃어버린 시간과 투자금에 대한 보상을 받고 싶어 속도를 높이다가 휘청하며 위기를 맞는 경우가 정말 많습니다.

주식인생을 길게 보면 '이 역시 좋은 경험이었고 성장의 밑거름이었다'고 되돌아볼 날이 올 수도 있지만 고통 받는 당시에는 정말 죽을 만큼 괴롭기만 합니다.

이처럼 극단적인 슬럼프를 겪지 않으려면 차분한 심리 상태 유지가 정말 중요합니다. 주식투자에서 매매의 최종 관문은 자신의 심리 상태를 스스로 컨트롤하고 절제하는 경지입니다. 그래야만 진정한 고수의 입구가 열립니다.

54

전업투자자를 꿈꾸는 분들에게
드리는 현실적인 조언_케이스 2

또 다른 제자의 사례를 통해 조급한 마음이 어떻게 계좌를 무너뜨리는지 살펴보겠습니다. 이 분도 2020년 5월부터 7월까지 강의를 수강했으며, 직업은 일반 직장인입니다.

| 당일실현손익상세 | 종목별당일손익 | 종목별실현손익 | **일별실현손익** |

| 계좌번호 | | ▼ | | ○일별 ◉월별 | | 조회 | 다음 |
| 조회월 | 2016/07 📅 ~ 2021/01 📅 | | * 수익률의 경우 2016년 3월부터 제공됩니다. |

* 실현손익, 수수료, 세금은 추정치이며, 수수료는 체결시 수수료률로 적용됩니다.
* 매입금액, 매도금액, 수수료, 세금은 당일매매일지 화면의 내용과 동일합니다.

| 총매수 | 6,111,341,191 | 총매도 | 6,117,074,377 | 실현손익 | 25,680,761 |
| 수수료 | 1,712,180 | 세금합 | 14,996,133 | 총수익률 | 0.42% |

매매월	매수금액	매도금액	실현손익	수익률	수수료	세금	＾
2021/01	1,655,606,075	1,646,357,625	16,482,304	1.01%	495,220	3,786,303	
2020/12	396,429,440	413,223,285	3,621,877	0.89%	91,890	1,026,161	
2020/11	783,145,895	784,855,035	4,851,725	0.62%	178,060	1,961,860	
2020/10	222,407,709	223,325,803	-1,914,759	-0.85%	50,560	558,183	
2020/09	1,311,121,045	1,282,865,135	1,456,438	0.11%	370,710	3,206,751	
2020/08	1,632,414,330	1,635,319,665	4,087,292	0.25%	490,050	4,087,755	
2020/07	10,619,820	13,908,180	43,424	0.31%	3,670	34,764	
2020/02	0	10,841,300	-2,089,670	-16.20%	1,620	27,100	
2020/01	1,000,960	4,590,130	-543,170	-10.61%	830	11,470	
2019/12	0	767,200	-22,697	-2.88%	110	1,917	
2019/11	1,242,060	3,559,550	304,322	9.38%	690	8,896	
2019/10	0	666,000	13,412	2.06%	90	1,665	
2019/09	529,100	2,197,730	63,719	2.99%	380	5,491	
2019/08	3,800,360	4,712,880	-27,517	-0.58%	1,250	11,767	
2019/07	2,424,142	1,885,490	98,854	5.55%	590	4,702	
2019/06	8,002,180	4,321,634	171,437	4.14%	1,750	10,758	
2019/05	5,438,450	4,464,815	-36,256	-0.81%	1,390	13,092	
2019/04	1,591,655	2,121,080	-56,006	-2.58%	530	6,326	
2019/03	61,976,020	63,004,530	-849,534	-1.33%	18,670	188,929	
2019/02	10,580,570	12,063,950	5,523	0.05%	3,370	36,177	
2019/01	3,011,380	2,023,360	20,044	1.00%	750	6,066	

　　강의 수강 후 새로운 마음으로 열심히 공부하고 신중하게 매매하면서 2021년 1월까지 나름 선방하였습니다.

당일실현손익상세	종목별당일손익	종목별실현손익	**일별실현손익**

계좌번호 [_____] [▼] [_____] [____] ○일별 ◉월별 [조회] [다음]

조회월 [2016/07] [📅] ~ [2021/07] [📅] * 수익률의 경우 2016년 3월부터 제공됩니다.
* 실현손익, 수수료, 세금은 추정치이며, 수수료는 체결시 수수료율로 적용됩니다.
* 매입금액, 매도금액, 수수료, 세금은 당일매매일지 화면의 내용과 동일합니다.

총매수	10,477,007,494	총매도	10,618,421,068	실현손익		-14,400,784
수수료	3,041,910	세금합		25,347,863	총수익률	-0.14%

매매월	매수금액	매도금액	실현손익	수익률	수수료	세금	∧
2021/07	783,992,663	763,966,296	-3,661,233	-0.48%	232,180	1,756,867	
2021/06	22,550,040	61,943,375	741,661	1.22%	12,640	142,453	
2021/05	456,404,975	492,954,565	-3,966,041	-0.80%	142,330	1,133,641	
2021/04	1,423,746,455	1,488,694,650	-13,782,196	-0.92%	436,810	3,423,684	
2021/03	1,206,792,560	1,222,454,290	-4,244,746	-0.35%	364,290	2,811,070	
2021/02	472,179,610	471,333,515	-15,168,990	-3.13%	141,480	1,084,015	
2021/01	1,655,606,075	1,646,357,625	16,482,304	1.01%	495,220	3,786,303	
2020/12	396,429,440	413,223,285	3,621,877	0.89%	91,890	1,026,161	
2020/11	783,145,895	784,855,035	4,851,725	0.62%	178,060	1,961,860	
2020/10	222,407,709	223,325,803	-1,914,759	-0.85%	50,560	558,183	
2020/09	1,311,121,045	1,282,865,135	1,456,438	0.11%	370,710	3,206,751	
2020/08	1,632,414,330	1,635,319,665	4,087,292	0.25%	490,050	4,087,755	
2020/07	10,619,820	13,908,180	43,424	0.31%	3,670	34,764	
2020/02	0	10,841,300	-2,089,670	-16.20%	1,620	27,100	
2020/01	1,000,960	4,590,130	-543,170	-10.61%	830	11,470	
2019/12	0	767,200	-22,697	-2.88%	110	1,917	
2019/11	1,242,060	3,559,550	304,322	9.38%	690	8,896	
2019/10	0	666,000	13,412	2.06%	90	1,665	∨

그러나 2021년 2월부터 계좌가 급격하게 무너지기 시작합니다. 몇 달 안정적으로 해나가다가 무엇 때문에 이렇게 하락 사이클을 탔는지 이 분에게 물어봤습니다.

가장 큰 원인은 이미 주식으로 성공한 사람들처럼 자신도 빠르게 자리잡고 싶은 마음에 투자금을 늘렸다고 합니다. 투자금 증가는 조급증을 불러왔고, 서두르다 몇 번 손실을 보자 빨리 복구하겠다는 마음이 뇌동 매매로 이어지면서 걷잡을 수 없을 정도로 손실 폭을 키웠다고 합니다. 앞 장에 소개한 전업투자자처럼 이 분 역시 맥락은 비슷합니다. 바로 조급한 마음이 연속 손실을 불러왔던 것입니다.

주식은 이렇습니다. 시장이 좋을 때는 누구나 수익 가능성이 높아지는 것은 맞습니다. 하지만 아무리 시장이 좋고 투자금이 많아도 조급한 마음으로 자기 절제가 되지 않으면 이상하게 꼬이기만 하는 게 또 주식입니다.

손실일 때 빨리 만회하려는 조급함을 특히 조심해야 합니다. 연속 손실의 악순환에 빠질 확률이 높아지기 때문입니다. '매도 먼저 맞는 사람이 낫다'는 말처럼 이왕 고수로 가는 관문에 시행착오를 겪는 것이라면 위의 두 분 역시 이번 일을 계기삼아 더욱 단단하게 성장하고 새롭게 거듭날 수 있다고 믿습니다.

고수로 가는 마지막 관문은 '심리 조절' 능력입니다. 위의 두 사례를 반면교사 삼아 주식이 잘될 때나 안 될 때나 평정심을 유지하도록 각별히 노력하시면 좋겠습니다.

여담이지만 "이러나 저러나 길게 봐서 주식시장에서 10년 정도만 뒹굴면서 포기하지 않으면 누구나 주식으로 밥먹고 사는 데 지장없다"는 어떤 주식 선배의 말이 생각납니다. 저는 이 말에 깊이 공감하고 있는데 여러분은 어떠신지 모르겠네요.

55

전업투자를 꿈꾼다면…

'주식으로 자리잡기.'

많은 분들의 목표입니다. 일시적인 성공이 아닌 비가 오나 눈이 오나 꾸준히 안정적으로 수익을 내고 싶은 건 모두의 바람입니다. 물론 현실적으로 쉽지는 않습니다. 겪어보지 않고는 체득되지 않고 체득되지 않으면 깨닫기도 어렵기 때문에, 누구라도 처음에는 어둡고 좁은 터널을 건널 수밖에 없습니다.

마음이 급해지면 보이던 것도 보이지 않고, 급할수록 더 늦어집니다. 결국 결과를 지배하는 가장 중요한 요소는 바로 '심리'입니다. 지금 급한 마음으로 손실을 키우고 계신 분, 자기 절제나 억제가 안 되어 인생 전체가 주식으로 끌려들어 가고 계신 분, 분명히 있을 겁니다. 잠시 주식투자를 멈추고 며칠 바람을 쐬면서 긴 안목으로 주식투자를 되돌아보시길 바랍니다. 정말 주식은 급한 마음을 어떻게 다스리느냐에 따라 역전승의 발판을 만들 수 있고, 그렇지 않고 영원히 매트릭스에 갇혀 끝날 수도 있습니다. 마음 다스리기가 그만큼 중요합니다. 두 번 세 번, 아무리 강조해도 지나치지 않습니다.

급한 마음에 실력도 갖추지 않고 섣불리 전업투자에 뛰어든다면, 극단의 상황까지 내몰릴 수도 있습니다. 되돌아갈 배를 태우고 인생 모두를 주식에 올인하는 상황은 추천하고 싶지 않습니다. 제가 경험을 해보니 그 길이 너무 힘들고 위험해서 말리고 싶기도 합니다. 선택의 여지가 없이 죽을 각오로 무엇을 한다는 것은 언뜻 듣기에는 성과를 내기에 좋아보이지만, 막상 현실에서 그런 결단은 극단적이고, 오히려 마음을 급하게 만들어서 역효과를 불러올 가능성이 많습니다.

전업투자를 꿈꾸는 사람들에게 해주고 싶은 말이 있습니다. 실력 없는 사람이 전업하면서 '온종일 모니터를 보고 있으면 없던 실력이 팍팍 늘 거야', '전업하면 수익이 그래도 어느 정도 나기 시작하겠지.' 이런 막연한 생각으로 전업을 꿈꾸신다면 한 마디로 고생길이 훤하다고 말해 주고 싶습니다.

저는 전업투자에서 투자금이 중요하지 않다고 늘 말합니다. 전업을 하려면 최소한 5억은 있어야 한다, 10억 정도는 있어야 한다, 이렇게 말하는 사람들이 있던데 저의 생각은 완전 다릅니다. 전업의 기본 조건은 투자금이 아니라 오직 하나 '실력'입니다. 실력은 스스로 잘 알 것이라고 생각합니다. 실력이 갖춰지면 투자금은 100만 원도 괜찮습니다. 실력 없이 제아무리 많은 돈을 들고 전업을 시작해도 망하는 건 생각보다 오래 걸리지 않습니다.

그러니 전업투자를 꿈꾸시는 분들은 먼저 냉정히 자신의 실력을 돌아보시고 만약 실력이 갖춰지지 않았다면 대책 없이 칼부터 뽑을 것이 아니라 그 칼을 잘 활용할 수 있도록 기초체력부터 키우고, 칼날도 잘 손질하시기 바랍니다. 이 순서를 역행하지 않으셨으면 합니다.

그리고 전업투자를 한다고 해서 직장인보다 더 좋은 성과가 나온다는 법도 없습니다. 직장인은 장중에 종목을 살필 수 있는 시간이 한정적인 반면, 전업투자자는 계속 모니터를 쳐다보기 때문에 오히려 뇌동 매매로 이어지는 경우도 흔합니다. 오히려 직장이 뇌동을 환경적으로 막아주는 장점이 될 수도 있습니다. 또한 전업하면서 수익이 나는 종목을 뚫어지게 쳐다보며 찔끔 먹고 나오는 경우가 많다면, 직장인은 업무나 회의에 집중하느라 종목을 살피지 않다가 운이 좋게 큰 수익을 얻을 수도 있습니다. 물론 그 반대의 경우도 있겠지만 말입니다.

부와 소득의 80%는 전체 인구의 20%에 의해서 생산되고 소유된다는 파레토의 법칙은 매매에도 적용되는 것 같습니다. 하루에 20종목을 매매했다고 가정했을 때, 그 중 계좌에 큰 수익을 남겨주는 종목은 1~3개일 가능성이 큽니다. 나머지는 수익과 손실이 함께 있을 텐데 서로 합치면 결국 남는 것 없는 매매일 수 있습니다. 매매 회수가 많다고 하여 수익이 높다는 생각은 맞지 않습니다. 직장인이라면 자신의 상황에 맞는 시간과 매매 스타일을 찾고, 일주일에 1~2번 정도 매매해도 괜찮으니 잃지 않는 매매를 목표로 하시면 어떨까 합니다.

전업투자를 꿈꾸신다면, 최소 1년 이상 안정적으로 수익이 날 때 자신이 하는 매매의 장단점이 무엇인지 스스로 잘 알고, 수익이든 손실이든 그 이유를 확실히 깨달을 수 있을 때 전업을 생각하시면 좋겠습니다.

특별히 현실도피형 전업투자는 절대 말리고 싶습니다. 그렇게도 지옥을 경험하고 싶다면 어쩔 수 없지만 말이죠.

▮▮▮ 주신에게 묻고 주신이 답한다_주식에 관한 Q&A

1. 주식경력은 짧은데 돈을 많이 버는 사람과 비교하게 됩니다

Q. 작년 3월 폭락장 후 동학개미 주린이들도 주식시장에 대거 유입되면서 주위 아는 형, 동생 중에서 저보다 주식경력이 짧은데 주식으로 수익 많이 난 사람들이 있습니다. 작년부터 올해까지 수익 났다가 손실 났다가 하면서 헤매고 있는 제가 한 다리 건너서 그런 소식을 접할 때면 저 혼자 소외되는 느낌도 들고 마음이 급해져서 최근 주식 매매가 더 꼬이는 것 같습니다.

"남들과 자신을 비교하지 말라"는 선생님의 거듭된 조언을 예전에도 들었지만, 사람 마음이란 것이 쉽지가 않네요. 앞으로도 주식하면서 그런 비교 본능이 불쑥불쑥 나올 것 같은데 선생님은 어떻게 이런 마음을 다스렸는지 궁금합니다.

A. 10번 넘는 깡통으로 정말 극한 상황까지 가서 남들과 비교는 고사하고 내 몸뚱아리 하나 건사하는 게 이리도 힘들고 어렵다는 걸 몸소 체험하고 깨닫고서는 모든 걸 내려놓게 되었습니다. 내려놓으려고 내려놓은 건 아니고, 자연스럽게 꿈과 희망까지 포기하게 되는 단계까지 가고 보니 그냥 멀쩡한 몸으로 숨 쉬고 있는 것조차 문득 감사하다는 생각이 들었습니다.

'일상의 소소하고 작은 것까지 감사하지 않을 게 없구나'라고 느꼈습니다. 남들과 비교하며 생각할 여유가 없었으니까요. 주식하면서 남들 잘되는 것 보면, '내가 하는 건 뭐든 어렵기만 하고, 남들은 어찌 저렇게도 쉽게 쉽게 잘되는지' 생각될 때 마음이 조급해지는 순간이 아닌가 싶습니다.

질문자 입장이 아닌 그 사람들 입장에서 보면, 분명 그들도 뭐든 쉽게 된 것은 하나도 없었을 것입니다. 나름 자신들이 최선을 다한 결과가 남들 눈에는 단지 그냥 쉽게 얻어진 행운의 결과로 보일 뿐이지 않을까요?

질문자님, 이때까지 남과 비교해서 얻어진 게 뭐가 있습니까? 잘되는 남들과 비교해서 건전한 경쟁의식으로 자신의 성장을 위한 원동력으로 삼을 요량이 아니라면, 이제 내려놓으세요. 비교는 모든 게 질문자님 뇌 속에서 만들어진 허상에 불과합니다.

그냥 자신의 속도대로 자신의 길을 묵묵하게 가는 게 가장 빠르고 현명한 방법이란 걸 잃어버린 10년 정도의 시간을 보내고 고생은 고생대로 하고 깨닫는 게 빠를까요? 아니면 한 살이라도 어리고 깡통 차

보기 전에 경험자의 말을 듣고 한눈 파는 걸 그만두는 게 빠를까요? 무서운 얘기지만, 질문자의 선택대로 미래가 바뀝니다.

2. 매매에 우선순위를 정하는 게 너무 어렵습니다

Q. 매매 우선순위를 정하는 게 너무 어렵습니다. 관심종목이 약 40개 정도 되고 전부 최근 상승 흐름을 보인 종목 위주로 뽑았습니다. 아침 장이 시작되면 번쩍번쩍하면서 올라가기도 하고 내려가기도 하고 난리도 아닙니다. 앵커님은 오늘 갈 만한 종목 3~4종목만 압축해서 집중 관찰하라고 하시는데요. 많은 사람이 알려준 대로 3~4종목만 집중 관찰하고 그 종목들이 움직일 때만 매매하는지 알고 싶습니다.

제가 지금 하는 방법과 알려주신 방법 사이에서 갈팡질팡하는데 그 이유가 집중 관찰하는 종목은 움직이지 않고 그 사이에 다른 관심종목이 날아가면 놓치기 아까워 관심이 그쪽으로 옮겨갑니다. 과연 어떤 방법이 맞는지 고견 부탁드립니다.

A. 본인의 주식 경험이나 실력이 40개의 관심종목을 한 눈에 커버할 정도의 모니터링 능력이 된다면 그렇게 해도 되겠지만, 질문자님의 고민처럼 장 초반 관심종목들 중에 번쩍번쩍 오르락내리락하면서 움직이는 종목들 사이에서 갈팡질팡 우왕좌왕하면서 이것도 놓치고 저것도 놓치는 것을 보니 아직 그 정도 노하우나 요령은 생기지 않은 것

같습니다.

그렇다면 당일 매매 대상 관심종목을 최대한 줄여서 1순위로 3~4종목 정도 우선순위로 두고, 그 종목들이 움직이지 않으면 2순위 4~5종목을 관찰하는 게 효율적으로 보입니다.

너무 많은 종목은 욕심입니다. 혼란만 가중되고 실제 매매에 큰 도움도 되지 않습니다. 질문자님의 위치가 그 수준 정도로 생각됩니다. 따라서 종목 수를 줄여보시면 어떨까 합니다.

노리던 종목들은 안 가고, 관심에서 약간 멀어진 종목들이 의외로 잘 가는 경우는 허다합니다. 그러므로 순위를 정해서 관찰을 하고 확률을 높이기 위해 우선순위와 후순위를 두고 만약을 대비하는 겁니다. 물론 만약을 대비했는데도 모두 안 움직이는 경우도 있습니다.

그러면 다음날 또는 그 다음날 기회를 보면 되죠. 내일 움직일 만한 종목이나 당일 움직일 만한 종목을 높은 확률로 캐치해 내는 능력도 지속적으로 실수하고 개선하는 과정에서 자연스럽게 생깁니다.

안정적으로 종목 선정이나 매매가 이뤄지기 전까지는 질문자님과 같은 고민에 빠진 분들이 거의 90% 이상일 겁니다. "경험보다 좋은 스승은 없다"란 말을 저는 자주 하는데, 주식은 공부하고 학습했던 내용을 실전에서 맞닥뜨리면서 체득의 단계로 넘어갑니다. 방정식을 손에 넣었다고 하여 초보가 갑자기 고수가 되지는 않습니다. 주식에는 그런 방정식도 없을 뿐더러, 마법의 주머니를 손에 넣는 게임이 아니라, 매일 반복되는 지루한 행위가 내 자신의 실력으로 쌓여가는 것입니다.

오랫동안 하다 보면 40종목도 모니터링이 가능한 경지에 오를 수 있습니다. 하지만 먼 이야기입니다. 당장은 과부하가 걸리는 매매보다는 능력에 맞는 효율성 매매부터 하면서 보는 눈을 키워가는 게 먼저입니다. 자신의 능력으로 감당이 되지 않는 매매는 결국 손실만 키울 뿐입니다.

내 타이밍에 맞는 좋은 종목이 없으면 하지 않으면 됩니다. 그게 돈 버는 길입니다. 다음 기회에 성과를 내면 됩니다. 지금 당장 무언가를 해야 한다는 강박관념에서 벗어나시기 바랍니다. 우선 종목 수부터 줄이고 단 몇 종목이라도 집중해서 관찰하는 습관을 들여보시길 권하고 싶습니다.

3. 매매가 꼬여 희망을 잃어갈 때

Q. 지난 달까지만 해도 단기 매매가 비교적 잘돼서 희망이 있었다가 최근 들어 몇 종목에서 매매가 꼬이더니 부풀었던 희망이 사라지고 다시 우울해졌다는 지인의 말을 듣고 몇 가지 생각이 들었습니다.

위에 말한 지인은 주식 경력이 몇 년은 되지만, 대부분의 시간 동안 코스피 대형주 중장기 종목백화점 매매를 해왔었고, 손실 상태에서 물려 있는 종목을 합산하면 손실 금액이 억대인 것으로 알고 있습니다.

2020년 여름부터 소액으로 단기 매매 공부를 하는 중이었는데, 두세 달 동안 단기 매매가 괜찮은 것 같아서 희망이 보였는데 최근에 매매가 잘 안 풀리면서 다시 우울한 기분이 들면서 또 다른 매매 방법에 눈길이 가기 시작하고 어떻게 해야 좋을지 갈피를 잡기 힘들다고 합니다.

A. 흔한 경우입니다. 그 분만의 특별한 상황이 아닙니다. 일정 시간 동안 매매가 비교적 잘되다가, 또 일정 시간 동안 매매가 꼬이면서 슬럼프가 왔고 '다른 매매 방법을 찾아야 하나'라는 생각이 들면서 우울한 기분으로 희망이 사그라드는 듯한 상황 말입니다. 저도 그렇고 주식하는 누구나 한두 번 이상 겪어본 일입니다.

고정되어 있지 않고 살아서 움직이며 파도치는 주식을 하다 보면 장단이 잘 맞아서 잘될 때도 있지만, 엇박자를 타면서 지독하게 안 될 때도 있기 마련입니다. 그게 운에 의해서 그렇게 될 수도 있지만, 운이 아닌 방심이나 조급함 때문일 수도 있습니다.

중장기 종목백화점 매매에서 단기 매매로 180도 전향을 시도하는 과정이나, 기준이 없는 단기 매매에서 기준점을 잡고 단기 매매를 익혀가는 과정이나, 어떤 매매를 하든지 간에 새로운 매매 방법을 습득하는 과정에서는 일정 수준의 실력이나 경험이 쌓이기 전까지는 기복이 있을 수밖에 없습니다. 이는 누구나 겪어야 하는 자연스러운 현상입니다.

생각대로 풀리지 않아 부풀었던 희망이 희미해지면, 대부분은 잘될 때의 초심을 잊어버리고 '시장이 좋지 않아서인가?' '그때는 운이었을 뿐인가?' 보통 이런 식으로 생각하기 쉽습니다.

그러면서 우울감에 가라앉아 있다가 또 다른 매매 방법을 찾아나서고, 또 잘 안 되면 다른 방법을 찾아나서고 하면서 오랫동안 방황하기도 합니다. 물론 모든 시련과 역경을 경험하고 매매 방법 갈아타기가 내공으로 쌓여서 언젠가 빛을 볼 수도 있겠지만, 문제는 우리에게 시간이 그리 많지도 않고 한가하지도 않다는 사실입니다.

이곳 저곳 오가다가 자신에게 맞는 매매법 하나 건지지 못하고 시간 낭비만 할 가능성도 있기 때문에 최소한 어떤 매매법을 정해서 공부하기로 결심을 했다면 최소 2년은 정말 열심히 해야 하지 않나 개인적으로 생각해 봅니다.

한동안 잘되다가 지금 슬럼프라면 초심을 잃지 않았는지, 나도 모르게 당시의 신중함을 잃어버린건 아닌지 한 번쯤 돌아볼 필요도 있습니다. '시장이 좋지 않아서인가?' '그때는 운이었을 뿐인가?' 이런 생각보다는 앞서 말한 초심과 신중함을 망각하고 잘되기 시작하니까 욕심과 급함이 그 자리를 대신했던 것은 아닌지 냉정하게 돌아볼 필요가 있습니다.

조심성 없는 매매를 하는 사람에게는 시장이 아무리 좋아도 일정 기간 수익이 쌓일 수가 없기 때문에 한때 잘되었던 매매가 지금 잘 안 된다면 시장 영향보다는 높은 확률로 초심과 신중함을 잃었기 때문입니다.

4. 장 초반에 손실이 나면 매매가 완전히 꼬여버립니다. 뇌동 매매를 어떻게 끊을 수 있을까요?

Q. 소액 연습을 더 해야 하겠지만, 단타가 정말 쉽지가 않다는 걸 매번 느낍니다. 특히 장 초반에 손실이라도 나게 되면 그날 매매는 완전히 꼬이는 경우가 많습니다. 장 시작과 동시에 튀어 오르는 종목을 보고 있으면 매매를 안 하기도 그렇고 하기도 그렇고, 내가 매수하면 하락하고, 내가 매수하지 않고 보기만 하면 급등을 해버리니 더욱 마음이 급해집니다. 머리로는 하면 안 된다고 하지만, 손가락이 자동으로 뇌동 매매를 하게 되네요. 그렇게 주의하라고 했던 단순 추측 매수가 습관이 되어 스스로 절제가 쉽지 않을 때가 많은데 뇌동 매매를 끊을 방법이 뭐가 있을지 궁금합니다.

A. 주식은 눈앞에서 큰돈이 왔다 갔다 하는 일이다 보니 절제심을 갖고 침착함을 유지하기가 정말 쉽지 않습니다. 더구나 단기 매매를 위주로 하는 사람이라면 순간의 판단에 울고 웃고 하는 경우가 빈번하다 보니 더욱 더 평정심을 유지하기가 어렵습니다.

침착함과 차분함은 의식적으로 연습이 필요하다고 생각합니다. 매매중에 그냥 의식이 흘러가는 대로 감정이 흐르는 대로 생각을 풀어놔두면 안 될 것 같고, 내가 지금 어떤 감정을 가지고 매매를 하는지 스스로 한 번씩 깨어서 점검하면서 주식을 하는 게 좋지 않을까 생각해 봅니다. 나중에 시간이 지나고 지나서 주식의 꿈에서 깨고 나면 자동으로 차분함과 느긋함이 생기게 됩니다.

경험이 많은 주식고수들도 모두 걸음마 시절이 있었습니다. 그런 분들도 한때 스스로 감정을 주체하지 못했던 적이 분명 있었을 것입니다. 초보일수록 본인이 하고 싶은 대로 하면서 좋은 결과를 지속해서 얻기란 쉽지 않습니다. 빈번하게 뇌동 매매를 한다면 끊기 힘든 습관으로 자리잡을 가능성도 크기에 마음 단단히 먹고 의식적으로 습관 교정을 해나가시면 좋습니다. 크게 보면, 개인적으로 습관 교정에는 장기 단기 두 가지 케이스가 있습니다.

①장기적 관점

그냥 하고 싶은 대로 지금 그대로 하면서 매매를 해나가는 겁니다. 단점은 자괴감도 수시로 들고, 손실도 계속 누적될 가능성이 큽니다. 의욕도 많이 떨어지고 무엇보다 미래에 대한 희망이 보이지 않으면서 많이 힘드실 겁니다. 하지만 오랜 시간 동안 헤매면서 경제적, 정신적으로 피폐해지다 보면 두 가지의 갈림길에 도착할 가능성이 높습니다.

하나는 주식을 그만두고 중도에 시장을 떠나는 것과 또 하나는 더 이상 물러설 수 없는 막다른 낭떠러지에 도달해서 생존을 위해서라도 뇌동 매매를 끊어야만 하는 상황까지 몰리게 되는 겁니다. 여기서라도 각성하면 괜찮겠죠.

②단기점 관점

노가다스럽고 힘들고 고통스럽지만, 매일매일 매매일지를 수기로 성실하게 작성하는 겁니다. 뇌동 매매를 했든 절제를 못 했든, 모든 매매 상황을 자세히 기록해서 일주일마다 아프지만 되새김질을 꼭 하는 겁니다. 매매일지를 보면서 진지한 반성의 시간을 성실하고 꾸준히 해나가시면 느린 것 같지만, 이 길이 가장 빠른 지름길임을 알게 되실 겁니다.

몸에 나쁘다는 사실을 알면서도 담배 끊기가 얼마나 어려운 일입니까? 뇌동 매매도 마찬가지입니다. 진지한 반성의 시간과 자기 결단이 반드시 필요합니다. 쉽게 고쳐질 문제라고 가볍게 생각하시면 안 됩니다.

저 역시도 과거 나쁜 습관을 끊어내지 못해서 오랜 시간 동안 헤매다가 결국 깨달은 바가 있습니다. 여러 번 강조했듯, 매매일지를 통한 주기적인 반성의 시간을 가지면서 그 질긴 뇌동 매매의 늪에서 어느 정도 해방되었습니다.

위의 장기적 단기적 관점은 극단적으로 들릴 수도 있지만, 저는 누가 주식 잘하려면 어떻게 해야 하는지 질문하면 무조건 매매일지 작성 후 반성, 종목 정리, 이는 기본 중에 기본이라고 항상 말합니다.

5. 앵커님, 하루 매매 종목 수가 평균 2~3종목인데, 종목 수를 늘리고 증액을 하지 않는 이유가 궁금합니다

Q. 매매일지를 보면 하루에 매매 종목 수가 평균 2~3종목이 대부분인데 조금 더 매매 종목 수를 늘리고 매수 금액도 증액해도 될 것 같

은데 그렇게 하지 않는 특별한 이유가 있으신지 궁금합니다.

A. 질문처럼 종목과 금액을 증가시켜도 매매에 지장은 주지 않을 수도 있습니다만, 종목 수와 매매 대금을 증액한다고 해도 수익이 크게 증가하지는 않을 듯합니다. 거래금액 증액과 매매 종목 수 증가가 실제로 수익과 연결되어 눈에 띄는 결과가 나타나지 않을 듯해서 굳이 마음만 쫓기듯이 바쁘게 서두를 것 같아서 평소 하던 대로 느긋하게 매매하는 중입니다. 예전에는 종목 욕심, 수익 욕심에 일부러 한 종목이라도 더 매매하려고 한 적도 있었지만, 저의 경우 통계를 내어보니 많은 종목 매매가 꼭 수익으로 남지는 않았습니다.

성격탓도 있고 그릇의 크기도 이유가 되겠지만, 가장 큰 이유는 마음 불편한 매매를 하고 싶지 않아서입니다. 어느 정도 주식으로 자리를 잡고부터는 경제적으로 급할 것이 없어지면서, 더욱 더 확실한 종목, 좋은 자리에서만 매매하려고 했으며, 부담스러운 물량을 매수해서 주가가 움직일 때마다 불안해 하면서 짧게 먹고 나올 수밖에 없는 매매보다는 마음 편한 물량과 부담 없는 물량으로 비교적 느긋하게 주가의 흐름을 타는 게 더 효율적인 매매란 걸 깨달았습니다. 이후부터는 '좋은 종목 좋은 자리가 보이지 않으면 몇날 며칠이고 매매하지 않는다'는 생각으로 주식을 하다 보니, 종목 수는 줄었지만, 오히려 수익률과 수익금은 더 증가했습니다.

사람마다 다르겠지만, 지금 저의 매매가 저에게는 마음 편하고 최적화된 매매인 것 같습니다. 최대한 종목을 압축해서 집중 관찰하면서 매매 타이밍을 잡는 게 안전성과 수익 측면에서 좋다고 생각하기 때문에 그렇게 실천하고 있습니다.

날카롭고 예리한 칼을 항상 옆에 차고 있을 땐 되도록 칼집에서 나오지 않도록 관리를 잘하는 게 중요합니다. 예리하고 날카로운 칼이 칼집에서 나올 때는 목표물을 집중해서 관찰한 후 확실하게 벨 수 있다고 판단이 들 때여야 합니다.

수시로 칼을 꺼내 들면 목표물보다는 내가 크게 다칠 확률이 높아집니다. 잘못 꺼냈다가는 내 손이 날아갈 수 있다는 자세로 예리하고 날카로운 칼을 관리하시기 바랍니다.

책을 마무리하면서 드리는 글

주식공부를 하다 보면 공부한 만큼 노력한 만큼 티가 잘 나지 않는다고 느껴지실 겁니다. 공통적으로 많이 드는 회의감인데, '이렇게 해서 될까? 과연 이렇게 한다고 해서 주식으로 자리잡을 수나 있나?' 이런 생각이 문득문득 올라올 때가 있습니다.

노력의 차이와 성향의 차이로 인해 자리를 잡는 데까지 시간 차이는 있을 수 있겠지만, 노력하고 공부한 사람들은 될 수밖에 없습니다. 매일 열리는 시장에서 손실 보고, 깨지고 고통받는 시간이 길어지고 한동안 될 듯 말 듯 하다가 뇌동이 터져 나오면 몇날 며칠 동안 모은 수익을 한 순간에 날리기를 반복하면서 절망하고 좌절해도 포기하지 않고 꾸역꾸역 노력한 사람들은 시간이 문제지 주식으로 자리잡을 수밖에 없다고 저는 생각합니다.

자주 했던 말이지만, 지금 주식으로 자리잡아서 월 수천만 원 이상 수익을 안정적으로 내는 사람들도 처음에는 초보라서 시장에 익숙하지 않다 보니 깨지고 큰 손실 보고 좌절하던 시간이 모두 있었습니다. 왜냐, 그때는 내공이 없고, 노련하지 않았으니까요.

이런 일련의 성장 과정 없이 퀀텀 점프해서 주식고수로 자리잡는 사람은 없다고 보시면 정확합니다. 제가 소액 테스트 하시는 분들의 매매일지를 보면 하루 몇만 원, 몇 십만 원 수익을 내기 위해 노력하시는 경우를 자주 목격합니다.

어떤 분이 소액 테스트를 하는 분들을 어떤 마음으로 보는지 묻길래 "저는 하루 몇천 원, 몇만 원 수익 내시는 분들을 절대 우습게 보지 않는다"고 말했습니다. 지금도 앞으로도 그 생각은 결코 변함이 없을 것인데, 이유는 이렇습니다.

저 역시도 십 몇 년 전에는 하루 몇천 원, 몇만 원 수익을 냈던 사람이었고 지금 주식으로 수백 억대의 재산을 형성한 사람들 역시 처음에는 종목당 얼마의 수익을 낼 뿐이었습니다. 그것이 쌓이고 쌓여서 현재가 되었기 때문에 지금 소액 테스트를 하는 분이 어떤 나무를 품은 씨앗인지 제가 감히 어떻게 판단할 수 있겠습니까?

수익을 내는 방법이 있는가, 안정적인 자기만의 루틴이 있는가. 이 점이 중요합니다. 수익금이 크건 작건 정말 중요하지 않다고 생각합니다. 물론 지금 테스트 단계에 있는 분들은 언제 주식으로 자리잡나 하는 까마득한 생각이 앞서고, 미래에 대한 불안이나 무력감 때문에 힘들 수 있다는 사실, 잘 이해합니다.

소액이라도 수익이 안정적이라면 다행입니다. 이마저도 되지 않으면 정말 어려운 싸움이죠. 그 심정도 잘 이해합니다. 그런데 이렇게 생각해 볼 필요가 있습니다. 우리가 예전 대학입시를 공부할 때, 혹은 공무원이나 어떤 자격시험을 공부할 때 공부한 만큼. 노력한 만큼 시험 결과 전에 뭔가를 보장해준 적이 있었나요? 네가 이 정도 공부했으니, 너에겐 무조건 합격을 보장해 줄게. 네가 이 정도 노력했으니 너의 미래를 보장해 줄게. 이런 건 없었죠.

세상 모든 일이 그런 것 같습니다. 사업을 준비하는 사람도, 시험을 준비하는 사람도, 결과는 보장되지 않고 좋은 결과를 얻기 위해 각자 열심히 달려가는 수밖에 없습니다.

주식에서의 일시적인 실수나, 실패는 성공한 다음에 되돌아보면 한때 지나가는 바람일 뿐입니다. 작은 수익이라도 우습게 여기지 마시고, 묵묵하게 걸어가는 사람은 지금은 어디가 어딘지 방향을 못 잡고 헤매는 것 같아도 반드시 성장하고 노련해져서 주식으로 성공하는 날이 올 거라고 생각합니다.

∎∙∎∙∎ 지금 미래가 불안해 보인다면

하루 수익이 작다고 느껴지거나, 이렇게 수익 나서 어느 세월에 주식으로 자리잡겠나 싶어 미래가 불안하신 분들에게 다시 보여드리겠습니다.

그림 2009년 4월 29일 매매 내역, 하루 일당 4만 7천 원

| 거래내역(결제기준) | 당일매매일지 | 당일매도실현손익 | 일자별 실현손익 | 전일대비예탁잔산증감 | 투자수익률(상세) |

계좌번호 [　　　　] [▼] 　　구분 ◉일별 ○월별 매매일 2009/04/29 [▼] ~ 2009/04/29 [▼] 　주의사항 [조회]

종목명	추정실현손익	손익률	당일매도내역					매수내역(추정)		
			수량	체결단가	매도금액	수수료	제세금	평균단가	매입금액	수수료
그린손해보험	10,684	0.31	550	6,240	3,432,000	510	10,296	6,200	3,410,000	510
동부하이텍	2,388	0.44	60	9,180	550,800	80	1,652	9,110	546,600	80
롯데미도파	36,886	0.98	330	11,600	3,828,000	570	11,484	11,450	3,778,500	560
현대상사	11,286	0.06	1,090	16,050	17,494,500	2,620	52,484	15,986	17,425,500	2,610
웅진홀딩스	-33,675	-6.35	40	12,450	498,000	70	1,494	13,251	530,041	70
세원셀론텍	19,822	0.54	320	11,550	3,696,000	550	11,088	11,450	3,664,000	540
합 계	47,391	0.16			29,499,300	4,400	88,498		29,354,641	4,370

하루 종일 노가다 스켈핑으로 종목당 몇만 원, 몇천 원씩 모을 때입니다. 이렇게 모아서 어느 천 년에 주식으로 경제적 자유를 얻겠나? 싶은 생각에 마음이 우울하기도 하고 급해지기도 했었습니다.

이때 꺾였으면 현재의 저도 없겠죠. 혹시 작은 수익 때문에 절망이 밀려오나요? 이런 수익과 실력들이 쌓이고 쌓여 결국 하루 수익이 몇천만~몇억까지 가능해졌습니다. 여러분도 그날이 오도록 고삐를 늦추지 마시기 바랍니다.

특별부록

무료 온라인 강의 노트

실매매 영상을 함께 보며
실력을 쌓아보세요.

그림 2021년 2월 23일

거래내역(결제기준)	당일매매일지	당일매도실현손익	일자별 실현손익	전일대비예탁자산증감	투자수익률상세추이

계좌 [ ] [ ] 구분 ⦿일 ⃝월 매매일 2021/02/23 ▼ ~ 2021/02/23 ▼ 매수수수료 HTS ▼ 주의사항 조회

종목명	추정실현손익	수익률	매도수량	매도단가	매도금액	수수료	제세금	매입단가	매수금액	수수료
동아타이어	342,081	3.58	967	10,250	9,911,750	1,486	22,792	9,869	9,543,960	1,431
더블유에스아이	2,541,863	7.13	12,458	3,075	38,308,350	5,746	88,109	2,863	35,667,282	5,350
합 계	2,883,944	6.38			48,220,100	7,232	110,901		45,211,242	6,781

*더블유에스아이 : 의약품 및 의료기기 도소매업을 하는 회사.

기술적 분석으로 봤을 때 차트 일봉상 2020년 12월 중순부터 장기 하락중이었음.

2월 23일 당시 시장 상황이 별로 좋지 못한 가운데 최근 몇 달 사이에 가장 활발한 거래량을 보이며 갑자기 상승.

일봉상 20일선을 돌파하고 난 뒤 분할매수를 시작했고, 2차 vi에 들어가서 전량 매도.

그림 2021년 9월 29일

| 거래내역(결제기준) | 당일매매일지 | 당일매도실현손익 | 일자별 실현손익 | 전일대비예탁자산증감 | 투자수익율상세추이 |

| 계좌 | ▼ | | 구분 ⦿일 ○월 | 매매일 2021/09/29 ▼ | ~ 2021/09/29 ▼ | 매수수수료 HTS ▼ | 주의사항 조회 |

종목명	추정실현손익	수익률	매도수량	매도단가	매도금액	수수료	제세금	매입단가	매수금액	수수료
에이치앤비디자인	185,407	3.42	500	11,250	5,625,000	843	12,937	10,850	5,425,000	813
데이터솔루션	3,302,440	4.48	12,273	6,285	77,140,470	11,571	177,414	6,000	73,638,000	11,045
합계	3,487,847	4.41			82,765,470	12,414	190,351		79,063,000	11,858

*데이터솔루션 : 분석소프트웨어 개발과 판매, 분석컨설팅 및 빅데이터, AI시스템 구축 사업.

9월 28일 국회에서 '데이타기본법' 통과 수혜를 볼 것이라는 기대감으로 오후 상한가 마감.

9월 29일 오전 전일 상한가 마감과는 달리 시가 출발부터 약세로 −4.55% 갭하락 시작 후 −10%까지 추가 급락, 기술적 반등을 노리고 매수.

그림 2021년 10월 21일

종목명	추정실현손익	수익률	매도수량	매도단가	매도금액	수수료	제세금	매입단가	매수금액	수수료
AP위성	3,799,714	2.45	10,304	15,447	159,166,400	23,874	366,069	15,038	154,953,500	23,243
합 계	3,799,714	2.45			159,166,400	23,874	366,069		154,953,500	23,243

*AP위성 : 위성통신 단말기 사업과 위성시스템 사업 영위.

2021년 10월 20일 한국형발사체 누리호 발사 하루를 앞두고 우주항공산업 테마 종목 일부가 갑자기 급락.

누리호 발사와 관련된 악재가 나오지 않은 당시 시점에서 발사 하루 전날 과하고 예민하게 반응한다는 생각이 들었고, 10월 21일 누리호가 정상적으로 발사 카운트다운에 들어가게 된다면 시장 참여자들의 관심을 받을 것이며, 그렇다면 수익 매도 기회는 반드시 올 것으로 판단되어 매수.

주식의 道

1판 1쇄 발행 2022년 1월 25일
1판 7쇄 발행 2022년 5월 10일

지은이 생존재테크
펴낸이 박현

펴낸곳 트러스트북스
등록번호 제2014-000225호
등록일자 2013년 12월 3일

주소 서울시 마포구 성미산로1길 5 백옥빌딩 202호
전화 (02) 322-3409
팩스 (02) 6933-6505
이메일 trustbooks@naver.com

ⓒ 2022 생존재테크

값 18,800원
ISBN 979-11-87993-99-5 03320